HEYNE <

Das Buch

Er überfiel Geldtransporte, ihm gelangen mehrere Coups, seine Raubüberfälle galten als die spektakulärsten der deutschen Nachkriegsgeschichte. Im Februar 1976 schrieb die gesamte deutsche Presse über ihn, nachdem er während seines Prozesses mit einem legendären Fenstersprung aus dem Frankfurter Gerichtsaal entkommen war. 30 Jahre danach erzählt Ludwig Lugmeier sein Leben als einer, dem Unrecht die Voraussetzung der eigenen Geschichte ist: in rasanten Wechseln von Angriff und Flucht, Überfluss und Armut. Während der langen Jahre in verschiedensten Verstecken und Gefängnissen erforschte er sie und mit ihr die vieler Weggefährten.

»Lugmeiers Biografie ist ein starkes Stück. Eine präzise Darstellung menschlicher Leidenschaften, eine Mentalitätsgeschichte von unten, vom Rande. Propaganda fehlt ebenso wie Sentimentalität, Tempo und Erzählfluss sind ungebrochen.« *junge Welt*

Der Autor

Ludwig Lugmeier, geb. 1949 in Kochel am See (Oberbayern), erwarb sich schon früh einen legendären Ruf. Seine Raubüberfälle mit Komplizen galten als die spektakulärsten der deutschen Nachkriegsgeschichte. Nach langen Gefängnisaufenthalten erschien 1992 Lugmeiers Roman *Wo der Hund begraben ist.* Heute lebt Ludwig Lugmeier als Schriftsteller und Märchenerzähler in Berlin.

Ludwig Lugmeier

Der Mann, der aus dem Fenster sprang

Sigi 5/11

Ein Leben zwischen Flucht und Angriff

WILHELM HEYNE VERLAG
MÜNCHEN

Für Maike

FSC
Mix
Produktgruppe aus vorbildlich
bewirtschafteten Wäldern und
anderen kontrollierten Herkünften

Zert.-Nr. SGS-COC-1940
www.fsc.org
© 1996 Forest Stewardship Council

Verlagsgruppe Random House FSC-DEU-0100
Das für dieses Buch verwendete FSC-zertifizierte Papier
München Super liefert Mochenwangen Papier

Vollständige deutsche Taschenbuchausgabe 01/2008

Printed in Germany 2008
Umschlagfoto: © Johnny Buzzerio / Corbis
Umschlaggestaltung: Nele Schütz Design, München
Druck und Bindung: GGP Media GmbH, Pößneck
ISBN: 978-3-453-81059-4

www.heyne.de

Du darfst den Tod nicht fürchten, denn wenn du ihn fürchtest, stolperst du und schon fällt er über dich her.
Aus »Nekropolis« von Boris Pahor

Prolog

MEINEN 25. GEBURTSTAG FEIERTE ICH IN EINER ZELLE, deren Fenster dreifach vergittert war. Im Inneren befand sich ein Käfig, im Hof liefen Wachen auf und ab und alle halbe Stunde glotzte mich durch den Spion ein Auge an. Ich lag auf dem Bett und überlegte. Ich lief hin und her und dachte nach. Ich knabberte an einer Salami und zermarterte mir das Hirn. Verdammt, wie war es gekommen, daß sie mich gekriegt hatten?

Vor ein paar Monaten noch war ich an der Golfküste gewesen, in Vera Cruz und Tampíco, und hatte nach einer Spur von B. Traven gesucht. Auf der Fahrt zurück nach Mexiko-Stadt war in den Bergen ein Erdrutsch niedergegangen. Die Straße war verschüttet gewesen und vor der Lehmlawine hatten Campesinos gestanden. Ich hatte ein paar von ihnen mitgenommen und einer hatte mich zu sich nach Hause eingeladen. Aber das Haus gefiel mir nicht, es war nur eine Hütte, auf der Straße liefen Schweine umher und ich wollte weiter.

»Ich hab keine Zeit, meine Katze wartet«, sagte ich.

»Katze?« fragte er.

»Ich hab eine Katze«, sagte ich, »die wartet seit zwei Tagen. Es ist noch weit nach Mexiko-Stadt.«

»Hombre«, sagte er, »du hast eine Katze in Mexiko?«

»Ja«, sagte ich, »es ist weit.«

Er brachte mir einen Wecken *Pan Dulce* und ich biß ab.

Ich sagte: »Das Brot ist gut.«

»Das hat meine Mutter gebacken.«

»Deine Mutter macht gutes Brot«, sagte ich.

Als ich weiterfuhr, warf ich den Rest aus dem Fenster. Das Brot war trocken, süß, machte Durst und ich hatte kein Wasser. Ich hielt an einer Raststätte, aber die Scheibe war eingeschlagen und vom Inventar nur ein dreibeiniger Tisch geblieben. Es stank nach Müll und Aas, neben der Straße lag ein totes Pferd. Der Bauch war aufgetrieben und darauf stand ein Zopilote. In einer Baumgruppe hockten die Geier wie schwarze Früchte. Ich ging zum Auto, nahm die Pistole aus dem Handschuhfach und schoß auf einen. Er plumpste auf die Straße. Eine schwarze Wolke aus Geschrei stob hoch. Ich hatte schlecht getroffen, denn der Vogel kam plötzlich mit ausgebreiteten Flügeln auf mich zugesprungen. Panik überkam mich, ich rannte zum Auto und fuhr davon.

Die Straße war schmierig und kurvig. Ich überholte Tankwagen, die von den Erdölfeldern kamen, aber schon waren die nächsten vor mir. Ich schlich hinter ihnen her und wartete auf eine neue Gelegenheit. Es fing an zu regnen, leicht und nieslig. Dann wurde es dunkel. Die Scheibe war verschmiert und ich fuhr jetzt schneller. Den Tankwagen vor dem Mauthäuschen sah ich erst, als ich nicht mehr ausweichen konnte. Eine Sekunde lang wußte ich, daß der Tod ein Lastwagen mit Christbaumbeleuchtung ist, daß ich nicht älter als vierundzwanzig werden sollte, ein paar Geschichten geschrieben und zwei Geldtransporte ausgeraubt hatte. Und daß das wenig war, verglichen mit einem Tankwagen. Dann flog ich gegen die Scheibe. Als ich wieder zu mir kam, zog mich ein Mann aus dem Schrott und schleppte mich über den Asphalt. »Glück gehabt«, sagte er, »buena suerte, Señor«, und sprudelte mir eine Flasche Wasser ins Gesicht.

Nachts fiel das gelbe Licht des Nebelscheinwerfers in die Zelle. Wenn ich mich am Gitter hochzog, sah ich die Mauer, den Wachturm und den Hof, auf dem am Tag die Gefangenen ihre Runden drehten. Ich schlief schlecht, immer nur ein, zwei Stunden. Dann lag ich wieder wach. Manchmal stand ich auf und ging in der Zelle auf und ab. Es waren nur ein paar Schritte in die eine und in die andere Richtung. Ich dachte an die Journalisten vom *Stern*, die ein paar Wochen nach meinem Unfall aufgetaucht waren, an den Arzt, der mich zusammengeflickt hatte, an den gelbgesichtigen Alten im Bett des Rotkreuzkrankenhauses neben mir und wieder an die verlassene Raststätte, wo ich den Geier vom Baum geschossen hatte. Und da fiel mir auf einmal der Vogel aus meiner Kindheit ein. Ich erinnerte mich ganz deutlich an ihn. Ich hatte nie bemerkt, wie er angeflogen kam. Immer wenn es dunkel wurde, hatte er plötzlich auf einem Ast des Kastanienbaums vor dem Balkon des Schlafzimmers gesessen. Er war dunkel und groß gewesen und manchmal hatte er den Kopf bewegt oder einen Flügel gespreizt. Angst hatte ich keine vor ihm gehabt. Ich hatte ihn beobachtet, dann war ich eingeschlafen und am Morgen war er verschwunden. Ich hatte niemandem etwas davon gesagt, auch meiner Großmutter nicht, obwohl ich ihr vertraute.

eins

Meine Grossmutter hiess Marie Havlitschek. Wenn sie nach Kesselberg kam, stand ich am Fenster und hielt nach ihr Ausschau. Unten waren der Hof, die Brücke und der Wald, der sich den Jochberg hochzog. Wenn sie zur Brücke kam, hörte ich das Klappern des Messers in ihrer Milchkanne und lief die Treppe hinunter. Dann gab sie mir die Kanne. Ich nahm den Deckel ab und hielt das Messer in der Hand. Es war ein schönes Messer. Ich hielt es gerne in der Hand. Es hatte einen hölzernen Griff und eine lange Klinge. Neben der Haustür befand sich die Küche der Hausherrin. Darin stand ein gemauerter Herd mit einer Kupferstange außen rum und in der Ecke am Fenster ein Tisch. Frau Miele trocknete sich die Hände ab und stellte meiner Großmutter Suppe hin. Sie beugte sich über den Teller, blies auf den Löffel und aß. Dann nahm sie Spielkarten aus der Rocktasche.

»Das ist der König, das die Dame und das der Bube«, sagte sie. »Am stärksten ist der Tod. Gegen den kommt keiner an.«

Der Tod hielt in der einen Hand eine Sense und in der anderen eine Sanduhr. Sie mischte ihn unter die Karten und dann lauerte Frau Miele, bis er hervorkam. Sie beugte sich weit über den Tisch und wenn er auftauchte, rief sie: »Oh je! Da ist er!« Aber meine Großmutter schob ihn zur Seite und sagte: »Da hast gerade noch Massl gehabt.«

»Also der ist weg.«

»Fürs erste.«

Da brachte ihr Frau Miele nochmals einen Teller Suppe und erzählte vom Krieg. Ich hörte gern zu. Ich setzte mich neben den Ofen und lutschte an einem Entenei. Das Entenei war glatt und ich wollte gerne hineinbeißen, aber dann wäre es nicht mehr glatt gewesen.

»Die Amis haben gedacht, daß im Haus Soldaten sind«, sagte sie. »Sie haben hinter der Brücke gelegen und geschossen und wir haben im Keller gesessen, die Frau Zislow, ihre Kinder und die Frau Unenkel. Ihr Mann hat das Hakenkreuz nicht abnehmen wollen und wie auf München die Bomben gefallen sind, ist im Norden eine rote Glocke gewesen und im Boden hat es gerollt, grrrmmm, grrrrmmm...«

Frau Miele gab meiner Großmutter Geld und Enteneier. Dann stiegen wir nach oben. Die Treppe hatte ein weißes Geländer und die Gänge waren lang. Durch die Türen hörte ich, wie geschimpft und geredet wurde. Manchmal blieb sie vor einer stehen und malte das Malheur auf die Schwelle. Es sah aus wie ein Stern mit einem spitzen Kopf.

»Jetzt sollen sie schauen«, sagte sie.

Wir gingen zu Frau Zislow und zu Frau Hase. In jeder Wohnung roch es anders. Am besten roch es bei Fräulein Rosemarie. Dort duftete es nach Parfüm und Bohnenkaffee. Am Fenster hing eine Gardine mit roten Blumen und aus der Uhr kam zu jeder vollen Stunde ein Kaminkehrer. Über dem Bett hing ein Bild von einem amerikanischen Soldaten.

»Er hat versprochen, daß er mich heiratet«, behauptete Fräulein Rosemarie.

Meine Großmutter schaufelte sieben Löffel Zucker in die Kaffeetasse. Dann zog sie dem Fräulein Rosemarie die Wäsche hoch und legte das Ohr auf ihren Bauch. Er war rund und Fräulein Rosemarie weinte.

»Amerika«, sagte meine Großmutter, »das Kind will nach Amerika.«

»Ich auch«, heulte Fräulein Rosemarie.

»Das wird schon werden«, tröstete meine Großmutter.

Sie gab ihr ein Hexenei.

»Das schneidest in Scheiben«, sagte sie. »Dann brätst es in Butter mit Salz, Kümmel und Majoran und gibst es ihm. Wenn er fragt, was das ist, sagst eine Bratkartoffel.«

Dann schlug sie ihr die Karten. Zuletzt lag die Dame neben dem König.

»Na, was sagst jetzt, du blöde Gans?«

Da wischte sich das Fräulein Rosemarie den Rotz von der Nase und lachte.

Am Ende des obersten Gangs waren die Toilette und der gußeiserne Ausguß. Mieter standen davor und traten von einem Bein aufs andere. Der Blechlampenschirm darüber sah aus wie ein Chinesenhut. In der Wohnküche bügelte meine Mutter Wäsche. Es roch nach Kampfer. Mein Bruder hockte unterm Tisch, durch das Stragula zeichneten sich die Stöße der Dielen ab, das Fenster war mit Dampf beschlagen. Sie zeichnete ein Gesicht hinein.

»Punkt Punkt Komma Strich«, sagte sie, »rundherum das Angesicht, links und rechts zwei Ohren, so ist der Mensch geboren.«

Kaum war sie fertig, fing das Gesicht an zu weinen.

»Das ist kein Grund zum Flennen«, sagte sie und legte die Karten auf den Tisch.

Meine Mutter spuckte auf das Bügeleisen und es zischte, als wäre es lebendig. Im Radio spielte Tanzmusik. Ich spähte durch die Löcher der Bakelitabdeckung, aber statt kleiner Musikanten sah ich nur Drähte und Lämpchen. Für mich reichten fünf Karten. Der König und eine Dame, ein Bube und der Tod. Die Sieben war ich. Meine Großmutter schob den Tod nach links und nach rechts. Da war der König obenauf und die Dame unten. Aber der Tod mit seinem Knochenschädel war mal hier und mal da.

»Der wird dir im Nacken sitzen«, sagte sie. »Da hockt er und wartet. Aber jetzt, jetzt ist er, hoppla, vorbeigerannt!«

Hoppla! Ich lief die Treppe hinunter. Sollte er mich doch kriegen, der Tod, sollte er doch! Ich rannte über den Hof, zwischen den Kastanienbäumen hindurch, über die Wiese, an den Zaun und zurück. Ich stellte mir vor, wie er mir hinterherlief. Aber als er mit der Sense ausholte, schlug ich einen Haken und da rannte er weiter, schimpfte und ärgerte sich. Ich freute mich und lachte, weil der Tod so blöd ist.

Da waren die Mahagonibetten im Schlafzimmer, die mit Balken abgestützten Balkone, die Einschüsse eines Maschinengewehrs und hinter der Scheune eine zerfetzte Flak. Ich stand am Bach und über die Kieselsteine floß Wasser. Und wieder war da meine Großmutter mit der klappernden Milchkanne. Manchmal ging sie mit mir nach Altjoch. Dann rannte ich ein Stück voraus und suchte Kippen. Wenn ich eine fand, freute ich mich und brachte sie ihr. Sie legte sie in ihre Messingdose und sagte, die ist aber lang, und ich rannte wieder los.

Es war kalt dort hinten. Die Berge warfen Schatten. Auch im Sommer stand die Sonne nur ein paar Stunden zwischen Jochberg und Herzogstand. Dann kroch wieder die Kälte aus den Felsen. In die Amibaracken waren Flüchtlinge eingezogen. Auf Leinen flatterte Wäsche und an einem Strick graste eine Geiß. Dahinter ragten senkrecht die Felsen auf. Die Kinder hatten Pullover an und lauerten im Gestrüpp vor einer Höhle. Sie warfen mit Steinen und meine Großmutter drohte ihnen mit einem Stock. Den nahm sie mit, wenn wir ins Altjoch gingen, denn manchmal stand ein weißer Hund auf der Straße, bellte und fletschte die Zähne. Aber sie ging mit dem Stock auf ihn zu und verjagte ihn. Dann stieg sie die Straßenböschung hinunter und stocherte in einem Drainagerohr. Tief drinnen quietschte es.

»Das ist der Teufel«, sagte sie. »Der holt die Bangerten aus den Baracken.«

»Und den Hund?«

»Den kann er nicht holen.«

»Warum nicht?«

»Der Hund ist stärker als der Teufel. Der kriegt jeden. Aber ich bin ihm ausgekommen. Soll er nur kommen«, sagte sie und drohte mit dem Stock.

Ich spähte in die Röhre. Der Zugang zur Hölle war dunkel, aber die Augen des Teufels glitzerten wie Wassertropfen.

Ich lief an kleinen Häusern vorbei. Dann surrten die Turbinen des Walchenseekraftwerks. Die sechs Rohre kamen aus dem Walchensee, der über dem Kochelsee liegt. Sie waren aus Kupfer und dick. Eine Brücke mit einer steinernen Brüstung führte über sie hinweg. Auf dem Gelände dahinter wuchs Brombeergestrüpp. In einer Mulde lag Abfall. Meine Großmutter zerrte Kupferdrähte aus dem Müll, machte ein Feuer, brannte die Isolierung ab und knäulte die Drähte zusammen. Ich suchte Kreuzotterhäute und band sie mir um die Handgelenke. Dann gingen wir zum See.

»Für Kupferdrähte zahlt der Alteisenhändler am meisten«, sagte sie. »Für Messing zahlt er nicht so viel. Für Blei und Aluminium auch nicht. Und für Eisen am wenigsten.«

Sie dröselte die Kippen auf und zerrieb den Tabak.

»Der Tod«, sagte sie, »ist ein weißer Hund. Einmal hat mich einer gebissen, so wie der von den Baracken. Da hab ich Wundstarrkrampf gekriegt und mich nicht mehr rühren können. Alle haben gedacht, ich bin tot, und der Totengräber hat die Schaufel aus dem Schuppen geholt. Aber ich hab alles gehört und wie sie mich holen wollten, bin ich aus dem Bett gesprungen.«

Am See schien die Sonne. Die Großmutter schlief ein und schnarchte. Dann schreckte sie hoch und erzählte von ihrer Mutter, die meine Urgroßmutter war. Ich kannte alle Geschichten, aber ich wollte sie immer wieder hören, denn wenn ich nicht aufpaßte, gingen sie einmal so und dann wieder anders.

»Meine Mutter hat Klavier gespielt.«

»Geige«, sagte ich.

»Ja, Geige auch. Aber meistens hat sie Klavier gespielt. Mozart und Drei Chinesen mit dem Kontrabaß. Jedenfalls ist sie vornehm gewesen. Aber wie sie von Vaduz nach Vorarlberg Zigarren geschmuggelt hat, ist sie in eine Schlucht gestürzt und hat sich ein Bein gebrochen. Das Bein hat den Brand gekriegt und daran ist sie gestorben. Manchmal ist sie noch herumgegangen in der Mokri. Dort ist eine Schokoladenfabrik gewesen und da hat es gut nach Schokolade gerochen. Und einmal hat sie vor einem Hutgeschäft gestanden. Wie ich das gehört hab, hab ich in der Hutschachtel nachgeschaut und da waren tausend Kronen drin. So hat sie mir das sagen wollen. Und von dem Geld hab ich Krepp-Papier gekauft und aus dem Papier haben deine Mutter und Willi Papierblumen gemacht. Die haben wie echt ausgesehen und waren so schön, daß die Leute sich gewundert haben. Und gerochen haben sie auch. Wie echte Blumen. Dann bin ich nach Wien gezogen und hab von dem Geld ein Beisl aufgemacht und mir einen Mann genommen. Lang hat der geheißen und gesoffen wie ein Loch. Aber er war Erfinder und hat mit Buchstaben rechnen können. Aber erfinden hat er nur was können, wenn er besoffen war. Darum ist ihm gar nichts anderes übrig geblieben als Saufen. Die Erfindungen haben alle auf dem Papier angefangen. Erst hat er die Seite mit Buchstaben vollgeschrieben. Dann hat er damit gerechnet und zuletzt ist eine Erfindung herausgekommen. Wenn er nüchtern war, hat er selbst nicht mehr gewußt, wie er das gemacht hat. So hat er das Perpetuum mobile erfunden. Schau, hat er gerufen, jetzt hab ich das Perpetuum mobile erfunden. Er hätte ein Heidengeld damit verdienen können. Ein Amerikaner hat dafür eine Million Dollar geboten. Aber dann wollte er noch was verbessern und da ging's nicht mehr. Da hat er aus Verzweiflung schon zum Frühstück Schnaps getrunken. Der hat ihn verbrannt, von innen raus. Wie er tot war, ist ein Brandfleck in der Hose gewesen. Der Schnaps ist ein Fluch. Der Wein ist gesund. Aber der Schnaps … Wenn die Männer Wein getrunken haben, haben sie gesungen.«

»Was haben sie gesungen?«

»Wo ein grüns Kranzerl winkt oder Mein Hut der hat drei Löcher.«

Ihre Stimme krächzte, wenn sie sang. Wenn sie fertig war, hustete sie, spuckte ins Gras, pfui Teufel!, und rauchte.

»Wenn du wieder Kippen hast, sing ich wieder. Beim Schnaps war der Teufel am Tisch. Der hat dabeigehockt und gestochert, bis die Männer sich Gläser an die Köpf geschmissen haben. Aber da bin ich aus der Küche, so!, und hab ihnen, so!, eine Hand voll Pfeffer in die Augen. Aber das Beisl war vornehm. Die Gäste sind von überall gekommen, haben Schnitzel und Erdäpfelsalat bestellt, fünfzig Portionen am Tag. Und dann sind wir nach Prag. Da gibt es viele Brücken und den Hradschin, und in Prag hat deine Mutter den Müller kennengelernt. Darum hat sie dann Müller geheißen und nicht mehr Havlitschek, weil vom Müller der Gusti gekommen ist, der darum nur dein halber Bruder ist und sich die Füße nicht wäscht. Aber den Müller haben sie im Krieg erschossen, weil er auf der Wache eingeschlafen ist, und wer auf der Wache eingeschlafen ist, den haben sie erschossen. Wie einen Russ. Wir sind in Reichenberg gewesen und ich hab den ganzen Achatschmuck eingegraben, wie die gekommen sind. Ich hab gedacht, wenn sie mich kriegen, kriegen sie den Achatschmuck nicht. Dafür hab ich den Weltatlas vom Willi mitgenommen. Den hab ich einem Bauern gegeben für 10 Pfund Erdäpfel. Da sind die Züge voll gewesen und man hat sich außen ranhängen müssen, weil drin kein Platz mehr war. Und aus den Erdäpfeln haben wir Erdäpfelsalat gemacht. Und der Onkel Willi hat die Sau geklaut. Aber dein Vater hat Schiß gekriegt und sich verdrückt, als er Schmiere stehen sollte. Wenn der Bauer was gemerkt hätte …«

Sie mochte meinen Vater nicht. Deswegen kam sie am Wochenende nicht. Wenn am Abend seine Adler über die Brücke knatterte, nahm sie die Milchkanne und ging. Durchs Fenster sah ich, wie sie über die Brücke trippelte.

»War sie wieder hier, die Hexe?« fragte er.

Er trug eine blaue Arbeitshose, Gummistiefel und hatte eine Glatze. Er hinkte den Gang entlang, setzte sich in der Wohnküche auf das Sofa und streckte die Beine aus. Meine Mutter stellte sich vor ihn und zog ihm die Stiefel aus. So brauchte er keinen Stiefelknecht. Dann brachte sie ihm die Hausschuhe und rührte weiter im Kochtopf.

»Sie sammelt halt Altmaterial«, sagte meine Mutter, »hinten in Altjoch. Sie hat nur 58 Mark Rente. Das Brot ist teurer geworden. Das kostet jetzt schon 38 Pfennig. Ich kaufe wieder Sanella statt Rama. Die schmeckt genauso gut, bloß schmiert sie sich zäher.«

Später kam Gusti mit dem Fahrrad aus der Firma Dorst. Ich hörte, wie die Kette am Schutzblech scheuerte, wenn er über die Brücke fuhr. Er war dürr, seine Hände dreckig von Schmiere und wenn er das Rad in den Stall stellte, riefen die Jugendlichen, die auf dem Brückengeländer saßen: »Moses, wo bist du?« Er weichte die Hände in der Emailleschüssel ein und wusch sie mit Sandpaste und Wurzelbürste.

»Zwei Juden wollten stehln nen Appel«, sagte er, »doch es ging nicht, der Baum war ne Pappel.«

Er stellte das Radio ein und wartete auf das Lied vom alten Haus von Rocky Docky.

»Das alte Haus von Rocky Docky hat vieles schon erlebt, kein Wunder, daß es zittert, kein Wunder, daß es …«

»Zwei Juden schwammen durch den Nil, den einen fraß ein Krokodil, den anderen vergaß es«, sagte er und manschte das Essen zu einem Brei zusammen, den er mit dem Löffel in den Mund schaufelte. Danach ging er in den Hof und von der Brücke riefen sie: »Moses kommt!«

»Gusti soll richtig essen«, sagte mein Vater.

»Das hat er in der Tschechei nicht anders gelernt«, erwiderte meine Mutter.

»Wir sind hier nicht in der Tschechei.«

Über dem Tisch brannte eine 60-Watt-Birne. Das Licht war gelb und ich schaute zu, wie meine Mutter meinen kleinen Bruder in der Blechwanne badete. Er plärrte, wenn ihm Kernseife in die Augen kam. Dann trug sie ihn über den langen Gang ins Bett. Mein Vater griff sich einen Knüppel, stellte sich an die Tür und schaute, ob Unenkel den Gang entlang kam.

»Wenn ich ihn an der Schlafzimmertür erwische«, sagte er, »schlag ich ihn tot.«

Dann zeigte er mir, wie man richtig mit Messer und Gabel ißt. Er setzte sich kerzengerade auf den Stuhl, klemmte sich zwei Bücher unter die Achseln und schnitt die Luft im Teller. Mit der Gabel führte er einen Bissen Luft in den Mund und kaute ihn.

»Jetzt bist du noch zu klein«, sagte er, »aber wenn der Ernst des Lebens beginnt ...«

Er nahm Papier und Stifte aus der Tischschublade und zeichnete einen Apfel mit Augen und Mund. Der Mund hatte einen Zahn und der war schwarz. Da sah der Apfel aus wie Frau Hase, denn die hatte auch einen schwarzen Zahn. Dann zeichnete er einen Hackstock, in dem eine Axt steckte. Der Hackstock hatte eine Nase, Augen und ein schmales Maul. Das Maul streckte eine Zunge raus. »Das ist der Unenkel«, sagte er.

Ich saß auf seinem Schoß und malte die Zunge rot an und die Augen gelb. Die Axt malte ich auch rot an, damit sie blutig war. Der Stift roch nach Lack. Die rote Mine klebte ein wenig, als ich sie mit der Zunge anfeuchtete. Mein Vater roch nach Kernseife, Glatze und Niveacreme. Um den Leib trug er einen braunen Gürtel, den er einem Russen weggenommen hatte. Ich fühlte mich so stark, als hätte ich Unenkel selbst den Schädel gespalten. Dann setzte mich mein Vater ab, weil es fünf vor sieben war und im Radio das Betthupferl kam. Wenn mich meine Mutter ins Schlafzimmer brachte, schlief mein kleiner Bruder schon. Im Hof spielten noch Kinder. Ich hörte ihre Stimmen. Sie wurden immer leiser. Dann war es still. Unter der Zimmerdecke verlief ein grüner Strich, der das Muster der mit einer Gummiwalze aufgetragenen Tapete abschloß. An der Wand hingen die Aquarellbilder meines Vaters. Hinter Zäunen lagen Wiesen und darüber hingen Wolken. Sie sahen aus wie Kühe, nur hatten sie viel zu lange Hälse und viel zu dicke Bäuche. Wenn die Nacht ins Zimmer sickerte, wurden sie zu Ungeheuern, die in die Dunkelheit schwammen.

Mein Bruder war zweieinhalb Jahre jünger als ich, hieß Berndi und hatte rote Haare. Sein Gesicht war voll Sommersprossen, aber dafür konnte er nichts. »Das kommt davon, weil die Vorfahren Kelten waren«, sagte mein Vater. Meine Mutter kaufte vom gesparten Geld in der Apotheke Schwanenweiß und schmierte ihm die Creme ins Gesicht. Dann sah er aus wie ein Clown und brüllte. Er brüllte, weil er weiß war und weil er zweieinhalb Jahre jünger war und weil er auf dem roten Dreirad vorne sitzen und lenken wollte, so wie ich. Er brüllte, bis ihm die Luft ausging, und ich klammerte mich an der Lenkstange fest. Dann spannte meine Mutter einen Strick an die Lenkstange und zog an.

Sie zog uns über die Brücke, weiter zum See und am See entlang nach Kochel, an der Firma Dorst vorbei, wo mein Vater und Gusti arbeiteten. Auf ihrem Rücken hüpfte ein Militärrucksack und die Pedale des Dreirads drehten leer. Wenn sie uns den Finkberg hochzog, keuchte sie und wurde langsamer. Da schob ich sie in Gedanken an, aber auf halber Höhe blieb sie trotzdem stehen.

»Schaut den See an«, schnaubte sie.

Er lag unter uns, eine bleierne Fläche, zu der eine Steintreppe führte. Dann kamen das schmiedeeiserne Tor, das in den Park des Freiherrn von Fink führte, und die ersten Häuser der Ortschaft. Kochel war grau. Auf einem steinernen Podest stand der Schmied mit dem Morgenstern und im Konsum lagen unter einem Glassturz Bienenstiche.

»Zwei Stück«, sagte meine Mutter und redete laut. »Was meinen Sie, was es bei den Zislows zum Abendessen gibt? Zwei Bücklinge und Brot. Er kriegt einen ganzen, sie einen halben, der Peter, der kriegt einen viertel Bückling und die zwei Mädchen einen achtel eine jede. Zwei Bücklinge für fünf Personen!«

»Aber er einen ganzen«, sagte die Verkäuferin empört.

Sie war dick und alt und lief hinter der Theke auf und ab. Die Haare auf ihrem Kopf waren dünn und ich hatte Angst, sie würde hervorkommen und mir ein Zitronenbonbon in den Mund stecken. Dann hätte ich das Bonbon zerbissen und geschluckt oder in die Backe geschoben. Meine Mutter packte den Wocheneinkauf in den Rucksack. Dann gingen wir zur Molkerei hinter dem Pferdeschmied. Dort war alles weiß. Die Milchglastür, die Milch, die Porzellanbehälter. Die Molkereibesitzerin sah aus wie Frau Holle. Sie hatte weiße Haare und trug eine weiße Schürze. Braun war nur der Kakao, der in Flaschen abgefüllt dastand. Wir tranken ihn zu den Bienenstichen.

Immer wenn wir nach Kochel gingen, fieberte ich auf das Kinoplakat am schwarzen Brett des Heimatkinos. Zwischen dem Grau der Häuser leuchtete es rot.

»Das ist die Hildegard Knef«, sagte meine Mutter. »Die hat allen Leuten ihren nackten Arsch gezeigt.«

Die Frauen hatten rote Lippen und die Männer trugen Augenklappen und hielten Pistolen in den Händen. Hinter jedem Gesicht steckte ein Geheimnis. Ich hätte das Plakat gerne abgerissen. Darunter wären die wahren Gestalten hervorgekommen. Aber vor dem Plakat befand sich eine Glasscheibe. Wenn ich sie eingeschlagen hätte, wäre der Schmied von Kochel vom Steinpodest und über die schmiedeeiserne Kette gestiegen. Ich wartete und rührte mich nicht.

»Komm weiter«, sagte meine Mutter.

Der Pirat würde sich auf das Schiff schwingen. Er hatte ein rotes Tuch um den Kopf und aus einem Kanonenrohr schoß Feuer.

»Wir müssen weiter«, rief sie, »komm!«

Und die Kanonenkugel würde das andere Schiff zerschießen und das Schiff würde untergehen und unter Wasser liegenbleiben wie das Schiff vom Hannemann.

»Das ist Errol Flynn«, sagte meine Mutter. »Wenn du sechs bist, gehen wir ins Kino.«

Aber bis sechs war es weit. Bis sechs war es so weit wie von Kesselberg nach Kochel und noch ein ganzes Stück dazu, die Straße hoch bis Urfeld und nach Italien. Oder fast, denn Italien war am weitesten.

»Italien liegt hinter den Bergen«, sagte meine Mutter. »Erst kommt der Walchensee, dann Innsbruck und Tirol. Die Tiroler sind lustig, dann Bludenz und Italien. In Italien scheint die Sonne, wenn bei uns Nebel ist, und die Italiener singen so schön wie meine Freundin Mizzi. Die Mizzi ist auch Italienerin. Wie wir von Bludenz nach Wien gezogen waren, hat eines Tages die Mizzi vor der Tür gestanden. Berna, hat sie gesagt, jetzt bin ich auch in Wien. Die Mizzi ist immer noch in Wien. Wenn wir mal Geld haben, fahren wir nach Wien und besuchen sie. Da wird sie schaun! Dann gehen wir auf den Prater, zum Stephansdom und zur Donau. Die ist so breit wie der Kochelsee.«

Wenn die Adriapost kam, stellte ich mich auf die Kesselbachbrücke und wartete. In Urfeld drückte der Fahrer auf die Hupe und die Adriapost machte tatütata. Das klang wie ein Trompetensignal. Dann kam der Bus langsam die Serpentinen herunter. An der vorletzten Kehre leuchtete er rot auf. Ich rannte auf die andere Straßenseite zur Bushaltestelle. Der Bus hatte eine Schnauze wie eine Bulldogge und fuhr vorbei. Aber ich stellte mich auf die Zehenspitzen und lauschte, ob die Italiener sangen. Ich glaubte, sie müssten Wiener Lieder singen. Wien, Wien, nur du allein. Aber der Bus donnerte vorbei. Und vielleicht waren die Italiener eingeschlafen, denn von der Adria war es weit und dazwischen lagen die Berge. Dann lief ich zurück und die Treppe hoch.

»Hast du sie singen gehört?« fragte meine Mutter.

Ich schüttelte den Kopf.

»Vielleicht singen sie beim nächsten Mal. In einer Woche kommt wieder der Bus aus Italien. Komm mal mit.«

Wir gingen ins Schlafzimmer und sie hielt mir die Muschel aus Italien ans Ohr. In ihr rauschte das Meer.

»Die ist aus Italien«, sagte sie, »die hat mir der Willi aus dem Krieg gebracht.«

Dann schraubte sie ihr Parfümflakon auf. Es war leer, aber von weit her wehte ein leichter Geruch.

»Da war Rosenwasser drin. Ich hab mir immer nur einen Tropfen hierher getan, wenn ich mit der Mizzi ausgegangen bin. Das haben die Männer gleich gerochen. Wenn ich nicht deinen Vater im Herzogstandhaus kennengelernt hätte, wäre ich wieder nach Wien gegangen. Aber er ist fleißig und verdient Geld. Und vielleicht bauen wir ein Haus, wenn die Bank den Kredit bewilligt. In Wien wäre ich wieder bei der Mizzi gewesen, aber dann gäb es dich nicht. Dein Vater hat ganz ruhig dagesessen und nicht geredet. Er hat den ganzen Abend nur eine Flasche Bier getrunken, weil er nichts verträgt. Ich hab gedacht, stille Wasser sind tief.«

Wenn mein Vater am Sonntag mit mir zum See spazierte, freute ich mich, denn er war groß und ich war klein. Sein Schatten hinkte und war viel länger als meiner. Er hatte eine kurze Lederhose an und um den Bauch den Russengürtel. Unter dem Rand des Hosenbeins sah eine Narbe raus. Da mußte ich immer draufschauen, wenn ich neben ihm lief.

»Onkel Willi«, sagte ich, »hat aber keine Narbe am Bein.«

»Ich setz dich in die Kutsche«, sagte er. »Die Kutsche ist eine Deligence.«

»Deligence«, sagte ich.

»Früher sind hier die Pferde gewechselt worden«, erklärte er. »Die mußten frisch sein, bevor sie die Kutsche die Kesselbergstraße hoch schleppten. Dann ist dein Opa hierhergezogen, weil das Walchenseekraftwerk gebaut wurde. Da haben sie die Kutsche in die Scheune gestellt.«

»Ist die Oma eine Hexe?« fragte ich.

»Die bringt nur Unfrieden ins Haus und weiß nichts.«

Das Scheunentor stand einen Spalt offen, so daß er sich hineindrängen konnte. Drinnen war es düster. Im Dach waren Sparren durchgefault und heruntergebrochen. Die Scheune war groß und hinten standen schwarze Chaisen. Die Deligence stand in der Mitte. Sie hatte große Laternen, einen Kutschbock und einen Köcher mit einer Peitsche. Er öffnete den Verschlag und hob mich hinein. Es roch nach Staub und Leder und ich rief: »Hü!«

»Los«, rief ich, »Hü! Hott! Hü! Los!«

»Da sind keine Rösser dran«, sagte er und hob mich wieder heraus. Dann gingen wir weiter zum See. Aus den Stämmen der Linden am Feldweg ragten eingewachsene Porzellanisolatorenköpfe. Am Ufer lagen Treibholz, Flaschen und angeschwemmte Panzerminen. Neben der Schiffsanlegestelle roch es nach faulen Muscheln. Der Steg war verfallen, an einer Dalbe baumelte eine Kette und am gegenüberliegenden Ufer sah man das Kloster Schlehdorf. Ich warf Kiesel ins Wasser und die Stechlinge spritzten in Blitzbögen auseinander. Irgendwo weit draußen lag auf Grund das Motorschiff. Mein Vater ging in die Knie und zeigte mit dem Finger hin. Aber das Wasser war nur grün.

»Das liegt auf Grund«, sagte er. »Es hat dem Hannemann gehört vom Sägewerk. Damit bin ich um den See gefahren, als ich in die Schule ging. Es war weiß. Wie der Krieg aus war, haben die Amis so lang drauf geschossen, bis es unterging.«

»Onkel Willi hat keine Narbe vom Krieg.«

Er zog das Lederhosenbein hoch. Die Narbe war lang und weiß und kein Haar wuchs drauf. »Der war auch nicht in Rußland«, sagte er. »Ich bin mit dem Schiff im Schwarzen Meer auf eine Mine gefahren. Dann ist es zerkracht. Ich bin hoch in die Luft geflogen und ins Wasser, aber da ist eine Bohle geschwommen und daran hab ich mich festgehalten, bis sie mich rausgezogen haben.«

Ich stellte mir das Schwarze Meer schwarz vor. Ich stellte mir vor, wie er in die Luft flog, sich umdrehte und ins Wasser platschte. Patsch, klatsch! Die Stechlinge spritzten auseinander.

»Dann haben sie mich ins Lazarett gebracht und das Bein in ein Streckgerät gespannt mit Eisengewichten dran«, erzählte er. »Da hab ich drei Monate gelegen.«

»Mit dem Russengürtel?«

»Der hat im Schrank gehängt. Jetzt ist gleich Mittag. Dalli dalli!«

»Den hast einem Russen weggenommen.«

»Der hat ihn nicht mehr gebraucht.«

»Onkel Willi hat die Sau geklaut.«

»Hat das die Hexe gesagt?«

»Ja.«

»Wenn du auf den Müllhaufen rumkriechst, stinkst du genauso wie sie.«

Er schnupperte an meinem Ärmel.

»Dalli dalli«, sagte er, »die Sau hat einem Bauern gehört, darum hab ich sie nicht genommen.«

»Oma hat gesagt, du hast Schiß gehabt.«

Er gab keine Antwort, aber seine Glatze wurde weiß.

Der Russengürtel war braun und hatte eine Messingschnalle mit einem dicken Dorn. Mein Vater bohrte mit einer Ahle ein zusätzliches Loch in den Riemen und schnallte ihn mir um. Er zog ihn richtig fest und legte das Fotoalbum auf den Tisch. Da war mein Großvater mit einer Schaufel in der Hand, als er das Walchenseekraftwerk baute. Und mein Vater, als er klein war und in die Schule ging. Er trug die Pimpfenkluft mit kurzer Hose, Koppel und Dolch an der Seite. Hinter ihm hing eine Hakenkreuzfahne. Die Bilder waren vergilbt und hatten Zackenränder. Unter einem Weihnachtsbaum saßen Soldaten und auf dem Tisch standen Weinflaschen. Die Soldaten lachten. In Rußland ging es lustig zu und friedlich. Da standen Soldaten vor einem Holzhaus und legten sich die Arme um die Schultern. Nur der Himmel darüber war gelb. Der Russe mit dem Gürtel war nicht dabei. Aber vielleicht war er auf einem der Bilder gewesen, die jetzt fehlten. Von ihnen waren nur ein paar weiße Leimstellen auf dem schwarzen Papier geblieben.

»Hast du den Russen erschossen?« fragte ich.

Meine Mutter klapperte mit den Töpfen.

»Dein Vater war nur ein kleiner Gefreiter«, mischte sie sich ein.

Mein Vater beugte sich über das Fotoalbum.

»Was für einen? Das ist kein Russe.«

»Den mit dem Gürtel.«

»Der hat sich die Hose mit Bindfaden zusammengebunden«, sagte er.

»Im Krieg ist viel geschossen worden«, sagte meine Mutter, »das weißt du doch.«

»Einmal hab ich geschossen«, sagte er. »Da ist einer umgefallen. Aber vielleicht hat ihn eine andere Kugel getroffen.«

»In den Kartoffelsalat schneide ich eine Gurke rein«, sagte meine Mutter.

»Das weiß heute keiner mehr genau«, sagte mein Vater.

»Da sind tausend Kugeln geflogen«, sagte meine Mutter.

Ich hockte mich unter den Tisch. Der Russengürtel hinderte das Blut daran, in die Beine zu sacken. Es schoß in den Kopf und immer wenn das Herz dreimal gepumpt hatte, sah ich ein anderes Bild. Der Russe stand in der Tür und hielt sich die Hose fest. Dann schoß mein Vater, peng! peng!, und der Russe blieb stehen, weil er nicht wußte, wer ihn totgeschossen hatte. Erst schaute er nach links, dann nach rechts. Dann fiel er, plumps – fällt er in den Graben, fressen ihn die Raben –, um und war richtig tot.

»Peng! Peng!«, sagte ich.

Ich rannte zur Tür.

»Peng! Peng! Peng!«

»Du hast den Russen erschossen und ihm den Gürtel weggenommen«, sagte ich. »Peng! Peng!«

Wieder wurde seine Glatze weiß und ich setzte mich auf die Bank und sagte nichts mehr, weil ich Angst hatte, daß er mir eine schmieren und daß mir dann das Blut aus der Nase schießen würde wie Gusti, als er das Essen gemanscht hatte.

Das Hochzeitsfoto meiner Eltern hing im Schlafzimmer neben der Tür. Meine Mutter trug ein dunkles Kostüm und hielt einen Strauß rote Rosen in der Hand. Ihr Haar war schwarz und sie lächelte. Mein Vater trug einen dunklen Anzug mit breitem Revers. Sein Gesicht war hager und die Geheimratsecken hatten sich schon weit vorgefressen.

»1947 war das«, sagte meine Mutter. »Zwei Jahre später bist du gekommen. Da, in dem Bett, mitten in der Nacht. Überm Kochelsee ist gerade ein Gewitter niedergegangen.«

»Dann hast du die Möbel gekauft«, sagte ich.

»Wie ich bei den Amis war. Da war einer, der hat John geheißen, und das war ein Schwarzer und der wollte, daß ich mit ihm nach Amerika geh. Er hat mir Zigaretten gegeben. Für den Schrank hab ich zwei Schachteln gezahlt. Der ist aus Mahagoni. Und für die Betten auch. Für die Kredenz und den Tisch und die Stühle hab ich acht Schachteln gezahlt. Die hat ein Schreiner mit der Hand geschnitzt. Wie ich bei den Amis war, wollten alle Zigaretten von mir. Aber dann ist John nach Amerika gekommen. Von einem Tag auf den anderen. Er hat mir jede Woche einen Brief geschrieben und immer fünf Dollar reingelegt.«

»Darum läuft uns der Unenkel nach.«

»Weil er neidisch ist. Bei ihm stehen nur Margarinekisten. Die Kinder schlafen zu zweit im Bett und am Sonntag essen sie Linsen. Deswegen stinkt's im Klo so. Und im Schlafzimmer hängt der Hitler an der Wand.«

Ich hatte Angst vor dem Unenkel. Wenn ich ihm begegnete, drückte ich mich an die Wand und hoffte, daß er mich nicht sah. Manchmal verfolgte er uns, wenn wir nach Kochel gingen. Er lief zwanzig Schritte hinterher und schrie »Hur! Du Hur!« und meine Mutter blieb stehen und schrie zurück. Dann holte sie einen Knüppel aus dem Unterholz, ging ihm entgegen und er lief davon. Wenn sie umdrehte, kam er wieder näher und schrie weiter.

»Komm nur«, rief sie, »komm nur her!«

Sie hielt den Knüppel in der Hand und ging ihm entgegen.

Jetzt wich er nur noch ein paar Schritte zurück.

»Ich weiß schon, was du willst!«

»Hur«, fauchte er. »Du Hur!«

Da warf sie den Knüppel weg und lachte. Sie stemmte die Hände in die Hüfte und als er näher kam, hob sie den Rock, zog die Unterhose runter und zeigte ihm den Arsch. Da rannte er, rannte, rannte, als wäre der Knüppel aus dem Sack hinter ihm her, und ich lachte. Wir zogen weiter am See entlang und die Pedale drehten sich.

»Wie er gerannt ist«, sagte sie. »Hast du gesehen, wie er gerannt ist?«

Sie zog den Finkberg hoch, ohne stehenzubleiben.

»Gerannt ist er«, sagte sie zur Frau im Konsum, »als wäre der Teufel hinter ihm her. Ich hab den Rock hochgehoben. Da ist er gelaufen«, sagte sie zur Frau in der Molkerei, »den hätten Sie sehen sollen. Der soll mir nur nahekommen.«

Unenkel hatte ein braungelbes Gesicht, die Haare waren grau und das linke Auge auch. Ich drückte mich an die Wand, als er den Flur entlang kam. Er redete mit sich selbst, wurde immer größer und verschwand dann hinter der Tür schräg gegenüber unserer, aber im Hof kam er wieder hinter der Scheune hervor. Und als ich ums Haus lief und mich unter der Tenne versteckte, da wartete er schon.

»Eine Hur ist sie«, flüsterte er. »Ich seh alles, ich hör alles. Eine Hur ist sie. Weißt, womit ich sie seh? So!«

Er drückte einen Finger ins Auge und da sprang das Auge in die Hand.

»Das sieht alles«, sagte er. »Und wenn der Hitler wieder kommt …«

Er lachte. Es war das einzige Mal, daß ich ihn lachen hörte. Es klang, als riebe man zwei Steine aufeinander. Ich sah ihn zum letzten Mal, als der Hausherr ihn über den Hof jagte. Er hatte einen

Axtstiel in der Hand und Unenkel rannte von einem Baum zum anderen und zuletzt drehte er sich um den Stamm. Dann flog er ins Gras und Herr Miele prügelte auf ihn ein.

»Jetzt ist er im Irrenhaus«, meinte meine Mutter später, »da hat er schon lang hingehört.«

Ich sah den Vogel zum letzten Mal im Winter. Er war weiß und ich stand auf und ging ans Fenster. Da sah ich ihn sitzen im Geäst des Kastanienbaums. Als ich wieder im Bett lag, war er verschwunden. Ich schlief ein und am Morgen hauchte ich ein Guckloch ins Fensterglas und sah die schwarzen Äste des Baums, das verschneite Dach der Scheune, die weißen Wiesen zum See. Auf dem Weg führte eine Trampelspur zur Bootsanlegestelle. Der See war zugefroren und über das Eis fuhren ein Lieferwagen und Fuhrwerke.

Es war kalt und vielleicht krachten die Bäume wirklich. Es war so kalt, daß meine Mutter Angst hatte, die Kohlen würden nicht reichen. Sie legte Ziegelsteine ins Backrohr, wickelte sie in Handtücher und tat sie in die Betten. Aber am Morgen waren sie so kalt wie die Dielen und der Flur. Der Wasserhahn am Ende des Gangs lief und lief und wenn meine Mutter morgens den Herd anheizte, war das Wasser im Eimer gefroren. Von der Dachrinne wuchsen Eiszapfen, die immer länger und länger wurden.

Meine Mutter zog ihre Pullover unter den Mantel und zwei Paar Socken an, bevor sie in die Knobelbecher stieg. Sie setzte sich eine Mütze mit Ohrenklappen auf und wickelte uns in Decken, dann zog sie den Schlitten den Pfad hinunter zum See. Ein Fuhrwerk kam von Schlehdorf über die Eisfläche. Zwei Pferde waren vorgespannt.

»Das Eis ist dick«, sagte sie, »schaut. Die kommen von Schlehdorf.«

Manchmal hielt das Fuhrwerk an. Dann zogen die Pferde wieder. Die Luft war klar, auf dem Eis lag blau der Schatten des Jochbergs. Als ich den Eisenbeschlag des Schlittens anfaßte, klebten die

Finger fest. Wir hielten uns dicht am Ufer. Der Schlitten glitt leicht, nur wo der Wind den Schnee weggeweht hatte, knirschte das Eis unter den Kufen. Sie zog und dann stellte sie sich hinter den Schlitten, schob, gab dem Schlitten einen Schubs und der glitt von ganz alleine zehn Meter weit. Als wir zur Renke kamen, zog sie wieder. Ihre Stiefel waren schwer, aus Leder, und die Sohlen mit Nägeln beschlagen. Sie stammten aus dem Krieg. Meine Großmutter hatte sie einem Soldaten abgekauft. An der Renke stand eine Fischerhütte. Dort trafen sich im Sommer Angler an der Bucht. Sie wich vom Ufer ab und nun war die Straße weit weg. Ein Traktor zog einen hölzernen Schneepflug an einer Kette hinter sich her.

»Der Schneepflug«, sagte sie. »Er fährt ins Altjoch, damit sie dort hinten rauskönnen.«

Sie zog weiter, das Eis knackste. Da blieb sie stehen und sah zum Fuhrwerk, das nun schon viel weiter war. Zwei schwere Pferde waren davor gespannt und auf dem Fuhrwerk saß ein Mann. Sie zog wieder weiter und das Eis brach unter ihr ein. Sie versank im Wasser und als sie wieder hochkam, hatte sie keine Mütze mehr auf dem Kopf. Sie schob den Schlitten ein Stück aufs Eis und versuchte auf die Scholle zu klettern, aber die Scholle brach ab. Wieder ging sie unter und als sie dann nochmals hochkam, schrie sie. Es klang ganz leise. Der Schneepflug war längst vorbeigefahren und der Mann auf dem Fuhrwerk weit weg. Und da schob sie den Schlitten wieder ein Stück voran und als sie endlich aufs Eis stieg, hatte sie nur noch einen Knobelbecher an. Ich hatte ihr zugesehen und war ganz ruhig. Alles war weiß. Nur das Wasser in dem Brechloch war grün. Und jetzt lief sie mit einem Knobelbecher über das Eis und zog den Schlitten ruckweise hinter sich her. Dann blieb sie stehen, zog den Knobelbecher aus und der blieb liegen auf dem Eis, bis Gusti ihn holte.

»Weil die Fischer dort Löcher ins Eis hacken«, sagte Gusti.

»Von Schlehdorf ist ein Fuhrwerk über den See gefahren«, erwiderte meine Mutter.

Meine Großmutter zerschnitt den Stiefel später mit ihrem Messer.

»Da ist der Stiefel nicht schuld dran«, sagte meine Mutter.

Meine Großmutter schob die Lederstücke in den Herd.

»Der Mantel hat mich runtergezogen«, sagte meine Mutter, »der ist ganz schwer geworden.«

»Der Tod ist unterm Eis«, sagte meine Großmutter.

»Das ist eingebrochen«, sagte Gusti, »weil die Fischer Löcher reinschlagen.«

»Wenn er dich hätte haben wollen«, sagte meine Großmutter, »wärst nicht wieder rausgekommen.«

»Er soll in die Kirche gehen und eine Kerze anzünden, damit der liebe Gott auf ihn aufpaßt«, sagte meine Mutter.

Im Frühjahr, als ich schon fast fünf war, schickte sie mich in die Kirche, es war das letzte Jahr in Kesselberg. Die Sparkasse hatte meinen Eltern einen Kredit bewilligt und die Gemeinde hatte ihnen ein Grundstück auf 99 Jahre Erbpacht überlassen. Der Ort hieß Ried und lag zehn Kilometer von Kesselberg entfernt. Er hatte 300 Einwohner und ebensoviele Kühe. Hier war mein Vater geboren und seine Eltern lebten dort noch in einem Austragshäusl mit Plumpsklo im Schuppen. Das Grundstück grenzte an den Bahndamm am Rand des Orts. Vor zehn Jahren war es noch eine Müllhalde gewesen und 100 Meter weiter wurde der Müll immer noch in die Grube gekippt, die beim Bau des Bahndamms entstanden war. Manchmal fuhr ich mit meiner Mutter hin. Dann schauten wir zu, wie mein Großvater den Keller aushob und mit einer hölzernen Schubkarre auf einer Bretterkiste Lehm nach oben schob. Er war über siebzig, hatte einen Schnauzer im Gesicht und einen Hut auf dem Kopf, unter dessen Schweißband ein Schnupftuch steckte. Er war nach dem ersten Weltkrieg in die Gegend gezogen und hatte als Schachtmeister gearbeitet, als Oskar von Miller das Walchenseekraftwerk baute. Er redete wenig, seine Hände waren so gefühllos, daß er damit Wespen zerdrückte, die Ärmel seiner kragenlosen Flanellhemden trug er zugeknöpft und darüber eine Weste. Als der Keller ausgehoben war, wuchsen Bimssteinwände hoch. Da konnte man dann schon die Zimmer sehen.

»Das wird das Wohnzimmer«, sagte meine Mutter, »das die Küche und das wird euer Zimmer. Oben drüber vermieten wir und von der Miete zahlen wir die Zinsen.«

Wir stiegen über Bretter und aus den Betonfundamenten ragte Baustahlgewebe. Wenn es Abend wurde, kam mein Vater mit der Adler den Müllfuhrenweg entlanggeknattert und setzte die Bimssteine aufeinander, die mein Großvater aufs Gerüst gestapelt hatte. Dann pfiff in Benediktbeuern der Zug. Wir fuhren zurück nach Kochel und mit dem letzten Bus nach Kesselberg. Meine Mutter nähte Vorhänge mit roten Herzchen und sagte, daß wir ein eigenes Haus haben würden. Sie erzählte es Frau Miele und Frau Zislow, Frau Hase und Fräulein Rosemarie, die jetzt ein Kind hatte und keinen Mann.

»Wenn wir das Haus haben, pflanz ich im Garten Gemüse, Salat und Kartoffeln. Und Apfelbäume und Johannisbeersträucher. Und zwischen die Beete kommt eine Wiese fürs Heu für die Hasen. Da brauchen wir nicht mehr viel einkaufen. Wir haben Gemüse frisch aus dem Garten, und am Sonntag gibt's Hasenbraten.«

Im Schlafzimmer schnupperte sie am Parfümflakon und sagte: »Vielleicht ist es doch gut, daß ich nicht nach Wien bin.«

An einem Sonntag gab sie mir die Kerze.

»Der liebe Gott«, sagte sie, »kommt um neun ins Altenheim. Da klingelst du und fragst, ob du in die Kapelle gehen darfst. Wenn der Kaplan mit der Messe fertig ist, gibst du ihm die Kerze. Der soll sie weihen, damit du nicht im See ersäufst.«

Sie zog mir den Trachtenanzug an und setzte mir den Steirerhut mit der Adlerflaumfeder auf den Kopf. Dann drückte sie mir die Kerze in die Hand. Sie war rot und lang wie mein Arm. Als ich am See entlang lief, wurde sie weich in meiner Hand, die rote Farbe blätterte ab und sie verbog sich ein wenig. Ich versuchte sie geradezubiegen, aber da brach sie in zwei Teile, die nur noch der Docht zusammenhielt. Vor Schreck darüber stand ich lange neben der Straße und rührte mich nicht. Dann spuckte ich in die Bruchstelle und drückte sie zusammen. Aber die Spucke klebte nicht. Zum Glück war Gott nicht da, als ich bei Altenheim anlangte. Vom Klingelknopf hing ein loser Draht und als ich auf den Knopf drückte, wußte ich, daß es keine Verbindung gab. Ich drückte dreimal auf den Knopf. Aus einem Fenster blickte eine Greisin und wackelte mit dem Kopf, bis ich glaubte, daß Gott nicht da war und weiter nach Kochel ging. Von dort läuteten bereits die Glocken. Auf dem Weg zur Kirche, wo auch die Heimatbühne und das Kino waren, traf ich meine beiden Cousinen. Sie hießen Gitti und Roswitha, hatten weiße Kleider an und hielten weiße Gesangbücher in den Händen.

»Deine Kerze ist kaputt«, sagte Gitti, »die gilt nicht mehr.«

Und Roswitha sagte: »Eine kaputte Kerze bringt Unglück, weil sie mitten auseinander ist.«

Ich spuckte in die Bruchstelle und behauptete: »Jetzt hält sie wieder.«

»Kaputt ist kaputt«, sagte Gitti.

»Gott ist unsichtbar«, erklärte Rosi, »der sieht alles. Der sieht auch, daß du draufgespuckt hast.«

»Der hat ein dreieckiges Auge«, sagte Gitti, »so –«

Sie zeichnete mit der Schuhspitze ein Dreieck in den Staub.

»Da ist das Aug drin. Damit sieht er im Dunkeln.«

Der Pfarrer trug ein weißes Meßgewand mit einem goldenen Kreuz auf dem Rücken und die Ministranten klingelten mit Silberglöckchen. Ich saß in der ersten Bank, vor mir hielt der Pfarrer den Kelch hoch und zeichnete Kreuze in die Luft. Wie groß das Kirchenschiff war! Und wie fremd und wie leer über den Leuten! Lauter Luft und Licht, das durch die Fenster fiel. Der Pfarrer ruderte darin herum und verbeugte sich. Da wußte ich, daß er gar nicht da war, dieser Gott, und mich auch nicht aus dem Wasser ziehen würde, wenn das Eis einbrach. Als die Messe vorbei war, nahm ich die Kerze wieder mit.

»Jetzt hast dem lieben Gott die Kerze gestohlen«, sagte Gitti.

»Das hat er alles gesehen«, sagte Roswitha.

Aber ich hatte sie ihm gar nicht gegeben gehabt.

»Die Kerze hat keinen Taug«, sagte ich und da wurden die Cousinen still.

Ich gab sie meiner Großmutter. Sie wohnte bei ihrem Sohn und seiner Familie, in der Speisekammer der Mansardenwohnung im ersten Stock. Im Treppenhaus hingen Geweichtel und Geweihe an der Wand und vor der Tür stand zusammengelegt ihr Feldbett. Die Kammer war so schmal, daß sie mit gespreizten Armen die Wände berühren konnte. Ein Regal stand drinnen, ein Tisch, ein Schemel. An Kleiderhaken hingen ihre Kittel und der Mantel, und von der Decke baumelte eine Glühbirne. Auf dem Fensterbrett standen Büchsen mit Blumen. Auch das Zimmer nebenan war eng und am Tisch hatten wir gar nicht alle Platz. Sie kochte Gulasch und als das Essen fertig war, schöpfte sie zwei Teller voll und ich ging mit ihr in die Kammer.

Das Gulasch war scharf, aber sie sagte: »Ein richtiges Gulasch muß in der Gosche brennen, daß einer Feuer spuckt.«

Ich hockte mich auf den Boden und sie sich auf den Schemel. Das Gulasch brannte, daß mir Tränen in die Augen traten, aber ich aß den Teller leer und als sie fragte, ob es geschmeckt hätte, sagte ich: »Ja.«

»Warum heulst dann?« fragte sie und wischte mit einem Stück Brot den Teller aus. »Hast den lieben Gott gesehen?«

Ich schüttelte den Kopf.

»Dann bist umsonst gelaufen.«

Sie lachte. Aber auf einmal wurde sie still.

»Der hilft keinem«, sagte sie, »weil er dir gar nicht helfen kann, wenn der Tod von unten kommt.«

Sie schnitt den Kerzendocht entzwei, stellte die Hälften aufs Regal. Dann zündete sie sie mit dem Feuerzeug an. Am Nachmittag holte mich mein Vater ab und ein paar Tage später nahm mich meine Großmutter mit zur Leichenfrau. Ich war schon oft bei ihr gewesen. Sie war freundlich und dick und trat vor das Haus, wenn sie uns kommen sah. Sie gab mir Plätzchen zu essen und stellte mir eine Brause auf den Tisch und meine Großmutter legte ihr die Karten, um herauszufinden, ob die Totenernte ertragreich sein würde. Die Leichenfrau kannte die Leute, die auf den Tod warteten, und wenn sie bei ihr auf den Schragen lagen, wußte sie ihre Geschichten und woran sie gestorben waren. Dann schaute sich meine Großmutter die Gesichter an, drückte ihnen die Nasen und hielt einen kleinen Spiegel vor die Münder.

»Der hat's schwer gehabt«, sagte sie.

»Lang hat der gebraucht«, sagte die Leichenfrau, »bis er hat loslassen können.«

An diesem Tag aber war es anders als sonst.

»Du darfst es keinem sagen«, sagte die Leichenfrau. »Auch deiner Mama nicht. Sonst darfst du nicht mehr kommen. Sonst kriegst keine Brause mehr und keine Plätzchen auch nicht.«

»Nein«, sagte ich.

Sie legte mir Plätzchen auf einen Teller, die einen Schokoladenguß hatten.

»Die sind noch besser als die anderen«, sagte sie, »greif zu! Aber wenn du was erzählst, kommt der Pfarrer und dann –«

»Er sagt nichts«, meinte meine Großmutter.

»Einem Kind rutscht schnell was raus.«

Ich überlegte, was aus mir rausrutschen könnte. Aber da faßte sie mich an der Hand und ihre Stimme war ganz eindringlich: »Die Toten tun keinem was und ich hab ihn mit Essigwasser gewaschen und als er gelebt hat, war er ein sauberer Mann, ein Lehrer, aber die Kinder haben ihn trotzdem gemocht.«

Ich hatte keine Angst, denn die Leichenfrau war freundlich. Sie steckte sich Schokoladenplätzchen in die Schürzentasche, für danach. Sie hatte Augen wie eine Eule und damit ich lachte, klapperte sie mit dem Gebiß. Das machte klackklackklack. Das Messer in der Milchkanne meiner Großmutter machte auch klackklack. Dann machte die Leichenfrau wieder klackklackklack. Wir gingen ein Stück am See entlang. Als ein Mann mit Stiefeln, die bis zum Bauch reichten, einen Fisch an der Leine hatte, sagte sie: »Schau, was für einen großen Fisch der hat.« Im Leichenhaus roch es nach Blumen und der Tote sah aus, als würde er schlafen. Er hatte graue Haare und ein bleiches Gesicht mit roten Wangen und roten Lippen. Seine Augen waren geschlossen und um die gefalteten Hände hatte er einen Rosenkranz mit einem Silberkreuzchen gebunden. Ein weißes Tuch war über ihn gebreitet und neben den Schragen standen Eimer mit Blumen. Die Leichenfrau richtete ihm das Kopfkissen und kämmte sein Haar.

»Sieht er nicht ordentlich aus?« fragte sie. »Ist er nicht eine schöne Leich? Manchmal blinzeln sie noch, aber wenn du genau hinsiehst, haben sie doch die Augen zu. Gestern hat er mich die ganze Zeit angeblinzelt.«

Sie stellte sich an die Tür und paßte auf.

Meine Großmutter stach dem Toten eine Nadel ins Nasenloch und hielt ihm ein Spiegelchen vor den Mund.

»Der blinzelt nicht mehr«, sagte sie.

»Ich weiß«, sagte die Leichenfrau, »aber trotzdem blinzelt er, wenn man nicht hinsieht.«

»Die Ohren sind auch kalt«, sagte meine Großmutter. »Schau mal, was für eine große Nase der hat!«

Die Nase war wirklich groß. Und weich wie ein kalter Knetgummi. Aber während die Großmutter ihm ein Bein unter der Zudecke hervor und die schwarze Socke vom Fuß zog, wurde sie warm in meiner Hand. »Komm her«, sagte sie. Dann hielt sie mich am Hinterkopf. Als ich die Lippen auf die Fußsohle legte, drückte sie mich ein wenig dagegen. Dabei sah ich, wie die Leichenfrau ein Schokoladenplätzchen aus der Schürzentasche holte und sich die Lippen leckte.

zwei

Ich traute dem neuen Haus schon von dem Tag an nicht, als ich mit meiner Mutter und meinem Bruder aus dem Zug stieg und vom Bahndamm darauf hinunterschaute.

»Das ist unser Haus«, sagte meine Mutter stolz, »da wohnen wir jetzt und ihr habt ein eigenes Zimmer.«

Im Garten lag ein riesiger Haufen Lehm und neben der Haustür stapelten sich Bretter und Balken. Die Fassade war noch unverputzt und bimssteingrau. Daraus glotzten die Fenster zu mir hoch, während sich das Haus neben den Bahndamm duckte, als wollte es sich klein machen. Die Haustür stand offen. Sie bestand noch aus zusammengenagelten Brettern. Es kam mir vor, als lauerte das Haus darauf, daß ich hineinging. Mein Vater hatte Sand geschaufelt. Nun stellte er die Schaufel weg und hinkte den schmalen Pfad zum Bahndamm hoch.

»Da steht es«, sagte er. »Bald kriegen wir eine richtige Haustür. Im Frühjahr werde ich es verputzen.«

Er packte die Taschen mit der Kleidung und der Wäsche, trug sie hinunter und stellte sie in den Flur. Dann ging er mit meinem Bruder und mir um das Haus. Da der Boden Erde, Lehm und Dreck war, hatte er Bretter gelegt, auf denen man gehen konnte. Die Schäfte der Gummistiefel schlappten um seine Waden.

»Hier kommt der Schuppen hin«, sagte er.

Aus einer Betonfläche ragte Baustahlgewebe. Dahinter erhob sich grau die Wand.

»Oben werden die Wahlschlägers einziehen«, sagte er, »und da ist die Grenze zum Grundstück der Wagners.«

Hinter Brennesseln waren Beete angelegt, und dann kam ein

Weg und das Haus der Wagners mit einer betonierten Terrasse und einer Tuffsteinmauer.

»Hierher kommt der Hasenstall, wenn der Schuppen fertig ist.«

In den Boden waren Pflöcke eingeschlagen, die die Ecken des geplanten Hasenstalls markierten. Eine grüne Regentonne aus Eisen stand daneben. An die Bauhütte hatte er eine Holztafel genagelt. Er hatte sie nach Feierabend in Kesselberg selbst geschnitzt, nachdem der Kredit für das Haus bewilligt worden war. Sie war braun gefirnißt mit Buchstaben in Schwabacher Schrift. Er stellte sich davor und las: »WO DER HERR NICHT DAS HAUS BAUET, ARBEITEN UMSONST, DIE DARAN BAUEN.«

»Wenn wir Hasen haben, werdet ihr fürs Futter sorgen. Die Hasen mögen am liebsten Löwenzahn, Spitzwegerich und Schirling.«

Er ging zum Bahndamm, rupfte Löwenzahn aus und zeigte uns, wie er aussieht.

»Jetzt sind wir nicht mehr in Kesselberg. Da muß jeder seinen Beitrag leisten. Da könnt ihr morgen gleich anfangen, hinterm Stall die Brennesseln auszurupfen.«

Vor der Haustür zogen wir die Schuhe aus und im Flur Hausschuhe an. Es roch wie in einer Kalkgrube. Er zeigte uns den Keller mit der Grundwasserpumpe, die Toilette mit dem Badeofen und der Wanne und das Kinderzimmer. Zwei Betten standen darin, ein schwarzer Dauerbrandofen, ein Schrank. An der Wand hingen seine Aquarellbilder.

»Wenn die Schule aus war«, sagte er, »bin ich mit dem Malkasten ins Moor und hab mich hingesetzt und gemalt. Der Zaun da steht heute noch.«

Er befand sich im Vordergrund. Die Stempen waren hoch und die Pfosten neben dem Gatter dick und schief. Dahinter lag eine Wiese. Sie war grün und gelb und der Himmel blau und die Wolken sahen aus wie Kühe, nur hatten sie viel zu lange Hälse und Wasserbäuche. Im Wohnzimmer hatte meine Mutter angefangen, die Gardinen mit den roten Herzchen an die Fenster zu hängen.

»Jetzt sieht es schon viel gemütlicher aus«, sagte sie.

Als ich im Bett lag, studierte ich zum ersten Mal die Tapetenbilder. Ich knipste die Nachttischlampe an. Mein Bruder schlief schon. Aus den Federbettpacken schaute sein Gesicht. Es war weiß, denn meine Mutter hatte ihn, bevor er zu Bett ging, noch mit Schwanenweiß eingecremt. Als ich mich zur Seite drehte, quietschten die Betten wie eine Alarmanlage. Auf der Tapete kämpften Cowboys gegen Indianer. Die Bilder wiederholten sich unzählige Male, auf allen Wänden kämpften Cowboys gegen Indianer, aber ich sah immer dasselbe Bild an. Drei Cowboys duckten sich hinter einen Hügel und einer hielt eine Flinte und die zwei anderen Revolver in den Händen. Die Indianer trugen Federn auf den Köpfen und saßen auf Pferden. Einer hatte eine Lanze geschleudert und nun stand sie in der Luft. Sie mußte im nächsten Augenblick den Cowboy mit der Flinte treffen. Vielleicht, dachte ich, duckt sich der Cowboy, vielleicht schießt der Cowboy auf den Indianer, bevor sich die Lanze in seine Brust bohrt, und dann sind beide tot. Wie vor den Filmplakaten wünschte ich mir, die Bilder würden lebendig. Doch sobald ich mir ausgemalt hatte, wie es weiterging, war ich mir dessen nicht mehr sicher. Und dann stand wieder die Lanze in der Luft. Fast ein Jahrzehnt lang stand diese Lanze in der Luft. Während dieser Zeit ging ich zur Schule. Aber wichtiger war die Müllkippe am Ende des Müllfuhrenwegs zweihundert Meter hinter dem Haus.

Jeden Tag lief ich hin, wühlte und suchte. Die Füllgrube war entstanden, als man den Bahndamm gebaut hatte. Sie war so groß, daß ein Fußballplatz reingepaßt hätte. Ein Dschungel aus Gestrüpp wuchs darin. Vor dem Wald zum Leinbach befand sich ein Sumpf, in dem in Sommernächten Frösche und Kröten Choräle sangen, die ich bis in den Schlaf hörte. Die Dörfler karrten aus allen Richtungen Abfall heran und kippten ihn in die Grube. Als erste hatten Herr und Frau Milde am Rand der Kippe ihr Haus gebaut, ein Häuschen mit winzigen Zimmern. Die Treppe war steil wie eine aufgestellte

Leiter, Sessel, Hocker und Stühle, Schränkchen, Sofachen und Regalchen mit gestrickten und bestickten Deckchen standen darin. Das Dach war mit Teerpappe gedeckt und die Wände aus Heraklitplatten gebaut. Frau Milde war eine Riesin mit Krampfadern dick wie Feuerwehrschläuche und wenn Herr Milde eine erjagte Ratte oder Schlange vor die Tür legte, kreischte sie, daß man es bis ins Moor hörte. Herr Milde hatte ein Kleinkalibergewehr und schoß damit in die Müllhalde. Kaum daß er das Gewehr anlegte, gab es einen Knall und dann zog er das Tier aus dem Abfall und hob es am Schwanz hoch. Er war ein kleines dürres Männchen mit zerfurchtem Gesicht. Wenn er auf Jagd ging, vertrieb er mich.

»Geh woanders hin, sonst erschieß ich mal einen von euch.«

»Ich geh da hinten hin.«

»Da komm ich später auch hin. Da nisten sie wieder, die Ratten. Die ganze Sippe ist da hingezogen.«

»Dann such ich da drüben.«

»Da liegen nur Flaschen. Das ist nur Dreck, was sie abladen.«

»Dein Sofa hat auch da gelegen.«

»Das Sofa und der Tisch«, sagte er, »und die Regale oben, die hab ich wieder zusammengenagelt. Aber jetzt bringen sie nur noch Mist. Jauche haben sie reingekippt und ich kann drinnen rumstampfen. Wenn ich nicht wäre, würde das hier aussehen wie eine Müllkippe und die Ratten würden sich ausbreiten. Überall gäb's die. Auch bei euch im Keller. Und unterm Bett hättest eine Kreuzotter. Die kommen in der Nacht beim Fenster rein, wenn sie spüren, daß es warm ist.«

»Ich hab keine Angst vor einer Kreuzotter. Die hau ich mit dem Kopf an die Wand, so: Peng!«

»Da hat sie dich schon gebissen. Dann fault dir die Hand ab. Eine Schlange mußt hinterm Kopf packen. Psst!«

Er hob das Gewehr.

Ich stieg von Müllhaufen zu Müllhaufen. Ich rutschte den Lehmhang hinunter und angelte Flaschen aus den Müllöchern. Ich suchte nach Werkzeug, Nägeln, Gummireifen. Ich fand einen Kinderwagen, einen Rinderschädel, die Messer eines Mähdreschers, ein Bajonett und einen Feuerwehrhelm aus Messing. Er hatte ein ledernes Kinnband. Als ich ihn aufsetzte, rutschte er nach vorne, aber das machte nichts. Ich polsterte ihn mit Lumpen aus und nun saß er fest. Ich hängte die Flaschen mit einer Schnur an einen Ast und warf mit Steinen darauf. Wie das krachte, wenn ich traf, und wie die Flaschen zersplitterten! In tausend Scherben zersplitterten sie. Man konnte richtig süchtig werden auf Flaschenzerschmeißen. Einen ganzen Nachmittag lang konnte man Flaschen zerschmeißen und kriegte doch nicht genug. Ich hängte mir das Bajonett an den Hosenträger, packte meine Schätze in den Kinderwagen und zerrte ihn hinter mir her am Bahngleis entlang. Die Brücke über den Leinbach war aus Eisen. Die Träger waren mit dicken Noppen bestückt. In den Wassergumpen lagen Steine wie Sauriereier. Das Bachufer war mit Brombeergestrüpp überwuchert. Ich schob den Kinderwagen über die Wurzeln eines Fichtenwaldes.

Am Rand der Lichtung standen Franzi Wagner, Waba-Lux und Ernst. Ernst hatte ein Mausgesicht mit abstehenden Ohren und sah aus wie Zwerg Snoopy aus dem Schneewittchenbuch. Franzi hatte semmelblonde Haare und ein weißes Mondgesicht. Waba-Lux war der älteste und einen Kopf größer als Franzi und zwei größer als Ernst. Er warf mich auf den Boden, nahm mir das Bajonett weg und nagelte mich mit den Knien fest. Die anderen rissen Judenstrick von den Bäumen und fesselten mir Hände und Füße. Dann beobachteten sie aus dem Unterholz, wie ich mich befreite. Es dauerte nur eine Minute. Ich wollte zeigen, wie schnell und gut ich war. Ich zerriß die Liane mit den Zähnen und stand auf.

Waba-Lux kam als erster aus dem Gestrüpp.

»Im Krieg hätt ich dich erschossen.«

»Das ging saumäßig schnell«, sagte Franzi.

Er wohnte im Haus neben uns. Deshalb wollte er, daß ich aufgenommen wurde. Das Bajonett kam ins Waffenlager. Es befand sich unter einem hohlen Baumstumpf. Ein Tomahawk aus Sperrholz lag darin, ein Holzgewehr und eine Handgranate. Die Handgranate hatte einen langen Stiel und einen großen Kopf und sah aus wie die Handgranaten auf dem Bild von Franz Eichhorst im Bauch der Kredenz. Ich schob meinen Wagen zum Lager. Es war aus Ästen, Brettern und Dachpappe gebaut und lag versteckt unter dem Gestrüpp am Bachrand. Franzi klopfte mit einem Stein die hohlen Mähmaschinenmesser gerade und paßte sie auf Haselnußspeere. Dann warfen wir sie auf morsche Strubben. Die Speere blieben stecken und federten.

Ich war über Nacht zum Krieger geworden. Es gab ein Waffenlager mit einer Handgranate und ein verborgenes Lager. Ich polierte meinen Helm mit Sand und Spucke. Wir schichteten im Bachbett Steine aufeinander und Eckard zündete ein Feuer an. Dann schleppte ich einen Rinderschädel am Horn herbei. Der Rauch, der zu den Göttern stieg, stank nach Fell und Fleisch.

Jeden Morgen holte ich Ernst ab. Ich lief die Lehmstraße bis zur Bundesstraße hoch und im Schulranzen klapperte der Holzkasten mit den Griffeln. Ich lief an der Franz-Marc-Villa vorbei, wo im Garten zahme Rehe grasten. Seine Witwe Marie wollte nicht, daß ich sie an den Zaun lockte. Wenn sie aus der Haustür trat, lief ich weiter. Im Haus der Paulis roch es nach roher Lunge, Zigarettenrauch und Zichorienkaffee. Auf einem Brettchen lagen geviertelte Brotstückchen, die Ernst mit Marmelade bestrich. Ich schaute seinem Zwergengesicht beim Essen zu. Aus einem Tiegel saugte sein Vater Brei in eine Spritze. Dann stülpte er das Hemd hoch und schraubte die Spritze an einem Ventil fest, das aus dem Bauch schaute. Der Bauch war schwarz behaart, das Ventil war aus Stahl und der Schlauch, durch den er den Brei in den Magen drückte, aus rotem Gummi. Manchmal rülpste er und sagte, das hat geschmeckt. Dann wischte er sich den Mund ab.

»Ich hab's gut«, sagte er, »ich muß nicht kauen wie ihr.«

Frau Pauli schluckte drei Thomapyrintabletten und steckte sich eine Mokrizigarette in den Mund. Der Rauch stieg ihr in die Augen, während sie mit einem Messer Lunge für die Katzen hackte. Sie würgten sie mit geschlossenen Augen hinunter, legten sich auf Polster und Decken und schliefen ihren Katzenschlaf. Ich wäre gerne eine Katze gewesen. Ich hätte weitergeschlafen oder wäre durchs Moor gestreift. Ich hätte Mäuse gejagt und mir Kreuzotterhäute um die Handgelenke gebunden. Die Straße zog sich als asphaltierte Schneise durch die Landschaft. Sie führte an Bauernhäusern vorbei und über den Leinbach. Im Bachbett lagen die Betontrümmer der im Krieg gesprengten Brücke.

»Mein Vati ist im Krieg in Frankreich gewesen«, sagte Ernst. »Da hat er Wein getrunken, den die Franzosen vergiftet haben.«

Im aufgeschnallten Ranzen wog die Bildung schwer. Die Allee der Prälatenstraße war ein dunkler Tunnel und immer wenn wir einbogen, schlugen die Glocken auf den Zwiebeltürmen der Klosterkirche viertel vor acht. Vor dem Schulhaus warteten hinter spitzen Zaunlatten die Kinder und über dem Portal hockten zwei Voluten, die wie riesige Schnecken aussahen. Im Klassenzimmer hingen Ledervorhänge an den Fenstern, über der Tafel ein Kruzifix und an der Wand eine Deutschlandkarte, durch die sich eine Kette spannte. Der Ölboden war grau, auf dem Kachelofen lauerte eine krummschnäblige Tintenflasche und die Zeit stand gestockt bis zu den Fensterbögen. Frau Sedlmaier klopfte sie platt und schnitt sie in Stunden. Sie benutzte ein Eisenlineal. Wenn ein auserwählter Schüler der letzten Klasse mit einer Messinghandbimmel die Treppen hoch- und runtergerannt war, schlug sie damit auf das Pult.

»Alle auf die Plätze«, rief sie. »Jetzt wollen wir den lieben Gott bitten, daß heute ein schöner Tag wird und alle gesund nach Hause kommen.«

Sie faltete die Hände, daß sie spitz zur Decke ragten, und begann: »Jesu Christ, der du bist –«

Ich hielt die Luft an, bewegte lautlos die Lippen und zählte, wie oft ich beim Gebet atmen mußte. Ich konnte bis hundert zählen, aber als ich es beweisen sollte, kam ich nur bis achtundachtzig. Beim Beten genügten mir drei Atemzüge. Einmal schaffte ich es mit zwei, aber beim Amen saugte ich die Luft so gierig in mich, daß das Wort in meinem Schlund verschwand.

Frau Sedlmaier hatte einen großen Busen, Dauerwellen und einen Mann, der einen Ford Taunus besaß. Sie brachte mir bei, wie man die Hände faltet, den Ranzen an den Haken der Schulbank hängt und die Schiefertafel auf den Tisch legt.

»Die Tafel muß gerade auf der Bank liegen!«

So mußte nur ich noch krumm davor sitzen.

»Der Griffel darf nicht quietschen, sonst bricht die Spitze ab!«

Ich hielt ihn so fest, daß sich der Zeigefinger weiß durchbog. Ich zeichnete die Zeile voll mit Os. Sie waren so rund wie Ottos Reifen, den er durch das Lesebuch kugelte. Dann kamen Hans und Susi, Hans turnte auf einer Turnstange und Susi war eine falsche Schlange, denn wenn ich nicht aufpaßte, kringelte sie sich verkehrt rum und dann mußte sie nur noch scheißen und schon war sie ein Fragezeichen. Meistens schiß sie, wenn die Zeile zu Ende ging, neben den Holzrahmen der Schiefertafel.

Am liebsten mochte ich das A. Das A war am schönsten. Das A hatte einen Bauch mit einem Henkel dran. Die As hängten sich aneinander, bis die Zeile voll war. Die ganze Zeile war ein einziges langes A. Das A tat gut und ich hielt die Luft an, damit sie nicht aus dem Bauch zischte, bevor es einen Henkel bekam.

Frau Sedlmaier holte mich sogar nach vorne an die Tafel und ließ mich ein A mit der Kreide quietschen. Aber nun war es zu groß, viel zu groß. Die Luft reichte nicht aus und der Bauch bekam eine Delle.

»Wer weiß ein Wort mit A?« fragte sie.

»Laden.«

»Wer noch?«

»Hase.«

»Und?«

»Asch«, sagte ich.

»Was ist das?«

»Auch so rund.«

»Das heißt Asche«, sagte sie.

Wer alle As und Os und Es gezeichnet hatte, bekam einen Fleißzettel. Da war der heilige Franziskus mit einer Taube drauf, die heilige Maria mit dem Jesuskind und der Schutzengel, der ein Kind über eine Brücke leitet. Wer die Hausaufgabe vergaß, konnte mit einem Jesuskind, einem Schutzengel oder dem heiligen Franziskus zahlen. Aber die Währung zählte nur, bis aus den Buchstaben Wörter wurden.

Asch. Ich schrieb das Wort mit Kreide auf die Eisenbahnschwellen. Asch Asch Asch. Ich lief auf dem Bahngleis entlang. Asch Asch Asch. Von der Müllkippe stieg Rauch auf. An der Klostermauer liefen Salesianerpatres auf und ab und lasen in Brevieren. Über dem rostigen Bahnschotter flirrte die Hitze. Asch Asch Asch. Vor mir lagen tausend Schwellen. Ich schrieb mich durch die Landschaft. Ich vergaß die Zeit und den Zug, der in der Ferne gepfiffen hatte. Er kam so lautlos, wie der Müllkippenrauch in den Himmel stieg. Als ich die Gefahr spürte, hatte die Lokomotive zum Sprung angesetzt. Ich warf mich neben das Gleis. Die Räder malmten über das Asch hinweg und die Lokomotive brüllte vor Wut. Dann verschwand sie im Wald. Über den Moorwiesen flogen Krähen auf. Ich schrieb das Asch auf der Schiefertafel weiter. Das Wort nahm kein Ende. Ich malte es die Zeile entlang und von Zeile zu Zeile. Ich malte es, bis die Tafel voll war, dann drehte ich die Tafel um und malte weiter. Meine Mutter beugte sich über mich.

»Da fehlt das E hintendran«, sagte sie.

»Aber die Asche staubt und der Asch ist rund.«

»Dann gehört ein R rein. Lösch das wieder aus, was soll denn die Frau Sedlmaier denken?«

Ich schämte mich, daß mein Asch kein R hatte. Ich wischte mit dem Schwamm sämtliche Aschs von der Tafel und es sollte lange dauern, bis ich wieder eine Seite zu Ende schrieb.

Manchmal kam meine Großmutter mit dem Zug aus Kochel zu Besuch. Dann saß sie mit meiner Mutter in der Küche, löffelte Kartoffelsuppe und redete von früher, von Wien und vom Lang, der das Perpetuum mobile erfunden hatte, und dem Achatschmuck, der noch immer in der Tschechei lag. Danach ging sie zur Müllkippe und brannte Kupferdrähte ab. Manchmal sah ich sie mit Herrn Milde vor dem Häuschen aus Heraklitplatten sitzen. Sie kaufte ihm eine Schlange ab, aber als er für eine zweite mehr Geld wollte, malte sie ihm das Malheur auf die Schwelle. Er nannte sie eine alte Hexe und schoß ihr mit dem Kleinkalibergewehr zwischen die Beine.

»Der wird noch sein blaues Wunder erleben«, sagte sie.

Ihre rechte Schulter hatte sich verknorpelt. Sie konnte den Arm nicht mehr heben. Er steckte wie ein Stück Holz an der Schulter. Sie hob ihn mit der linken Hand hoch und als ich das Ohr an ihre Schulter legte, hörte ich, wie es darin knarzte.

Sie verzog das Gesicht und sagte: »Äääääh. Das ist der Knorpel. Der ist angewachsen.«

»Geh zum Arzt«, sagte meine Mutter.

Sie gab keine Antwort.

Ich stieg mit ihr den Bahndamm hoch und setzte mich neben sie auf die Bank.

»Wo ist es schöner?« fragte sie. »Hier oder in Kesselberg?«

»Ich hab ein Waffenlager«, sagte ich. »Da ist eine Handgranate drin und davor liegt ein Kuhkopf, aber das darf ich keinem sagen.«

»Ich kann mir nicht mal mehr eine Zigarette drehen«, sagte sie. »Der Knorpel sticht bis in die Hand. Die Finger sind ganz taub. Ich hab mich mit Kreuzotterfett eingerieben, aber das hilft auch nicht.«

Sie erklärte mir, wie das Zigarettendrehen geht. Ich dröselte Kippen auf und legte den Tabak auf ein Efka-Papierchen. Das Papierchen riß, als ich es zu einer Zigarette drehen wollte.

»Stell dich nicht so blöd an«, sagte sie. »Das ist ganz einfach. Wenn du eine sauber drehst, darfst auch rauchen.«

Das zweite Papierchen riß, das dritte auch und dann hatte ich eine, die krumm war und in der Mitte einen Bauch hatte, aus dem ein paar Tabakfäden hingen. Sie spuckte drauf, rauchte und als die Zigarette halb abgebrannt war, gab sie sie mir.

»In die Lunge runterziehen«, sagte sie, »sonst kriegst Mundkrebs. Ich hab zu rauchen angefangen, als ich so alt war wie du. Ich hab Hunger gehabt, weil eine schlechte Zeit war, und da hat die Frau Marek gesagt, dann komm mit, und hat mir eine Zigarette gegeben. Und da hab ich gehustet wie du. Aber danach war der Hunger weg.«

Ich würgte mir die Lunge aus dem Hals, vor den Augen explodierten Lichträder, der Himmel wurde schwarz, aber nach einer Weile lief er wieder blau zusammen.

»Die Frau Marek war eine gute Frau«, sagte sie, »aber es hat ein schlechtes Ende mit ihr genommen. Eine angesehene Person, eine Witwe, weißt du, der der Mann gestorben war, und darum hat sie immer ein schwarzes Kleid angehabt. Dabei ist ihr Mann schon zwanzig Jahre hinüber gewesen. Sie hat die Kranken gepflegt und hat ein fesches Mäderl aus dem Waisenhaus gehabt. Das hat schon mit drei Jahren Kreuzstiche sticken können. Wunderschöne Taschentücherl hat das Mäderl gestickt. Die hat die Marek für viel Geld verkauft und ist reich geworden. Aber das hat ihr nicht gut getan. Sie hat nämlich immer mehr haben wollen. In der Küche haben überall Büchsen und Flascherl gestanden für den Kamillentee und das Arsen für die Kellerratten. Und wie die Frau Sedlatschek krank geworden ist, hat sie ihr immer Kamillentee gekocht mit einem Messerspitz Arsen drin. Der Sedlatschek ist es immer schlechter gegangen, aber weil die Marek sich um sie gekümmert hat, hat sie ihr das ganze Hab und Gut überschrieben. Doch wie der Tod am Bettende gehockt hat, hat sie alles gewußt. Da hat sie geschrien, du warst es, du Mörderin! Durch die ganze Gasse hat man's gehört. Dann ist die Polizei gekommen und ein Jahr später hat man sie aufgehängt. Das muß anno zehn gewesen sein. Da warst du noch ein Topfenstrudel. Jetzt zeig mir mal die Handgranate.«

Wir gingen durch den Wald zum Waffenversteck. Dem Kuhkopf hatten wir die Hörner abgebrochen und das verkohlte Fleisch hatten längst die Fliegen gefressen. Ich zeigte ihr die Handgranate.

»Rühr sie nicht an«, sagte sie.

Aber ich brauchte keine Angst davor zu haben, denn Waba-Lux hatte mir erklärt, daß sie nur explodierte, wenn man den Ring abzog. »Dann mußt du bis drei zählen und sie wegwerfen.«

Sie tat sie in ihre Milchkanne. Ich heulte, weil ich ihr das Versteck verraten hatte. Ich rannte davon, setzte mich ins Lager und überlegte, was ich lügen könnte, wenn die andern entdeckten, daß die Handgranate verschwunden war. Nach einer Weile kam meine Großmutter durchs Gestrüpp.

»Hilf mir«, sagte sie.

Ich schüttelte den Kopf. Ich wollte die alte Hexe nicht sehen. Ich wünschte mir, Herr Milde hätte ihr nicht nur zwischen die Beine geschossen.

»Wenn du mir nicht hilfst, zeig ich deinem Vater die Granate.«

Ich stand auf und lief hinter ihr her zum Waffenversteck. Ich gab dem Kuhkopf einen Tritt, daß er vom Baumstumpf purzelte. Sie zog sich einen Strumpf aus.

»Bind ihn fest da oben!«

Ich knotete ihn an einem Ast über Strubben fest, sie stieg drauf und dann knotete ich das andere Ende um das Handgelenk ihres steifen Arms.

»Fang mich auf«, sagte sie.

Dann machte sie die Augen zu und sprang.

Sie schrie wie ein Habicht, zappelte neben dem Stock und der Arm stand gerade nach oben. Als ich den Strumpf abgeknotet hatte, konnte sie ihn wieder heben. Aber die Granate nahm sie mit, trotzdem ich ihr geholfen hatte.

Mein Vater wollte nicht, daß sie ins Haus zog.

»Sie bringt Unfrieden«, sagte er.

»Aber das Zimmer im ersten Stock steht leer«, erwiderte meine Mutter. »Das reicht ihr. In Kochel haust sie in der Speisekammer.«

»Oben ist nur ein Klo und das gehört den Wahlschlägers.«

»Dann muß sie halt runterkommen zu uns und nachher das Fenster aufmachen.«

»Aber das Zimmer soll ich mal kriegen, wenn ich größer bin.«

»Das dauert noch lang«, sagte meine Mutter, »und bis dahin hat der Willi auch ein Haus gebaut. Dann kann sie bei dem einziehen.«

»Ich hab die Wände frisch gestrichen«, sagte mein Vater.

»Sie ist meine Mutter«, sagte meine Mutter, »auch wenn sie nach Kippen stinkt.«

Darauf wußte er nichts zu erwidern.

Als ich in die dritte Klasse kam, zog meine Großmutter in das Mansardenzimmer über dem Schuppen. Sie hatte jetzt ein Sofa, einen Tisch, ein Bett und einen Stuhl. Außerdem besaß sie einen Schrank und einen Herd, den ihr der Altmaterialhändler gebracht hatte. Darauf stand ihr verbeulter Aluminiumtiegel mit dem Griebenschmalz. An der Wand hing das Selbstporträt von Albrecht Dürer, aber das hatte auch schon in der Speisekammer in Kochel gehangen und war so verraucht, daß nur noch die Augen durch den Firnis schimmerten. Auf dem Tisch lagen die Spielkarten, die Messingbüchse mit dem Tabak und ein paar Pinzetten. Mit den Pinzetten zupfte sie sich Nagelwurzen aus. Die Nagelhäute waren halb über die Nägel gewachsen und ihre Hände sahen aus wie Vogelkrallen. Ich war froh, daß sie zu uns nach Ried gezogen war.

Hinter dem Haus hatte mein Vater einen Hasenstall gebaut. In den Käfigen warteten Belgische Riesen und Blaue Wiener darauf, geschlachtet und gebraten zu werden. Auf der Küchenanrichte lag sein Zettel, auf dem stand, was ich zu tun hatte. Ich mußte das

Fahrrad putzen, die Aschentonne in die Müllgrube bringen, den Schuppen kehren, den Keller aufräumen, den Splitt um das Haus rechen, Unkraut jäten und Hasenfutter pflücken. Aber Hasenfutter pflückte meine Großmutter, Schirling und Löwenzahn, Breitwegerich und Spitzwegerich. Die Aschentonne fuhr meine Mutter zur Kippe, den Keller räumte sie auch auf, der Schuppen war schnell gekehrt. Bevor er von der Arbeit kam, fuhr ich mit dem Fahrrad durch eine Pfütze, damit der Dreck frisch aussah.

Ich fing an, ihn zu hassen. Mit jeder Arbeitsanweisung, die auf der Anrichte lag, haßte ich ihn mehr. Ich träumte, daß er mir als Bleimännchen auf den Schultern hockte und dalli dalli rief, während ich die Mülltonne einen Berg hochschob. Manchmal fuhr er mit dem Zug weg. Er hatte einen schwarzen Koffer dabei, der Zug verschwand im Nebel und ich wußte, daß er nicht zurückkommen würde. Das war gut. Aber als ich aufwachte, hörte ich im Gang seine Stimme.

Am Abend hinkte er den Lehmweg von der Bundesstraße runter. In der Hand schwenkte er die Aktentasche. Im Gesicht stand schlechte Laune. Er machte eine Babyschnute und zog die Laune wie einen grauen Schleier hinter sich her. Er stellte die Tasche in den Flur und inspizierte den Hasenstall, die Johannisbeersträucher, das Frühbeet und den Komposthaufen.

Ich hörte seine Schuhe auf dem Splitt. Ich hörte, wie er in den Schuppen ging.

»Hast du den Schuppen gekehrt?« fragte meine Mutter.

»Ja«, sagte ich.

»Hast das Fahrrad geputzt?«

»Das ist wieder dreckig«, antwortete ich.

»Er ist fleißig gewesen«, behauptete meine Mutter.

Mein Vater setzte sich an den Tisch und meine Mutter trug das Abendessen auf. Er schöpfte sich den Teller voll, löffelte, gabelte, kaute und wischte den Teller mit Brot aus.

Er sagte: »Beim Essen spricht man nicht!«

Oder: »Man kaut nicht mit offenem Mund!«

»Wenn Erwachsene reden«, sagte er, »haben Kinder den Mund zu halten.«

»Er hängt die Handtücher schief auf«, petzte mein kleiner Bruder. »Er macht die Schubladen nicht zu.«

In der Ecke hing das Kruzifix und neben dem Kachelofen tickte die Kuckucksuhr. In der Küche spülte meine Mutter Geschirr. Ich trocknete ab. Im Radio kamen die Nachrichten. Auf dem Bahndamm schlugen Zugtüren. Ich wünschte mir, der *Tölzer Kurier* würde ihn schlucken. Aber er legte die Zeitung zusammen und sah sich die Hausaufgaben an. Weil er die fehlenden i-Punkte zählte, sah er die wichtigen Fehler nicht.

»Warum sind die letzten drei Zeilen leer?«

Ich quetschte die Wörter in die Zeilen. Das war jeden Tag das Gleiche.

Die Hand wurde bei jedem Wort steifer. Die Buchstaben klebten zusammen. Er holte seine schwarzleinernen Schulhefte aus der Kredenzschublade und legte sie auf den Tisch. Er hatte sie alle aufgehoben. Die Buchstaben waren gezeichnet und nirgends war ein Tintenklecks. Die Seiten waren alle voll und wenn irgendwo Platz geblieben war, hatte er ein Bildchen darunter gemalt. Der Lehrer hatte ihm gute Noten gegeben.

»Auf ab auf«, sagte er, »Pünktchen drauf!«

Er zeichnete ein I.

»Das ist ein deutsches M. Das ist ein deutsches N. So schaut das S aus und so das Ringel-S und so das scharfe S.«

Er spitzte den Mund beim Schreiben und ich tat, als interessierte mich, was er erklärte. Wäre er nicht der Herr im Haus gewesen, hätte ich vielleicht gemerkt, daß er wie die meisten Herren ziemlich blöd war.

Ich mochte die deutsche Schrift nicht. Sie sah aus wie der Staketenzaun, den ich streichen mußte. Das Ringel-S hing wie ein Schweineschwanz an den Wörtern und wenn ich E und M und N schrieb, begann die Stahlfeder zu spritzen. Die Tintenpünktchen schlugen wie eine Maschinengewehrsalve ein und Hauptlehrer Herz zeichnete mit rotem Stift an jeden Einschlag einen Schwanz und so hüpften lauter kleine Säue durch das deutsche Schönschreibheft.

Hauptlehrer Herz trug Kniebundhosen und Kniestrümpfe mit Zopfmuster. Das Haar saß ihm wie ein weißer Helm auf dem Kopf und wenn der Unterricht begann, legte er einen großen Block mit Millimetermuster auf den Tisch und trug das Wetter ein. Am Monatsende riß er das Blatt ab und befestigte es an der Tafel, damit jeder Schüler das Monatswetter sehen konnte. Es bestand aus zentimeterweise zusammengestückelten Temperaturgebirgen und Barometerständen.

»Vor einem Jahr«, sagte er, »ging das im Mai runter, runter, runter und dann plötzlich, da ging es wieder hoch. Und vor zehn Jahren –«

Ich mochte ihn, weil er nicht wollte, daß ich auf die Oberschule wechselte.

»Wenn der Vater ein Bauer ist«, sagte er, »dann soll der Sohn auch ein Bauer sein, wer holt denn sonst das Heu ein?«

»Was ist dein Vater?«

»Schreiner.«

»Und was willst du werden?«

»Schreiner.«

»Und deiner?«

»Schlosser.«

»Und du?«

»Pilot.«

»Wozu?«

»Damit ich fliegen kann.«

»Du fliegst noch früh genug«, sagte er, »aber ich werde dafür sorgen, daß du nicht von der Oberschule fliegst. Da laß ich dich nämlich gar nicht hin.«

»Was willst du werden?«

»Ich weiß nicht«, sagte ich, denn ich wußte nur, daß ich kein Maurer wie mein Vater werden wollte.

»Und du?«

Dieter sagte: »Feinmechaniker.«

Hauptlehrer Herz drehte sich mit dem Gesicht zur Tafel. Dann ballte er die Fäuste und boxte dagegen. Als er sich umdrehte, grinste er wie ein Wasserspeier. Er holte den Haselnußstecken vom Fensterbrett und legte ihn auf das Pult. Er war sechzig Zentimeter lang und fingerdick und brannte auf dem Arsch oder den Fingern. Es gab immer zwei, vier oder sechs, denn Hauptlehrer Herz mochte die geraden Zahlen. Wenn ich die Hände hinstreckte, bog ich die Finger durch, damit sie nicht anknacksten und nur die Daumenballen blau wurden. Das war nicht schlimm, denn danach waren die Finger eh taub.

»Feinmechaniker«, sagte er.

Die Krähen in den Bäumen vor den Fenstern schrien höhnisch: »Ark ark ark.«

»Feinmechaniker, aha.«

»Wer weiß, was ein Feinmechaniker ist? Keiner? Du?«

»Wer was Feines zusammensteckt.«

»Auch eine Blume ist was Feines, aber wer Blumen zusammensteckt, ist trotzdem noch kein Feinmechaniker. Ein Uhrmacher ist ein Feinmechaniker oder einer, der ein Barometer herstellt, damit das zeigt, was für Wetter wird. Ein Feinmechaniker, der klemmt sich eine Lupe ins Auge, damit er die feinen Zahnräder sieht, die er zusammenschraubt. Was braucht ein Feinmechaniker?«

»Einen Schraubenzieher.«

»Pinzette.«

»Was noch?«

»Eine ruhige Hand.«

»Eine ruhige Hand«, sagte er, »sehr gut. Und Ordnungssinn. Ord-nungs-sinn! Und warum?«

»Damit die Zahnräder nicht durcheinandergeraten.«

Dieter saß in der letzten Bank. Mit seinen Schielaugen sah er aus wie ein Fuchs. Sein Schulranzen war ein Tornister aus dem Ersten Weltkrieg.

»Ordnung«, sagte Hauptlehrer Herz und kippte den Inhalt auf das Pult. Die Schulbücher waren zerfleddert, die Hefte hatten sich aufgelöst, da und dort hatte er eine Zeile hingeschrieben. Der Hauptlehrer bekam erst einen weißen Rand unterm Haaransatz. Dann schwoll der Schädel rot an und als er vor Wut zu platzen drohte, schleuderte er Hefte und Bücher über die Bänke. Danach keuchte er, als hätte er sich selbst befriedigt.

Dieter stopfte den Müll wieder in die Tasche, setzte sich in die letzte Bank und schielte ins Leere. Er wohnte bei seinen Großeltern im Dachgeschoß eines Bauernhauses. Auf dem Schulweg lief er alleine, wie das die Art von Füchsen ist. Manchmal jagten wir ihn, warfen mit Steinen und ich wunderte mich, wenn er getroffen wurde und ihm das Blut übers Gesicht lief. Er stand da, wischte es mit dem Ärmel ab und schielte nach einem Ausweg. Plötzlich rannte er wieder los, rannte über Wiesen, kletterte über Zäune und als ich ihm nahekam, begann er neben einem Baum ein Fuchsloch zu buddeln. Dabei entdeckte er das Geheimnis der Bäume. Ich konnte es nicht glauben, aber zwischen den Wurzeln wuchs Geld. Zehn Pfennig, eine Mark. Er hob es hoch, schielte und rannte zum nächsten Baum. Er scharrte und grub mit seinen Pfoten. Er schnupperte von Baum zu Baum. Ich roch das Geld nicht. Ich wühlte zwischen den Wurzeln und fand nichts außer Steinen und Glasscherben. Dieter war der Einzige, der eine Fuchsnase hatte. Zuletzt entdeckte er die Geldbörse des Hauptlehrers. Er behauptete, daß er sie gerochen hätte, aber das half ihm nicht. Er hatte dem Lehrer schon öfter was geklaut. Kurz danach kam er in ein Erziehungsheim.

Seit Herr Milde meiner Großmutter zwischen die Beine geschossen hatte, ging sie in eine andere Füllgrube zum Alteisensammeln. Ich sah nach der Schule von ferne Rauch aufsteigen und fuhr mit dem Rad den geschotterten Weg am Bahngleis entlang. Während sie in den Müllhaufen stocherte, setzte ich mich ans Feuer, fütterte es und drehte ihr Zigaretten. Es roch nach Fäulnis, Odel und Rauch. Das roch ich lieber als die Ölböden im Klassenzimmer oder den Bohnerwachsgeruch zu Hause. Ich ging nicht gerne in die Schule und nach der Schule ungern nach Hause. Da wartete auf der Anrichte der Arbeitszettel. Ich stocherte im Feuer, suchte nach einer Ausrede und dachte an Amerika oder eine Höhle in den Bergen, in der ich mich verstecken könnte, bis ich erwachsen wäre.

»Der Altmaterialhändler zahlt immer weniger«, jammerte meine Großmutter. »Bald zahlt er gar nichts mehr. Er kommt nur noch alle sechs Wochen.«

»Jaja, Weibi«, sagte Hans.

Er hockte vor einem Holzhäuschen und bewachte den Müll. Am Morgen kurbelte er eine Schranke hoch und am Abend ließ er sie herunter. Wahrscheinlich hatte die Gemeinde die Schranke installieren lassen, damit er Arbeit hatte. Zwischendurch watschelte er den Drahtzaun entlang, der sich um die Halde spannte, und rupfte das Papier aus den Maschen. Nachts wehte es der Wind, der meist aus dem Westen blies, wieder dagegen. Seit ihn die Amerikaner aus Dachau befreit hatten, hauste er in der Kammer eines Gasthofs. Eine Holztreppe führte hoch. Dahinter war Dunkel. Er hatte ein Altweibergesicht und trug eine Fellachenhose. Wenn er etwas Schönes im Müll fand, legte er es beiseite.

»Schau, Bub«, sagte er, »schau, was ich da hab.«

Neben der Tür lag eine überfahrene Ente.

»Eine Ente«, sagte er, »die hat ein Auto überrollt. So geht's, jetzt ist sie hin. Sie hat über die Straße gewollt und nicht aufgepaßt.«

Ich stocherte in den Müllhaufen, die Züge fuhren um zwei und viertel nach drei und um fünf vorbei. Ich dachte an die Höhle in den

Bergen, in der ich mich verstecken und warten würde, bis ich groß wäre – und an den Arbeitszettel auf der Anrichte. Zuletzt blieb mir nur die Ausrede, daß ich meiner Großmutter geholfen hatte. Als ich nach Hause kam, war auch mein Vater von der Arbeit zurück. Er zog gerade die Gummistiefel aus und wußte schon, daß ich eben erst aus der Schule zurückgekommen war. Er schlug mir den Schaft ins Gesicht.

Als ich im Bett lag, rechnete ich, wie lange es dauern würde, bis ich groß wäre. Es waren noch unendlich viele Jahre. Ich betrachtete den Speer, der in die Luft ragte und den Cowboy mit der Flinte in die Brust treffen würde, und verstand einfach nicht, weshalb sich die Bilder nicht in Bewegung setzten.

Als der Alteisenhändler ausblieb, sah ich meine Großmutter nur noch selten auf den Müllkippen. Sie lief über die Wiesen, pflückte Hasenfutter oder sammelte Holz. Im Schuppen hatte sie einen Platz, wo sie es stapeln konnte. Dort lagen dürre Äste und manchmal beobachtete ich, wie sie, bevor sie einen Korb damit vollpackte, aus dem Stapel daneben ein paar Buchenscheite stahl und in den Korb legte.

»Ich brauch den Alteisenhändler nicht mehr«, sagte sie, »denn wenn's so nicht geht, dann geht's anders. Wenn du aufpaßt, mach ich dir ein Brot mit Grammeln. Und eine Zigarette kriegst du auch. Aber du darfst es nicht weitertratschen. Vor allem deinem Vater nicht. Der geht sonst zur Polizei und dann nähen sie uns ein.«

Ich war aufgeregt, als ich loslief und unter der Eisenbahnbrücke auf sie wartete. Ich weiß nicht, was ich erwartete, aber es war etwas Ungewöhnliches, etwas Verbotenes wie damals im Leichenhaus, als die Leichenfrau Schmiere gestanden hatte. Das hatte ich auch niemandem erzählt und mein Vater wäre der Letzte gewesen, dem ich etwas verraten hätte. Er war in der SPD, schwärmte vom Arbeitsdienst und wie er sich Mark für Mark das Geld für seine Adler zusammengespart hatte.

»Er ist ein Krauter«, sagte meine Großmutter. »Er hat deine Mutter nur geheiratet, weil er sonst keine ins Bett gekriegt hat.«

Sie steckte den Daumen zwischen Zeige- und Mittelfinger und ich überlegte, was das für ein Geheimzeichen war und wozu er sie ausgerechnet ins Bett kriegen wollte. Sie klapperte mit ihrer Milchkanne vor mir her, aber die Milchkanne klapperte anders als sonst. Als wir zum ersten Ameisenhaufen kamen, mußte ich mich ans Ende des Pfades stellen und pfeifen, wenn jemand kam.

»Ich melk die Ameisen«, sagte sie.

Ich spähte hin zu ihr, weil ich sehen wollte, wie sie das machte, und mir nicht vorstellen konnte, wie man eine Ameise melkt. Aber sie nahm nur Medizinfläschchen aus der Kanne, grub mit einem Stock den Haufen auf, setzte sie rein und buddelte die Löcher wieder zu.

»Ich hab in jede Flasche einen Tropfen Spiritus getan«, sagte sie, »da steigen sie rein und schiffen dazu, denn wenn eine Ameise Spiritus säuft, kann sie nicht anders und in vierzehn Tagen sind die Flascherl voll. Dann verkauf ich sie, aber nicht dem Apotheker, weil der sonst den Förster verständigt.«

Sie verkaufte die Ameisensäure an die alten Weiber aus dem Dorf, denen sie jetzt aus den Karten die Zukunft deutete. Und an Joseph, der auf die Kühe aufpaßte und dem es im Krieg die Hand abgerissen hatte. Der Chirurg hatte Elle und Speiche gespalten und sie in Lederhüllen gesteckt. Elle und Speiche waren mit rosa Haut überwachsen, an den Enden hatten die Nähte eine Hornhaut gebildet. Er konnte sie wie eine Zange bewegen und wenn es in der Nacht nicht kalt und im Herbst nicht feucht gewesen wäre, hätte ihm der Sauerbrucharm nicht wehgetan.

»Wenn der Sauerbruch nicht wäre, hätte ich einen Haken dran«, sagte er, »und ein Gewinde für eine Baumschere.« Er ließ sich von meiner Großmutter Ameisensäure in die Hand schütten und rieb Speiche und Ellbogen ein.

»Aha«, sagte er, »ich spür's schon.«

Der Weg zu seiner Hütte war weit und steinig. Es ging den Berg hoch, dann hinunter und wieder hoch. Auf der Almwiese grasten

Kühe und manchmal ein paar Pferde. Aus einem Bleirohr schoß ein Wasserstrahl in einen ausgehöhlten Eichenstamm. Vor der Hütte standen ein Tisch und eine Bank, von wo aus er die Bergwiese sehen konnte. Er wohnte im vorderen Teil und dahinter war ein Kuh- und Pferdestall. Als ich durchs Fenster spähte, sah ich Bett, Tisch, Stuhl und eine Karbidlampe. An die Wände hatte er Bilder von Filmschauspielerinnen aus Illustrierten geklebt. Eines zeigte eine mit einem nackten Busen.

Er rauchte Weiße Eule, im Gesicht standen Bartstoppeln und an seinen Gummistiefeln klebte Kuhscheiße.

»Zweimal hat es mich erwischt«, sagte er. »Erst die Partisanenkugel und dann die vom Jäger, als ob einmal nicht gereicht hätte.«

Er knöpfte das Hemd auf, zeigte uns die Narbe und spuckte ins Taschentuch, aber jetzt, da er es zeigen wollte, war kein Blut in der Spucke.

»Gestern hat's wieder geblutet«, behauptete er, »aber auf nichts ist Verlaß. Und vor ein paar Tagen ist ein schwarzer Bruder hochgekommen und wollt die Kühe taufen. Wie er die Nackerte gesehen hat an der Wand, hat er das Kreuz geschlagen und wollt's runterreißen. Die klebt fest, hab ich gesagt, und da bleibt sie, denn eine mit einem nackten Busen ist mir lieber als dein Segen.«

»Die Ameisenschiffe kannst dir auch da draufschmieren«, sagte meine Großmutter. »Dann springt er hoch, schneller als du schauen kannst.«

»Aha«, sagte er, »dann kannst mir gleich noch eine Flasche geben. Nur mit der Bezahlung mußt warten. Kriegst ein Kilo Butter dafür.«

Ich stieg hoch zu ihm, um die Butter zu holen. Er wollte wissen, wie meine Großmutter die Ameisensäure gewann, aber ich verriet es ihm nicht.

»Hab ich mir schon gedacht«, sagte er, »daß ihr zwei zusammensteckt. Aber wenn du schon mal hier bist –«

Ich lief mit ihm in den Wald. Er trug ein Beil in der Hand und ich einen Sack. Zwischen seinen Lippen steckte ein kalter Stumpenstummel. Er wußte, wo in den Bäumen die Krähennester waren. Wenn er mit dem Beil gegen die Stämme schlug, flogen die Alten auf. Dann flatterten sie über den Wipfeln und sahen mir zu, wie ich hochkletterte. Sie schrien vor Wut und Joseph fuchtelte mit der Axt, obwohl er weit unten war. Ich schlug mit dem Sack nach dem Pack. Dann stopfte ich die Jungen hinein. Als Joseph ihnen die Federn rupfte, hockten die Alten auf dem Zaun und verfluchten uns. Aber das machte nichts. Ein paar briet er in Schmalz und aus den anderen kochte er Suppe. Das Fleisch war zart und er schob mir die Mostflasche über den Tisch, dann ließ ich den sauren Most die Kehle hinunterlaufen und lachte, weil die Alten immer noch schrien und ich ihnen die Jungen geklaut hatte.

»Kommt nur her«, rief ich und drohte mit dem Beil. »Dann hack ich euch die Flügel ab.«

»Die sind wie die Pfaffen«, sagte Joseph. »Sobald sie Aas riechen, sind sie da. Mich können sie mal im Misthaufen begraben. Das ist mir lieber, als wenn mir einer den Segen hinterherschickt.«

»Mir auch«, sagte ich.

Ich mochte sie so wenig wie er. Meine Großmutter nannte sie Pfaffen und Joseph schwarze Brüder, denn sie wohnten im Kloster und trugen schwarze Kutten. Es waren Salesianer und den Salesianerorden hatte Don Bosco gegründet. Deshalb erzählte der Kaplan im Religionsunterricht, was Don Bosco für ein braver Bub gewesen war, bevor er es schaffte, heilig zu werden. Er hatte alten Frauen das Holz nach Hause getragen, der Mutter geholfen, dem Vater gehorcht und sein Pausenbrot an räudige Hunde verfüttert, obwohl er selbst Hunger hatte. Manchmal hatte er auch Streiche gespielt. Aber dann war er plötzlich verschwunden und alle hatten ihn gesucht, weil sie ein Unglück befürchteten. Doch er saß in der Kapelle und betete für die Armen. Als man ihn entdeckte, leuchtete zum ersten Mal der Heiligenschein über seinem Kopf.

Der Kaplan hatte ein rundes Gesicht. Seine Stimme war so sanft, als ob ihm ein Engel auf der Zunge tanzte. Er lud alle Jungen ein, ins Knabenheim Don Bosco zu kommen.

»Ein Pfadfinder«, sagte er, »begeht jeden Tag eine gute Tat.«

Ich lief mit ihm und der Gruppe ins Moor bis hinunter zur Loisach. In der Luft jagten Krähen einen Bussard. Auf den sauren Wiesen tuckerten Traktoren. Ich rannte zu einem Gebüsch, aber hinter dem Gebüsch war nicht einmal eine gute Tat. Andere fragten einen Bauern, ob sie helfen könnten.

»Verschwindet«, sagte der Bauer.

Der Kaplan stand auf dem Weg und lächelte.

»Das ist Don Bosco auch so gegangen«, sagte er, »manche Leute wollen sich nicht helfen lassen.«

Als wir zur Loisach kamen, floh der Bussard übers Moor nach Westen. Da drehten wir um, kehrten zum Kloster zurück und er bugsierte mich in die Kirche. Ich setzte mich in die erste Reihe und er stellte sich vor die Bänke und versteckte seine Hände in den Schlitzen der Soutane. Aus den Seitenaltären schauten Gipsheilige und auf einem Wolkenberg des Deckengemäldes ragte das Kreuz, darüber saß Gott. Über seinem Kopf flog eine Taube im Strahlenkranz.

»Wenn man will«, sagte der Kaplan, »findet man immer Gelegenheit für eine gute Tat. Aber deswegen bin ich nicht mit euch in der Kirche. Warum, meint ihr denn, bin ich mit euch in das Haus Gottes gegangen?«

»Wegen der heiligen Kommunion.«

»Bald werdet ihr die heilige Kommunion empfangen«, sagte der Kaplan. »Dann werdet ihr Zeugen Christi sein. Aber wer war denn das, dieser Jesus Christus?«

»Das war der Sohn Gottes.«

»Und was hat der für uns gemacht?«

»Uns erlöst.«

»Erlöst hat er uns, genau. Und wodurch hat er uns erlöst?«

»Durchs Kreuz.«

»Und warum hat er sich ans Kreuz schlagen lassen, wenn er doch der Sohn Gottes war?«

»Aus Liebe.«

»Aus Liebe zu uns, damit er uns erlöst von unseren Sünden«, sagte der Kaplan, »und wenn ihr sein Fleisch und Blut esset, schließt ihr einen Bund mit ihm. Und was für einen Lohn werdet ihr bekommen?«

»Wir kommen in den Himmel.«

»Kommen denn alle in den Himmel?«

»Nur wer keine Todsünde begangen hat. Die eine Todsünde begehen, kommen in die Hölle.«

»Reicht es, daß man keine Todsünde begangen hat?«

»Man muß in der katholischen Kirche sein.«

»Warum?«

»Weil das der richtige Glaube ist.«

»Man muß den richtigen Glauben haben«, sagte er, »sonst hilft es nichts, wenn du dich an die zehn Gebote hältst. Darum müßt ihr Gott danken, daß er euch den richtigen Glauben geschenkt hat. Wer kommt denn nicht in den Himmel?«

»Die Juden.«

»Warum nicht?«

»Weil sie Jesus gekreuzigt haben.«

»Alle, die nicht den richtigen Glauben haben«, wiederholte er, »kommen nicht in den Himmel, keiner von denen. Aber wenn sie den richtigen Glauben annehmen, verzeiht Gott ihnen und nimmt sie auf in seinen Bund mit Jesus Christus. Sogar die Juden, denn er ist gnädig und meint es gut mit uns und darum hat er auch seinen eigenen Sohn geopfert, der am Kalvarienberg Blut geschwitzt hat.«

Er faltete die Hände und drehte die Augen zur Decke.

»Herr Jesu Christ«, betete er.

Ich war froh, als ich aus der Kirche kam. Es war nicht einmal Sonntag und draußen war Licht. Der Kaplan schritt langsam vor uns her zum Knabenheim. Als ich aufs Fahrrad stieg, sagte er: »Es gibt noch Leberwurstbrote und Limonade, willst du nicht mitkommen?« Aber ich wollte weg.

»Ich muß nach Hause«, log ich.

»Ja, wenn du nach Hause mußt«, meinte er, »wenn das deine Mutter gesagt hat …«

Ich spürte, wie er mir nachsah und daß er nicht lächelte. Aber daß er ein paar Abende danach an der Haustür stehen und klingeln würde, ahnte ich nicht.

»Nur einen Besuch abstatten, Ihr Sohn wird ja bald zur Kommunion gehen. Da haben Sie aber ein schönes Kruzifix hängen«, schmeichelte er sich ins Haus und an den Tisch und stocherte mit der Gabel ein paar Bissen vom Guglhupfstück ab.

»Sehr gut«, sagte er, »was haben Sie denn da alles reingetan?«

»Butter, Eier und Rosinen«, sagte meine Mutter.

»Das schmeckt man«, säuselte der Kaplan und ließ die Hälfte stehen.

Sie redeten über Gott, die Kommunion und mich. Das Zimmer wurde eng und die Luft dick. Hinter der Rauchglocke, die mein Vater auf den Tisch setzte, sah ich, wie er nickte und der Kaplan wieder im Guglhupf stocherte.

»Wenn Ihr Sohn nachmittags nicht so früh nach Hause müßte, könnte er noch im Knabenheim spielen«, hörte ich ihn jetzt.

»Aber er muß doch gar nicht heim.«

»Hast du denn woanders hingemußt?« fragte mich der Kaplan.

Wie süß seine Stimme klang! Wie neugierig!

»Wo bist denn hin?« fragte mich mein Vater.

»Hausaufgaben machen.«

»Warum machst sie nicht vorher?«

»Ja«, sagte der Kaplan, »deine Hausaufgaben solltest du vorher machen. Erst kommt die Arbeit, dann das Vergnügen.«

Da war mir klar, daß er mich durchschaut hatte. Auch meine Mutter wußte es, denn sie trocknete sich die Hände an der Schürze ab, obwohl sie nicht naß waren. Nur mein Vater kapierte nichts, das war das Beste an ihm. Er holte die Millimeterpapierrolle aus dem Schrank, breitete sie auf dem Tisch aus und stellte auf jede Ecke Tassen und den Aschenbecher. Wahrscheinlich wollte er, daß ihm der Kaplan eine Eins in Religion gab. »Sehr schön«, log der, »wer hätte gedacht, daß Sie ein Künstler sind? Wirklich sehr schön.«

Ich sah meinem Vater zu, wie er ein paar Tage später den Spruch vom Papier auf die Stelle unter dem Dachfirst übertrug. Es war an einem Samstag. Ich mußte mein Fahrrad putzen, aber kaum war ich damit fertig, verdrückte ich mich hinter den Hasenstall und die Johannisbeersträucher und stieg den Bahndamm hoch. Als er nach mir rief, saß ich schon auf dem Boden der Blockhütte, die auf dem Bahndamm stand. Dort oben roch es nach terpentingetränkten Balken und Brettern. In der Ecke lag ein Besen und daneben stand ein Eimer mit Sand. In den Lichtstreifen, die durch die Dachziegel drangen, tanzten Staubpartikel. Es waren so viele, daß ich mich fragte, ob es eine Zahl gab, die so groß war, daß alle darin Platz hatten. Durch die Luke im Dach konnte ich auf den Garten und das Haus sehen.

Statt mir stand nun mein Bruder neben ihm und half. Sein Gesicht war wieder weiß vom Schwanenweiß und auf dem Kopf hatte er eine Malermütze aus Zeitungspapier. Er sah sich um, wo ich abgeblieben war. Zum Glück wußte er nicht, daß ich mich in der Bahnhütte versteckte.

Er reichte meinem Vater Bleistift, Holzlineal und später den Pinsel. Der lag auf einer Staffelei, die er auf den Balkon gestellt hatte. Erst zeichnete er mit dem Lineal ein Gittermuster an die Wand. Dann übertrug er mit einer Schablone Buchstaben für Buchstaben. Ich kannte den Spruch schon, aber ich beobachtete den ganzen Nachmittag, wie er zeichnete und die Buchstaben mit braunroter Farbe ausmalte.

Ich las G und o und t und t. Es waren dieselben Buchstaben wie auf der geschnitzten Tafel, die noch an der Schuppentür hing. Ich hoffte, er würde einen übersehen und einen Fehler machen und mein Lehrer würde vorbeikommen und sagen, da ist ein Fehler drin, und auf den Balkon hochsteigen und mit rotem Stift den Fehler ankreuzen. Aber er schrieb fehlerfrei und von da an stand »An Gottes Segen hat alles gelegen« unter dem First des Hauses.

Bald darauf mußte ich tatsächlich zur Kommunion. An einem Sonntag im Frühsommer, als die Wiesen weiß waren von Schaumkraut. Ich ging in die sechste Klasse und der Lehrer hieß Schmitt und stammte aus Bamberg, wo es in der Burg einen echten Bären gab. Er prügelte gerne auf unsere Finger, betete vor dem Unterricht länger als die anderen und setzte sich selbst in den sündenverschwitzten Beichtstuhl, bevor seine Schüler ihre Schuldlisten abtrugen. Ich versuchte zu verstehen, was er erzählte, aber er flüsterte so leise, daß nur ein Nuscheln zu hören war. Aus dem Gemälde im Seitenaltar stierten Augen.

Ich tat, was ich konnte, um die heilige Kommunion zu verhindern. Ich kreuzte die Finger und im Beichtstuhl die Beine. Aber es half alles nichts. Auch meine Großmutter zuckte mit den Achseln.

»Gehst halt hin«, sagte sie. »Da kann ich dir auch nicht helfen.«

Sie kam herunter, holte sich ein Stück Guglhupf und sah meinem Vater zu, wie er die Kakaohaut aus der Tasse angelte und verschlang.

Ich sagte: »Mir tut der Bauch weh.« Ich preßte die Hände dagegen.

»Das kommt davon, daß du Hunger hast«, sagte mein Vater. »Nach der Kommunion kannst du was essen.«

»Aber das kommt nicht vom Hunger«, protestierte ich.

Mein Bruder sang *Oh Haupt voll Blut und Wunden* und freute sich, daß ich zur Kommunion mußte. Er freute sich jeden Sonntag auf die Kirche, nur weil er wußte, daß ich sie haßte.

»Ein Glas Milch darf er ja trinken«, sagte meine Mutter.

Ich würgte die Milch hinunter. Nie wieder fühlte ich mich so elend wie an diesem Frühsommervormittag. Ich steckte in einem grauen Glencheckanzug, dessen Hosenbeine zu weit und zu kurz waren, und in der einen Hand hielt ich eine weiße Kerze mit goldenem Kreuz, in der anderen einen schwarzen Katechismus und in der Jackentasche klimperte in einer Plastikschachtel der Rosenkranz. Ich lief neben meinen Eltern an den Häusern vorbei. In den Blumen und Gemüsegärten hockte grinsend mein Elend. Mein Bruder hüpfte vor uns her und sang. Es war, als zöge er mich an einer Leine aus Bosheit hinter sich her.

»Oh Haupt voll Bluuut und Wuuunden.«

Ich hörte, wie er es genoß, daß ich zum Jesusfleischessen geführt wurde.

»Oh Haupt voll Bluuut und Wuuunden.«

Ich hielt die Luft an und versuchte mich unsichtbar zu machen, aber es wirkte nicht. Die Gespensterchen auf dem Weg zur Kirche sahen mich sofort. Sie trugen weiße Kleidchen und weiße Strümpfe, weiße Handschuhe und weiße Kerzen und freuten sich, daß ich wie sie Jesusfleisch essen und Blut trinken mußte.

In der Kirche stank es nach Weihrauch und Frömmigkeit. Die Wangen des Dekans wabbelten, als ich mich hinkniete und er die Hostie vierteilte. Er hielt mir ein goldenes Tellerchen unters Kinn. Als ich die Zunge rausstreckte, war sie so taub, wie meine Lippen es gewesen waren, als ich sie auf die Fußsohle des toten Lehrers gedrückt hatte. Der Leib Jesu war weich und pappig. Ich versuchte ihn hinunterzuwürgen, aber er klebte am Gaumen. Da versteckte ich mein Gesicht in den Händen, wie es auch die anderen taten, um vorzutäuschen, daß ich betete. Aber ich betete nicht. Hinter meinen Fingern fiel mir ein, wie ich das Zeug loswerden konnte. Ich durfte es nicht schlucken. Ich mußte es vorsichtig mit der Zungenspitze vom Gaumen lösen und unter die Zunge schieben. Ich mußte warten, bis ich alleine war. Nach der Messe würden wir zur Feier des Tages in eine Gaststätte gehen und dort essen. Als wir die von Kühen verschissene Dorfstraße entlang zur Gaststätte Post liefen, begann der Papp unter meiner Zunge flüssig zu werden. Ich redete nicht.

»Jetzt hast du die Kommunion gekriegt«, sagte meine Vater. »Was willst du denn essen in der Wirtschaft?«

»Geht es deinem Bauch wieder besser?« fragte meine Mutter.

Ich sagte: »Hmmm.«

»Wie schmeckt der Jesus?« wollte mein Bruder wissen.

»Das ist nur eine Oblate«, sagte meine Mutter, »die schmeckt so wie die Oblaten von den Kokosbusserln zu Weihnachten.«

»Schmeckt die so?« fragte mein Bruder.

»Hmmm«, sagte ich.

»Das ist aber der Leib Jesu«, sagte mein Bruder, »das hat der Kaplan gesagt.«

»Der schmeckt aber auch so«, sagte meine Mutter, »weil er das nur wird, wenn der Pfarrer Weihwasser draufspritzt.«

»Der hat aber kein Weihwasser draufgespritzt.«

»Dann halt durch die Spucke«, sagte meine Mutter.

»Jetzt ist er im Bauch«, sagte mein Bruder.

»Hmmm«, sagte ich.

Als wir uns an einen der Tische im hinteren Gastraum setzten, ging ich auf die Toilette, sperrte zu und spuckte den Jesusbrei in die Toilettenschüssel.

Den Tod sah ich, als ich Ernst von zu Hause abholen wollte, um mit ihm zur Alm hochzusteigen und Joseph zu besuchen. Meine Großmutter hatte mir wieder eine Medizinflasche voll Ameisensäure mitgegeben. Der Tod war schon im Haus. Vor dem Gartentor stand der Notarztwagen, mit dem er gekommen war, und als ich den Gartenweg zum Haus ging, kam er hinter der Garage hervor. Er machte ein ernstes Gesicht und als er an mir vorbeiging, hörte ich ihn keuchen. Er trug ein Ende der Tragbahre, auf der Ernsts Vater lag. Dessen Gesicht war weiß und ich sah, wie er sich eine schwarze Haarsträhne aus der Stirn wischte. Er grüßte mich.

»So schön möchtest du es wohl auch haben«, sagte er, »daß man dich herumträgt und mit dem Auto spazierenfährt.«

Frau Pauli stand neben der Garage und neben ihr stand Ernst.

»Heute kann der Ernst nicht weg«, sagte Frau Pauli, »sein Vati ist krank.«

Dann ging sie hinein.

»Mein Vati hat ein rotes Gesicht gekriegt«, sagte Ernst, »und immer ›Luft Luft‹ gesagt. Das kommt von dem Wein mit der Salzsäure, den er getrunken hat.«

Ich sah seinen Vater drei Tage später wieder, als er im Leichenhaus lag. Ich drückte die Nase an das Türglas und der Sarg kam mir wie ein kleines Boot vor, mit dem er gleich davonschwimmen würde. Es fehlten nur ein Anker und ein Segel. Vielleicht würde er dann einfach die Hand heben. Ich schaute lange, ob er blinzelte, und dachte, daß ihm meine Großmutter ihr Spiegelchen unter die Nase halten würde. In die Stirn fiel ihm eine schwarze Haarsträhne und sein Gesicht war wächsern. Er war sicher tot, denn er blinzelte nicht und die Haarsträhne strich er auch nicht mehr aus der Stirn. Als ich beim Begräbnis Frau Pauli die Hand geben wollte, sagte sie: »Laß nur, das hilft jetzt auch nicht mehr.«

Ein paar Wochen später kam der Tod zu uns zu Besuch. Ich erkannte ihn sofort wieder, als der Notarztwagen um die Kurve am Ende des Grundstücks bog. Er saß hinter dem Steuer und war dick. Er trug weiße Gummischuhe, eine weiße Hose und ein weißes Hemd, aber ich hatte keine Angst vor ihm, denn er war ganz freundlich, als er aus dem Auto stieg und fragte, wo meine Mutter sei.

»Im Wohnzimmer«, sagte ich. »Sie liegt auf dem Sofa.«

»Hat sie sich denn schon fertig gemacht?«

»Ja«, sagte ich, »sie hat die Tasche gepackt.«

»Dann ist es gut«, sagte der Tod.

Ich lief vor ihm her und machte die Haustür, die gläserne Gangtür und die Tür zum Wohnzimmer auf, damit er den Weg fand. Meine Mutter lag zusammengerollt auf dem Sofa und preßte die Fäuste in den Leib.

»Grüß Gott«, sagte der Tod. »Jetzt strecken Sie sich aus, wenn es geht, und wenn ich da draufdrücke und loslasse, sagen Sie, ob es wehtut.«

Er drückte ihr auf den Bauch und sie sagte: »Oh!«

»Das ist der Blinddarm«, sagte der Tod, »das kenn ich schon. Zur Zeit ist halt eine richtiggehende Epidemie mit den Blinddärmen. Was glauben Sie, was ich in letzter Zeit Blinddärme geholt hab. Keine Woche, in der es nicht einen Blinddarm gibt. Aber schlimm ist das nicht. Ich bringe Sie ins Krankenhaus und der Doktor schneidet ihn raus. Das merken Sie kaum und in einer Woche sind Sie wieder daheim. Haken Sie sich einfach bei mir unter.«

Meine Mutter hakte sich bei ihm unter und ging langsam und krumm an seinem Arm hinaus.

»So«, sagte der Tod, »das ging ja wunderbar« und half ihr beim Einsteigen. »Legen Sie sich zurück. Gleich sind wir da.«

Sie lächelte und winkte aus dem Fenster, als das Auto wegfuhr. Als ich sie zwei Tage später im Krankenhaus besuchte, lag sie in einem weißen Bett und hatte keinen Blinddarm mehr. Ich brachte ihr einen Strauß Schneeglöckchen mit. Es war Frühling. Auf der Wiese vor dem Krankenhaus wuchsen Krokusse und auf den Bänken neben dem Weg saßen Patienten, schauten sich die Berge an und blinzelten in die Sonne. Die Blumenbeete dampften den Winter aus und über den Berggipfeln zerfranste der Föhn die Wolken zu Scharpies. Das Krankenzimmer war hell, denn die Fenster waren hoch. An der Wand hing ein schwarzes Kruzifix und in den weißen Rohrbetten lagen Frauen. Eines davon war leer.

»Die Schneeglöckchen sind schön«, sagte meine Mutter, »aber riechen tun sie nach nichts.«

Sie hatte Durst, denn nach der Operation durfte sie nicht trinken.

»Meine Lippen sind ganz trocken«, sagte sie, »siehst du?«

Sie waren rauh und aufgesprungen.

»Aber morgen darf ich was trinken und heute Abend kriege ich Suppe. Letzte Nacht bin ich aufgestanden und zum Waschbecken gegangen. Aber ich hab nur am Waschlappen gesaugt. Dann hab ich geträumt, daß ich einen ganzen Eimer Wasser trink, und wie der leer war, hab ich den Eimer wieder vollaufen lassen und noch mal ausgetrunken. Weggegangen ist der Durst davon nicht. Dann hab ich geträumt, daß der Sanitäter gekommen ist und gelächelt hat. Jetzt mag ich ihn nicht mehr.«

Sie zog das Nachthemd auseinander und zeigte mir das Pflaster über der Operationsnarbe.

»Der Blinddarm war schon ganz dick«, erzählte sie, »wie eine kleine Blutwurst. Und heute morgen haben sie die Frau geholt, die in dem leeren Bett gelegen hat, und ins Sterbezimmer gebracht. Das liegt am Ende vom Gang. Wer da reinkommt, kommt nicht mehr raus. Aber in ein paar Tagen bin ich wieder daheim. Dann trinken wir eine Flasche Heurigen, denn in ein paar Wochen muß ich noch mal ins Krankenhaus, weil der Doktor einen kleinen Leistenbruch entdeckt hat. Aber das dauert nur zwei, drei Tage.«

Als ich das Krankenzimmer verließ, stand der Tod am Gangende, lächelte und winkte mir, als er mich erkannte. Es roch nach Mullbinden und Kartoffelsuppe. Neben ihm stand Schwester Genoveva mit schwarzer Tracht und einer Haube auf dem Kopf. Ihr Hals war faltig und mit den hängenden Augenlidern und den schmalen Lippen sah sie aus wie eine Schildkröte.

Seit ich Ernst kannte, war ich oft mit ihm durch die Wälder und das Moor gestreift. Nachdem sein Vater gestorben war, wollte seine Mutter ihn nicht mehr nach draußen lassen. Ich lief immer öfter allein durch das Moor, auf die Müllkippe oder saß an Regentagen unter dem Biberschwanzdach der Bahnhütte. Ich drehte mir Zigaretten und pustete den Rauch in die Luft und beobachtete, wie er zwischen den Dachziegeln ins Freie stieg. Oder ich las die Sigurdheftchen, die ich mir von Ernst auslieh. Sie kosteten 50 Pfennige und er kaufte sich jede Woche eins. Die Bilder waren bunt und die Abenteuer spannend. Sigurd hatte blonde Haare und ein blankes Schwert. Damit gewann er jeden Kampf. Wenn er in eine Falle geriet, half ihm sein Freund Bodo heraus. Bodos Haare waren so schwarz, daß sie stellenweise blau wurden. Manchmal hob ich einen der Biberschwänze hoch. Ich sah den Müllfuhrenweg, das Grundstück, das Haus. Manchmal trat meine Mutter aus der Tür oder mein Bruder. Dann kam meine Großmutter zurück mit der Kanne oder einem Einkaufsnetz. Hin und wieder fuhr der Nachbar mit seinem Lloyd vorbei. Wenn er in der Kurve schaltete, krachte das Getriebe. Am Wochenende war mein Vater zu Hause. Sobald sich eine Gelegenheit bot, stieg ich auf den Boden der Blockhütte. Ich rauchte und sah ihm zu, wie er im Garten arbeitete.

Er legte den Weg zum Komposthaufen und zum Bohnenstangengerüst mit Steinplatten aus. Dann spitzte er mit einem Beil Holzpflöcke zu und schlug sie in die Erde. Von Pflock zu Pflock spannte er Spagat und stach mit einem Spaten den Rasen ab. Er legte Blumen- und Gemüsebeete an. Er trug eine blaue Arbeitshose, Gummistiefel und hatte die Ärmel seines karierten Hemdes hochgekrempelt. Er grub die Erde um, hinkte zum Schuppen und kam mit einer Kiste voller Gemüse- und Salatsetzlinge wieder. Dann bohrte er mit einem Pflock Löcher in die Erde und pflanzte sie ein. Es sah ganz harmlos aus, aber irgend etwas stimmte nicht.

Jetzt stand er am Staketenzaun und unterhielt sich mit dem Nachbarn. Von fern hörte ich seine Stimme. Es war die Nachbarschaftsstimme. Sie war so freundlich wie eine Lüge.

Ich stellte mir vor, ein Raumschiff wäre im Moor gelandet und ich aus der Luke gestiegen. Der fremde Stern sah eigenartig aus. Der Boden schwankte und quatschte unter meinen Füßen. In einem Bach floß Wasser und darüber hinweg führte eine Brücke. Aus einem Gebüsch muhte ein Tier. Es hatte Hörner auf dem Schädel, aber als ich mit meiner Strahlenpistole darauf schoß, rannte es davon. Jetzt konnte ich vorsichtig weitergehen. Der Weg war mit einem Gatter abgesperrt, aber ich stieg einfach darüber und lief durch die Wiese. Als ich auf den Bahndamm kam, sah ich die Hütte, stieg auf den Sandkasten neben den Bänken und zog mich durch die Luke hoch. Unter mir arbeitete ein Erdling. Er ging wieder zum Schuppen, spitzte Holzpflöckchen mit dem Beil zu und begann ein neues Beet anzulegen. Wieder grub er Erde um. Er hatte schon eine ganze Reihe von Beeten angelegt. Eines sah aus wie das andere. Dann rechte er die Erde vom Rasen und den Splitt vor dem Haus. Danach sah er sich um, ob auch alle Spuren verwischt waren.

Auf einmal begriff ich, daß die Gemüse- und Salatbeete in Wirklichkeit Gräber waren. Der Erdling, der sie als Beete tarnte, war der Gräbermann. Er wollte mich täuschen, aber ich durchschaute ihn. Ich würde dem Raumschiffkommandanten berichten, was auf diesem Planeten vor sich ging. Aber vorher mußte ich noch mehr herausfinden.

Als der Gräbermann ins Haus ging, stieg ich vom Hüttenboden und stahl mich in den Schuppen. Die Fahrräder standen da und eine NSU Quickly. Auf der Werkbank reihten sich Gläser mit Öl, Serpentin und Handwaschpaste. An einem Haken hing ein brauner Ledermantel mit Schulterklappen. In einer Schublade lagen Hämmer, Zangen, das Beil und ein Bajonett.

Ich stieg die Leiter in den Speicher hoch. In Pappkartons fand ich Kleidung, Hosen, Hemden, Jacken, Pullover, Strümpfe, Unterwäsche. Da war ein Hüftgürtel mit rosa Gummibändern, Unterröcke, Kinderhemdchen, auch kurze Kinderhosen, Strümpfe, Anoraks, Wintermäntel. Im Regal Schuhe. Kinderhausschuhe aus Stoff mit Rautenmuster, schwarzen Metallverschlüssen und abgelaufenen Sohlen, Latschen aus Leder, Halbschuhe, Gummistiefel, Stöckelschuhe, Turnschuhe, Filzschuhe. Das Leder war spröde vom Alter. Hatte der Gräbermann die Leichen nackt vergraben? Die

Fichtenbalken des Dachstuhls zeigten braune Flecken und an einem Haken hing verstaubt eine Perücke.

Ich stieg die Leiter hinunter. Vom Garten her hörte ich wieder die Stimme des Gräbermanns.

»Demnächst muß die Versitzgrube – das Holz gehackt – Johannisbeeren weg – wenn die Sträucher nicht – ich werde – immer gesagt– die Vögel fressen –«

Ich huschte die Kellertreppe hinunter.

An Wäscheleinen hingen Hemden, Hosen, Unterwäsche und Handtücher. Auf dem Waschtisch lag ein Wäscheberg. Er roch nach Schweiß und Schmutz. Obendrauf lagen Leintücher und Hemden. Unten kam Unterwäsche zum Vorschein. Ich wühlte darin und griff in einen Schlüpfer, der vor Blut klebte. Ich schleuderte ihn voller Ekel weg.

Die Gelegenheit war günstig. Als ich die Kellertreppe hochstieg und durch den Gang ins Wohnzimmer schlich, waren der Gräbermann und die Frau im Garten. Schnell öffnete ich die Schublade der Kredenz und nahm ein hellblaues Buch heraus. Auf dem Umschlag lachten rosarote Babies, Jesusbildchen waren eingeklebt, Kinderbilder von Lokomotiven, Äpfeln, Birnen und einem Wasserball. Der Gräbermann hatte Tagebuch geführt. Seine Schrift war sauber und es gab keinen Klecks. *Heute ist der 3. Juli 1954. Der Papa ist mit Ludwig zum See gegangen und hat Steine ins Wasser geworfen. Er ist guter Laune gewesen und hat gefragt, wo das Schiff vom Hannemann ist.*

Der Gräbermann mußte hinterhergeschlichen sein und den Papa und Ludwig beobachtet und belauscht haben.

Der Papa hat versucht, für Ludwig eine Kette abzulösen. Aber sie war fest im Holz eingelassen. In der Kutsche hat er ihm die Peitsche gegeben und Ludwig hat gerufen: Hüü!

Vielleicht hatte sich der Gräbermann hinter einer Chaise versteckt.

In Tütchen befanden sich Milchzähne und stumpfe blonde

Haarsträhnen. Im Bauch der Kredenz standen Bücher, die nach einer anderen Zeit rochen. Ein Reclam-Album mit eingeklebten Bildern: Männer, die Fugen zwischen den Betonplatten einer Autobahn mit Teer ausgießen, ein Diskuswerfer, der den Diskus schleudert, eine Mutter, die ein blondes Kind streichelt. *Die Geissler* (gelb), *Der Pfaffenspiegel* (rot), *Hexenprozesse* (blau). Eine Frau, die mit auf den Rücken gebundenen Händen von der Decke hängt, auf einem Richtblock ein Richtbeil, eine Hinrichtungsstätte. *Mein Kampf* (rot), vorne drin ein Bart unter der Nase im Gesicht eines Menschen, der Adolf Hitler (Führer) hieß.

»Was suchst du in der Kredenz?« fragte mein Vater.

Ich hatte nicht gehört, wie er ins Haus gekommen war.

»Ein Taschentuch«, sagte ich.

»Du weißt genau, daß die Taschentücher im Wäscheschrank sind. An der Kredenz hast du nichts zu suchen.«

Der Gräbermann merkte nicht, daß ich ein Außerirdischer war. Er hatte drei hölzerne Affen gekauft, von denen sich einer die Augen, ein anderer die Ohren und der dritte den Mund bedeckt hielt. Sie waren schwarz und standen unter dem Kruzifix.

»Nichts hören, nichts sehen, nichts wissen«, sagte er, »das ist weise.«

Er war so dumm, daß er sich selbst für weise hielt und mich für seinesgleichen.

Für den Raumschiffkommandanten fertigte ich einen Bericht an. Ich schrieb ihn im Schein einer Kerze auf DIN A 4-Papier auf dem Boden der Blockhütte. Damit ihn, wer ihn entdeckte, nicht lesen konnte, schrieb ich zuerst in Spiegelschrift. Weil sie zu langsam von der Hand ging, dachte ich mich hinter das Blatt und schrieb von rechts nach links. Dabei entstanden die Buchstaben wie von selbst in Spiegelschrift. Auch konnte ich nun sogar eine Seite zu Ende schreiben, ohne daß die Hand steif wurde. Den Bericht versteckte ich hinter einem Brett.

Das erste Piratenbuch hatte mir Ernst geliehen. Seine Mutter besaß viele Bücher.

»Lies das«, sagte sie, »das ist spannend. *Der rote Freibeuter*, James Fenimore Cooper hat den geschrieben.«

»Ja«, sagte ich.

Auf dem Umschlag waren ein Segelschiff, ein Pirat mit Pistole und ein Degen abgebildet. Die Segel waren gebläht, der Pirat schaute in die Ferne und der Hahn der Flintschloßpistole war gespannt.

In den großen Ferien las ich abends im Bett und tagsüber im Lager neben dem Bach. Ich las Seite um Seite. Neben mir lag der verkohlte Rinderschädel. Während der Leinbach plätscherte, sah ich den Korsaren, die Brigg mit der roten Flagge über der Gaffel und den Turm in Newport, in den Kapitän Heidegger Harry Wilder sperrte, bevor dieser an Bord der *Delphin* anheuerte. Ich segelte mit. Ich stand auf der Seite des Korsaren. Ich nahm mir vor, Seemann zu werden. Ich konnte nicht genug kriegen von Schiffen, vom Meer, Piraten und von Inseln. Frau Pauli empfahl mir die Leihbibliothek hinter dem Schreibwarenladen Schramm in Benediktbeuern. Dort standen die Bücher in Regalen an vier Wänden bis unter die Decke.

»Heimatromane, Wildwestromane, Kriminalromane, Kriegsromane, Liebesromane, Schicksalsromane«, sagte Frau Schramm, »was suchst denn du für welche?«

»Piratenromane.«

»Piratenromane? Willst Pirat werden?«

»Vielleicht. Mal schaun.«

Einen hatte Frau Schramm.

»Der ist spannend«, sagte sie, »aber ich glaub, dafür bist du noch zu klein. Ich konnte ihn gar nicht zu Ende lesen, so blutrünstig war der.«

Sie gab ihn mir trotzdem. Dann stieg sie unters Dach und fand noch ein paar. Ich las sie alle in diesem Sommer. Ich hörte den blinden Pew zur Admiral-Benbow-Schenke tocken. Ich segelte mit der

Hispaniola unter Käpt'n Smolett. Als der einbeinige John Silver von seinem Piratenleben berichtete und Pläne schmiedete, saß ich in der Apfeltonne. Aber anders als Jim Hawkins wäre ich nach der Landung auf der Insel nicht abgehauen. Ich hätte gesagt: »Long John Silver, ich weiß, wer du bist und was du vorhast. Ich hab nämlich in der Tonne gesessen und alles gehört. Aber mir kannst du vertrauen. Ich will gar nicht mit Mister Trelawney und Dr. Livesey zurück nach Bristol. Du kannst dir auch gerne den Schatz untern Nagel reißen. Ich will nur soviel, daß ich mir eine 18-Kanonen-Brigg kaufen kann. Dann bringst du mir bei, wie man die Segel setzt, ja?«

Kaufen? Hätte er kaufen gesagt?

»Schiffe kauft man nicht, mein Junge! Schiffe überfällt man. Dann schneidet man dem Kapitän die Gurgel durch und wirft ihn den Haien zum Fraß vor.«

Ich machte nie wieder so aufregende Reisen wie in diesem Sommer. In einem der Bücher war eine Karte abgedruckt. Ich studierte die Inselnamen der Karibik, die Namen der Städte und die Routen der Piraten. Da waren Nombre de Dios und Puerto Belo und Chequetan und Guayaquil. Sie klangen wie Versprechen und ich stellte mir die Häfen und die Karacken, Naos und Galeonen vor, die einliefen und mit goldgefüllten Bäuchen Segel setzten. Ich malte mir aus, wie Francis Drake die *Nuestra Señora de la Concepción* überfiel und in St. Julien seinen Freund Thomas köpfen ließ. Ich fand die winzige Cocosinsel im Pazifik und ich sah Pedro Benitez, den sie Dom Pedro nannten, und Benito Bonito und seine *Relámpago*, mit der er den Goldschatz auf die Insel brachte, den er in Acapulco erbeutet hatte. Und da waren Henry Morgan und die rothaarige Anne Bonny und Calico Jack, der Opium rauchte und zum Kämpfen Seidenkleider anzog. Und Edward Teach, der Blackbeard genannt wurde, seinen Bart zu Zöpfen flocht und sich brennende Lunten unter die Mütze steckte, bevor er sich in den Kampf stürzte, bis nach dem letzten Gefecht Käpt'n Maynard seinen Schädel ans Bugspread spießte und über die Weltmeere segelte. Ach, da waren die Pirateninseln Tortuga und New Providence – es gab sie wirklich.

Es gab sie so wirklich wie den Leinbach hinter mir und den verkohlten Kuhschädel. Aber was war Ried im Vergleich zu Chequetan? Schon der Name! Che-que-tan! Daß ich es im Atlas nicht fand, machte es nur noch geheimnisvoller.

Jeder Buchstabe versprach mehr als Ried. Und der Leinbach war nicht einmal auf der Karte von Oberbayern verzeichnet. Mit seinen Gumpen, abgeschliffenen Kalksteinen, den Brombeergestrüppen an den Böschungen beleidigte er meine Träume. Immerhin führte er zur Loisach. Aber die sah auf der Karte gerade mal wie ein blauer Wollfussel aus. Bei Wolfratshausen mündete sie in die Isar und die Isar in die Donau und die Donau floß durch Wien und Budapest und weiter bis zum Schwarzen Meer. Ich studierte den Bosporus, die Straße von Gibraltar, den Atlantik, sägte morsche Bretter zu, bohrte sie an, setzte Masten ein, befestigte Flaggen und beschriftete sie. *Golden Hind, Relámpago, Wager, Renard, Hispaniola, Arrow, Nuestra Señora de la Concepción, Nuestra Señora de Covadonga.* Dann karrte ich die Armada mit dem Leiterwagen zur Eisenbahnbrücke und ließ sie zu Wasser. Es war seicht. Stellenweise war das Bachbett ausgetrocknet. Da nahm ich die Schiffe heraus und trug sie zur Kiesgrube. Eines kenterte in der ersten Gumpe. Ein anderes blieb in den Wurzeln einer Weide hängen. Ich befreite es wieder. Ich lief mit bis zum Fluß und sah zu, wie sich die Armada auflöste und die Schiffe Fahrt aufnahmen. Sie schwammen wirklich davon. Ich glaubte nicht, daß eines ankommen würde, aber war es ausgeschlossen?

Ich saß im Lager und schrieb über Piraten, Galeonen und Musketenkugeln. Einen Nachmittag lang bediente ich ein Geschütz auf Bockfederlafette, während von der Brücke Dom Pedro brüllte. Wenn ich ans Ende einer Seite kam und die Hand steif wurde, ließ ich die letzten Zeilen leer. Schließlich schrieb ich nicht für die Schule. Aus der Kiesgrube hörte ich Kinderstimmen. Dort wurde gebadet, aber das war weit weg und unwirklich, verglichen mit dem Kanonenfeuer. Ich schrieb Seite um Seite und dabei wußte ich, daß ich einmal Seemann werden und mir selbst ein Schiff kaufen würde.

»Da mußt du aber ein Schiffspatent machen«, sagte Frau Pauli, der ich meine Entscheidung mitteilte. »Das ist heute nicht mehr so einfach wie früher. Und womit willst du ein Schiff kaufen? Was meinst du, was so ein Schiff kostet?«

Ich verriet es ihr nicht. Aber war es nicht ganz einfach, an Geld zu kommen, an viel Geld, an soviel Geld, daß ich mir ein Schiff kaufen könnte? Ich fand den Trick heraus, als ich mit meinem Bruder an einem Regentag im Wohnzimmer Monopoly spielte. Er rieb sich die Hände, verglich die Karten, versteckte sie unter dem Brett und zählte das Geld. Auf seinen Spielstraßen hatte er grüne Mietshäuschen stehen und rote Holzhotels. Ich besaß kaum noch Geld und da ich immer wieder auf seine Felder fiel, mußte ich meine Häuser verkaufen und Hypotheken aufnehmen. Er war ganz außer sich.

»Du verlierst«, sagte er, »du verlierst, du verlierst. Schau, wieviel Geld ich hab.«

Er streckte mir sein Papiergeldbündel hin.

»Das wenn du hättest«, sagte er.

Er saß am Tischende wie ein rothaariger Kobold und seine Augen glänzten vor Reichtum.

»Ich kann dir ja tausend Mark schenken«, sagte er, obwohl er wußte, daß mir tausend Mark nicht mehr helfen konnten. »Oder zweitausend Mark.«

Ich rührte es nicht an. Ich schloß die Augen und dachte: Ich falle sicher drauf, ich falle sicher wieder drauf. Ich dachte es ganz fest, sodaß ich es wirklich glaubte und wollte, aber als ich gewürfelt hatte, sprang mein Stein auf ein Ereignisfeld. Auch beim nächsten Mal fiel ich auf keine seiner Straßen und beim übernächsten und überübernächsten Mal auch nicht. Ich mußte nur kurz die Augen schließen, die Würfel in der Hand wiegen und sie auf den Tisch werfen und alles andere machten die Würfel von selbst. Sie hatten sich mit mir verbündet. Ich sprang im Kreis und von Ereignis- zu Gemeinschaftsfeld und wunderte mich, daß ich nicht schon vorher herausgefunden hatte, daß ich bloß das Gegenteil dessen wünschen mußte, was ich wollte, damit ich es bekäme. Ich war erstaunt, daß es nicht jeder so machte wie ich, denn dann wäre immer alles ganz einfach gewesen.

»Wie machst du das?« fragte Berndi.

»Ich mach die Augen zu.«

»Du machst was, damit du nicht drauffällst.«

»Die Augen zu.«

»Ich merk genau, daß du was machst. Das gilt nicht.«

Er schloß ebenfalls die Augen. Es half nicht.

»Das hat dir Oma gesagt.«

»Die hat mir gar nichts gesagt. Ich mach bloß die Augen zu. Du bist dran.«

Er würfelte und weil er zu verlieren begann, wollte er nicht mehr.

»Ich weiß, was du denkst«, sagte er, »du denkst, du fällst nicht drauf.«

Ich schüttelte den Kopf.

»Aber du denkst was.«

Ich hätte ihm nicht sagen sollen, wie die Beschwörung funktionierte, denn kaum wußte er es, konnte auch er im Kreis würfeln und von freiem Feld zu freiem Feld springen. Das Spiel wurde langweilig und wir entschieden, daß wir vor dem Würfeln nicht mehr die Augen schließen würden. Aber wenn ich erwachsen wäre und Lotto spielen dürfte, würde ich mich bei der Ziehung der Zahlen vor den Fernseher setzen und denken, die Sieben kommt nicht, die kommt ganz sicher nicht. Und dann die nächste.

»Ich kauf mir von dem Geld ein Schiff«, sagte ich. »Dann segel ich nach New Providence. Das ist eine Insel von den Bahamas.«

Den Tod sah ich lange nicht mehr. Ich dachte gar nicht mehr an ihn. Der Blinddarm war raus und um den Leistenbruch operieren zu lassen, bedurfte es keines Krankenwagens. Meine Mutter ging mit einer Tasche zum Gasthof Rabenkopf und stieg in den Nachmittagsbus, der zwei Kilometer weiter vor dem Katharinenkrankenhaus hielt. Als sie drei Tage später wieder nach Hause kam, sagte sie: »So, jetzt bin ich gesund! Der Bruch ist geleimt.«

Sie war noch ein wenig müde und erschöpft, aber am nächsten Tag setzte sie sich an die Nähmaschine, nähte bunte Gardinen und für sich ein Kleid nach einem Schnitt aus einer Modezeitschrift. Sie nähte, ratterte und nähte. Sie legte Schallplatten von Franz Lehar und Emmerich Kalman auf und sang mit: *Dein ist mein ganzes Herz.* Im Sommer, wenn die Fenster offenstanden, hörte ich das Rattern der Nähmaschine, die Musik und ihre Stimme noch auf der anderen Seite des Bahndamms.

Den Tod sah ich erst im Herbst wieder, als ich vom Schulsport kam. Er stand im Hof und kratzte sich unter dem Kragen.

»Dich kenn ich doch«, sagte er, »du bist ja schon so groß wie deine Mutter.«

»Größer«, sagte ich, »was willst du denn hier?«

»Ich hol deine Mutter ab«, sagte der Tod, »es geht ihr nicht gut. Aber das ist nicht schlimm. So etwas kommt häufig vor, wenn man operiert worden ist. Bist du schon mal operiert worden?«

»An den Mandeln.«

»Und bist du nie umgefallen«, fragte der Tod, »einfach so?«

»Nein.«

»Da hast du Glück gehabt. Das geht nämlich oft so. Man glaubt, man ist gesund, weil alles überstanden ist, aber plötzlich fällt man um und ist bewußtlos.«

»Ist meine Mutter umgefallen?«

»Deiner Mutter geht's schon wieder besser«, sagte der Tod, »aber wir wollen doch mal schauen, ob alles in Ordnung ist. Ihr ein bißchen Blut abnehmen und mal in den Bauch gucken. Vielleicht ist ihr nur das Blut aus dem Kopf geschossen, und da fällt man dann um.«

Als meine Mutter aus dem Haus kam, wollte der Tod ihr die Tasche abnehmen, aber sie gab sie ihm nicht. Sie war blaß, aufgeregt und ihre Hände zitterten, als sie mir aus der Geldbörse einen Schein gab, damit ich einkaufen konnte.

»Da würde ich mir an Ihrer Stelle keine großen Sorgen machen«, sagte der Tod, »so etwas kommt oft vor. Da glauben die Leute, mit der Operation ist alles vorbei, aber plötzlich fallen sie um. Das ist ganz normal.«

Der Tod stieg ins Auto, legte die Hände auf das Lenkrad und sah zu, wie meine Mutter mit mir redete.

»Das Geld«, sagte sie, »da kaufst du Wurst und Käse ein und Brot und du kommst mich besuchen, ja? Ja? Schau nicht hin zu ihm! Das ist er. Jetzt ist er wieder da. So wie ich's geträumt hab, schau nicht hin zu ihm, Wurst und Käse, ja?«

»Ja«, sagte ich.

»Schau nicht hin zu ihm, der kann von den Lippen lesen. Der weiß die ganze Zeit schon, daß ich sterben muß.«

Als sie ins Auto stieg, wandte sie das Gesicht ab und sah aus dem Fenster.

Der Tod ließ sich Zeit mit meiner Mutter. Er fuhr sie ins Krankenhaus, brachte sie wieder und holte sie erneut ab. »Es war nur Gelbsucht«, sagte sie beim ersten Mal und wischte sich über die Augen, als wollte sie einen bösen Traum verscheuchen. Aber bald darauf begann es schwarze Flocken zu schneien. Erst fielen sie nur, wenn sie die Augen schloß, doch dann sah sie sie auch mit offenen.

»Heute ist wieder ein schwarzes Gestöber«, sagte sie manchmal.

Der Arzt hatte ein Geschwür festgestellt. Da holte der Tod sie erneut. Als er sie nach ein paar Wochen in eine Decke eingewickelt wiederbrachte und sie auf das Sofa legte, war ihr Gesicht schmal geworden und das Haar grau. Auch die Hände waren schmal.

»Was für schmale Hände ich hab«, sagte sie, »schau mal, und wie mir das Haar ausgeht. Büschelweise. Das kommt von der Kobaltbestrahlung.«

Ich wollte nicht, daß sie stirbt. Aber ich konnte es ja nicht machen wie beim Monopoly-Spiel, denn wie sollte ich ununterbrochen denken, sie wird sterben, sie wird ganz sicher sterben? Ich sagte es mir, bevor ich einschlief, aber ob das reichte?

Bevor der Tod sie erneut holen kam, entschloß sich meine Mutter zu fliehen. Sie zählte zwanzig Tropfen Medizin auf einen Löffel und holte ihr gespartes Geld aus dem Kleiderschrank. Sie zog ihr dunkles Kostüm an, aber weil sie schon sehr dünn geworden war, hing es an ihr herunter.

»Das kann ich ja gar nicht mehr anziehen«, sagte sie, »schau, wie ich aussehe. Was soll denn da die Mizzi sagen?«

Sie setzte sich an die Nähmaschine und nähte das Kostüm enger. In Wien, glaubte sie, würde der Tod sie nicht finden.

»Was meinst du«, sagte sie, »was es dort für Gassen und Straßen gibt! Und bei der Mizzi leg ich mich aufs Sofa. Da hab ich vor dem Krieg oft geschlafen, wenn es zu spät war, um heimzugehen. Außerdem zieh ich den Mantel übers Kostüm, dann sieht es keiner.«

»Wenn man fest denkt, daß man stirbt, stirbt man nicht«, sagte ich.

»Meinst du?«

»Ja«, sagte ich, »man muß fest denken, daß man stirbt, dann kann man sich eine Pistole an den Kopf halten und abdrücken.«

»Da wird die Mizzi schauen, wenn ich vor der Tür steh«, sagte sie.

Ich trug die Reisetasche und hinter uns her lief mein Bruder und heulte. Sie war schon recht schwach und hängte sich bei mir ein.

»Warte noch«, sagte sie, »ich muß verschnaufen.«

Aber dann pfiff der Zug. Sie hielt sich am Eisengeländer des Bahndammwegs fest und ging Schritt für Schritt nach oben. Dort setzte sie sich auf die Erde.

»Mein Gott«, sagte sie, »ich hab ja noch die Hausschuhe an. Ich kann doch nicht mit Hausschuhen zur Mizzi …«

Erst lachte sie. Dann fing sie an zu weinen wegen der Hausschuhe. Und wir gingen den Bahndamm wieder hinunter.

Ich konnte ihr nicht helfen, aber ich konnte verhindern, daß sie starb. Ich probierte es immer wieder zwischendurch aus, wenn ich mit meinem Bruder Monopoly spielte. Ich mußte nur auf eine Gelegenheit warten, wenn er nicht aufpaßte. Dann schloß ich schnell die Augen und dachte, ich falle drauf, ich falle drauf, und wenn der Würfel aus der Hand rollte, wußte ich, daß ich auf ein freies Feld springen würde. Ob er mich deswegen verriet?

»Du hast die Augen zugemacht.«

»Hab ich nicht.«

»Doch.«

»Aber nur so.«

»Ich mach die Augen auch zu.«

Es war an einem Samstagnachmittag. Wir spielten in der Küche am Tisch. Meine Mutter lag auf dem Sofa, im Radio lief Musik, die Berge waren grau und zugeregnet und es roch nach Krankheit. Auf der Anrichte stand diese *Salamander*-Schuhschachtel mit Medikamenten, Fläschchen und Tablettenröhrchen. Wir stritten, stritten, als ginge es um echtes Geld oder als hätte ich ihn um seinen Erbanteil betrogen. Wir stritten leise und pfiffen fast unhörbar dabei.

»Ich hab nichts gedacht. Ich hab bloß mehr Glück.«

»Dreck hast du! Jetzt denk ich auch.«

Er hielt sich die Augen zu und ich hätte mich am liebsten selbst geschlagen, weil ich ihm verraten hatte, wie es ging.

»Wenn du die Augen zumachst, mach ich sie auch wieder zu.«

Es war ihm egal. Und dann kam mein Vater in die Küche. Er mußte gehört haben, wie wir einander ins Gesicht pfiffen. Aber nun, da er neben uns stand, würfelten wir wieder, als hätte es keinen Streit gegeben. Als er die Küche wieder verlassen wollte, fragte ihn mein Bruder, ob es geht, wenn man …

Wir hatten uns ausgemalt, wie wir die Lottokasse sprengen und zum zehnten Mal hintereinander den Höchstgewinn abkassieren und was wir uns kaufen würden dafür. Ein Haus wollte er und ein riesiges Auto und ein Flugzeug.

»Wenn man was?«

»Fest denken, daß es nicht geht, und dann geht es?«

»Nein.«

Mein Vater betonte das Nein nicht. Es war einfach ein Nein, wie mit vier Buchstaben auf ein Blatt Papier geschrieben, und ob ich es nun drehte oder nicht, war bedeutungslos.

»Er sagt aber, er kann es.«

Mein Bruder hatte diesen lauernden Blick, den er bekam, wenn er *Oh Haupt voll Blut und Wunden* sang und darauf wartete, daß ich mich ärgerte. Mein Vater stellte sich neben den Tisch mit dem Spielbrett und mir blieb nichts anders übrig: Ich nahm die Würfel und schloß die Augen und dachte, ich fall drauf, ich fall ganz sicher drauf und wußte schon, wußte, verdammter Mist! – daß mich diese Kröte von einem Bruder verraten hatte und daß es nicht mehr ging, daß meine Beschwörung nicht ankam gegen dieses Nein, daß meine Mutter sterben würde und ich keine Brigg mit acht Segeln kaufen und daß ich tatsächlich drauffallen würde. Ich weiß nicht, ob mich ein Zufall gerettet hätte. Ich würfelte und fiel natürlich auf eines seiner Felder. Es war, als wäre nichts geschehen, als hätte eine unsichtbare Schere ein Stückchen aus der Zeit geschnitten.

»Siehst du«, sagte mein Vater.

»Ja«, sagte mein Bruder.

Die Küchenuhr tickte weiter. Im Radio klimperte Peter Igelhoff auf dem Klavier. Immer schneller klimperte er, als liefe ihm etwas davon. Auf Garten, Felder und die Vorberge ging Nieselregen nieder. Alles war durch ein Wort anders geworden.

Es regnete viel in diesem Herbst. Ich war dreizehn und ging in die letzte Klasse. Der Unterricht interessierte mich nicht. Ich lernte Gedichte von Uhland und Schiller, den Lehrsatz des Pythagoras. Der Lehrer war ein ehemaliger Wehrmachtsoffzier, der die Starken mochte und die Schwachen piesackte. Mich ließ er in Ruhe, schickte mich während des Unterrichts zum Zigarettenholen und zum Semmelnkaufen und als er die Klasse zur Klassenbeichte in die Klosterkirche führen sollte, fragte er mich, wie es meiner Mutter ging.

»Ist sie im Krankenhaus?«

»Zur Zeit nicht.«

»Trotzdem: fahr nach Hause. Oder willst du beichten?«

»Ich beichte nicht.«

»Fahr nach Hause.«

Ich mochte ihn. Er war über einsneunzig, hatte blonde, mit Wasser gescheitelte Haare auf dem roten Schädel und über dem Wanst spannten Gummihosenträger. Sport war ihm wichtiger als Mathematik. Wenn er beim Hinsetzen die Hosenbeine hochzog, kamen Sockenhalter zum Vorschein. Als ich ihm sagte, daß ich Seemann werden wollte, gab er mir ein Buch mit der Geschichte der Argonauten. Ich konnte nichts damit anfangen.

»Hat es dir gefallen?« fragte er.

»Ja«, sagte ich.

»Dann komm mit.«

Es war nach der Schule. Hinter seinem Haus befand sich ein Obstgarten und ich mußte Fallobst aufsammeln, während er aus dem Küchenfenster zuschaute. Er löffelte Suppe und beobachtete mich. Als die Körbe voll waren, brachte er mir die Odyssee. Sie war in Leinen gebunden und in Zeitungspapier gewickelt. Die Gesänge waren in Hexameter abgefaßt und schon die ersten Sätze waren so eigenartig, daß ich sie nicht verstand. Vielleicht, dachte ich, muß man das singen, denn weshalb steht sonst *Gesang eins* darüber?

Wenn ich nach Hause kam, setzte ich mich in die Küche und aß, was vorgekocht war oder meine Großmutter zubereitet hatte. Meine Mutter lag nebenan auf dem Sofa und alle Stunde sprang der Kuckuck aus der Uhr und sie zählte mit, obwohl sie wußte, wie spät es war. Der Ofen war überheizt und es roch nach Krankheit, Medikamenten und dem Dampf des Inhaliergeräts. Mit einer Hand versuchte sie die schwarzen Schneeflocken zu fangen, die vor ihren Augen auf die Bettdecke fielen.

»Ich seh sie so genau«, sagte sie, »da, eine ganz große. Aber wenn ich danach greif – da ist sie wieder. Sie sickert mir einfach durch die Hand.«

Ihre Hände und Arme sahen aus wie mit Pergament bespannt. Ich war froh, wenn ich aus dem Haus kam. Ich klemmte die Aktentasche auf den Gepäckträger und sagte, ich geh mit Ernst Hausaufgaben machen. Dann fuhr ich ins Moor, in eine andere Ortschaft oder zur Müllhalde. In der Grube stand hoch, schwarz und ölig Wasser. Flaschen und Büchsen trieben darin. Ich bombardierte sie mit Steinen, bis sie zerplatzten oder absoffen. Irgendwann stand eine Planierraupe bei den Lehm- und Müllhaufen. Herr Milde fuchtelte mit seinem Kleinkalibergewehr und der Planierraupenfahrer kratzte sich unterm Hut.

»Ich hab alle Ratten umgebracht, jetzt kommt ihr daher«, hörte ich ihn.

»Ich hab halt den Auftrag«, sagte der Planierraupenfahrer, »von der Gemeinde.«

»Jetzt, wo die Müllkippe sauber ist …«

Herr Milde rannte in sein Heraklitplattenhaus und schlug die Tür hinter sich zu. Ich beobachtete, wie der Fahrer von einem Bein auf das andere trat, mit den Schultern zuckte, auf die Raupe stieg und den Müll in die Grube schob. Später kippten Lastwagen Kies ins Wasser und schütteten das Sumpfstück und den Fußballplatz mit Sträuchern zu. Als ich ging, brach das Tor unter dem Angriff einer Kiesfuhre zusammen. Es regnete. Die Landschaft war grau. Der

Leinbach führte so hoch Wasser, daß es gerade noch unter der Eisenbahnbrücke hindurchschoß. Im Waffenlager lagen noch das Bajonett und verrostete, verbogene Speerspitzen, die ich einmal in der Füllgrube gefunden und die Franzi geradegeklopft hatte. Durch das Dach des Lagers troff Regen, der Boden war aufgeweicht.

An diesem Tag breitete sich Öde über allem aus. In ihr verschwammen Regen und Tag, Moor und Zukunft. Die Kiesgrube war gelb überflutet und auf der gegenüberliegenden Seite stand neben einem Bagger ein roter Bauwagen mit einem kleinen Fenster. Er war das Einzige, was sich gegen Moor, Regen, Kies und Zeit stellte. Ich überlegte, wie ich über die Kiesgrube gelangen konnte. Dann lief ich zurück bis zur Eisenbahnbrücke, überquerte den Bach und folgte ihm bis zum Bauwagen. Die Tür war mit einem Vorhängeschloß abgesperrt. Ich zog mich am Fenster hoch und sah einen Tisch, Stühle und einen Ofen, dessen Rohr aus dem Dach ragte und mit einem kegelförmigen Blechhütchen versehen war.

Als ich an der Wand eine Taschenlampe hängen sah, wußte ich, daß ich wegen ihr gekommen war. Ich schlug die Scheibe ein, zwängte mich durch das Fenster und befand mich im Innenraum der Bauhütte. Es roch nach Zement und feuchten Mänteln. Vor dem Kanonenofen lag verkohltes Papier und neben dem Tisch stand eine halbvolle Flasche Bier. Auch ein Stück Brot lag da, das mit Schmierkäse bestrichen war. Ich hatte zum ersten Mal den Mut gehabt, in einen verbotenen Raum einzudringen. Ich hatte eine Scheibe zerschlagen und von meinem Finger tropfte Blut. Ich leckte es ab. Mein Herz schlug bis in den Kopf, als ich nach der Taschenlampe griff. Wie groß sie war! Als könnte ich zum Mond leuchten damit. Als könnte ich die dunkelsten Winkel ausleuchten. Eine Wunderlampe, die es nun zu retten galt, schnell. Eine ganze Weile hielt mich der Raum fest, aber plötzlich mußte ich raus. Ohne mich zu vergewissern, ob inzwischen jemand aufgetaucht war, ein

Arbeiter vielleicht, wer weiß, kletterte ich aus dem Fenster, rannte und rannte mit meiner Lampe. Als ich sie endlich anknipste, keuchte ich vor Aufregung.

Der Leuchtkopf der Lampe war groß und der Stiel mit den Batterien dick und lang und schwer. Ich leuchtete in morsche Stöcke, in einen verschütteten Bunkergang und hinter die Befestigungsmauer des Bachs. Ich versteckte die Lampe auf dem Boden der Bahnhütte, wo meine Aufzeichnungen an die Außerirdischen lagen.

Ich begegnete dem Tod nicht mehr, als er meine Mutter abholte, denn da war es Vormittag und ich saß in der Schule. Da er sie zum Sterben mit seinem Notarztwagen ins Krankenhaus nach Bad Tölz transportiert hatte und sie bald nach ihrer Ankunft ins Koma gefallen war, sah ich sie erst wieder, als sie, von der Leichenfrau zurechtgemacht, im Sarg lag. Ich hatte mir fest vorgenommen, nicht zu weinen, und so lief das Begräbnis wie hinter einer Glasscheibe ab, durch die ich alles viel deutlicher sah. Der Sarg stand auf zwei Schragen und daneben lag der Deckel mit den Messinggriffen. Unter dem weißen Tuch wölbte sich ihr Bauch. Ihr Haar war grau und dünn. Auch der Hals war dünn geworden. Die Hände, um die die Leichenfrau einen Rosenkranz gebunden hatte, waren voller Stockflecken und ihr Gesicht war gelb und die Lippen schwarz.

Auf dem Schragen daneben lag ihre Gefährtin, eine dicke Bäuerin mit blauem Gesicht. Um den Hals trug sie einen Wollschal, damit niemand die Würgemale sah.

Mein Hals war trocken, so daß ich husten mußte. Mein Husten störte die Andacht, denn er dröhnte in der Leichenhalle. Der Deckel wurde auf den Sarg gehoben und die Messingschrauben angezogen. Jetzt gab es meine Mutter nicht mehr. Dann wurde der Sarg auf einen Wagen mit Gummirädern gesetzt und zur Grube gefahren. Der Himmel war bewölkt. Die Menschen im Gefolge schwiegen und der Kies des Wegs knirschte. Die Grube war zwei Meter tief und auf dem Grund stand Lehmwasser. Die Erde, die ihr der Pfarrer mit einem Sandkastenschäufelchen hinterherwarf, schlug auf den Sarg. Als auch ich Sand ins Grab schaufelte, stand der Sarg sehr allein. Gebete, Weihrauch, Glockengebimmel, Grabsteine. Die Friedhofsmauer aus Bruchstein, an der sich Efeu hochrankte. Thujabäumchen, Eisengitter, Gipsengel. Eine Schlange mit feuchten, klebrigen Händen, ein menschlicher Tausendfüßler, der sich zwischen Grabsteinen auf mich zu bewegte: mein Beileid, mein Beileid, mein Beileid. Ein paar Gräberreihen weiter stützte sich Frau Pauli auf den schwarzen polierten Stein, unter dem ihr Mann lag. Ich sah die ganze Zeit zu ihr rüber. Sie hielt Abstand zur Begräbnisgesellschaft. Sie trug ein schwarzes Kleid und schwarze Strümpfe. Auf ihrem Haar saß mit einer Nadel festgesteckt ein grauer, ovaler und ein wenig verbogener Hut. Als die Leute in die Kirche gingen, kam sie zu uns rüber und kondolierte. Ihre Hand war weich und warm.

»Komm vorbei«, sagte sie zu mir, »dann können wir uns unterhalten.«

»Ja, Frau Pauli«, gab ich zurück.

Dann ging sie zum Friedhofsausgang an der Kirche vorbei, in der gleich die Seelenmesse zelebriert werden sollte.

»Ich glaub nicht an das, was die Priester erzählen«, sagte sie. »Deswegen geh ich auch nicht rein zu ihnen.«

»Ich glaub auch nicht dran«, erwiderte ich.

»Es wird schon was geben«, sagte sie, »denn aus dem Nichts kommt ja nichts, aber da wissen die so wenig drüber wie du und ich. Und dann überall dieses Kruzifix. Schau mal raus aus dem Fenster. Da drüben ist eins und dort ist eins. Und sogar oben auf den Bergen. Auf jeden Gipfel haben sie eins gesetzt. Ich mag mir diese Jammergestalt am Kreuz nicht anschaun.«

Wenn ich sie besuchte, schickte sie Ernst zum Einholen. Solange ich noch in die Schule ging, gab sie mir ihre Mokri-ohne-Zigaretten. Wenn wir rauchten, hörte sie auf zu nähen, aber manchmal nähte sie auch weiter und dann verrauchte die Mokri als blaue Säule im Aschenbecher. Von Zeit zu Zeit kochte sie Kaffee. Wir tranken ihn schwarz. Dann beugte sie sich erneut über die Nähmaschine, fädelte ein, nähte Messgewänder, Stolen, Faschingskostüme.

Zigaretten haben mir nie wieder so gut geschmeckt wie in ihrer Wohnküche mit der Singer-Maschine und den vier verfressenen Katzen. Ich kam mir sehr erwachsen vor. Ich ließ den Rauch aus Nase und Mund steigen. Ich trank schwarzen Kaffee und manchmal stießen wir mit Gläsern an, in denen Chantré war. Ich hielt ihn für teuren Cognac und sah durch die Rauchschwaden, wie sie sich wieder über die Nähmaschine beugte und die Brust dagegendrückte und wie darunter die Knie auf und ab gingen, um das gußeiserne Tretbrett in Schwung zu halten. Ab und zu rieb sie sich den Nacken und schluckte Thomapyrin-Tabletten.

»Heute sind die Kopfschmerzen besonders schlimm«, sagte sie, »das kommt vom Föhn. Magst du deine Hände auf meinen Kopf legen?«

Unter ihrem Haar war es warm.

Sie sagte »Ah«, schloß die Augen und atmete tief.

Sie roch nach 4711, nach Haar und manchmal ein wenig nach Alkohol. Wenn ich ihr die Hände auf den Kopf legte, war sie so nah, daß ich sie noch viel deutlicher riechen konnte, ihren Schweiß und den Duft ihrer Brust unter der weiß gestreiften Bluse. Wenn sie den Kopf weit nach hinten lehnte, sah ich ihre Brust im BH liegen.

»Jetzt gehen die Schmerzen weg«, sagte sie. »Hast du das Buch gelesen?«

Sie gab mir ständig Bücher mit. Es gab welche, die im Regal standen, und andere, die sie aus dem Schlafzimmer holte.

»Du verstehst das schon«, sagte sie. »Du bist ja fast erwachsen. Wenn du's gelesen hast, reden wir drüber, ja?«

Ich las die Bücher, so schnell ich konnte, um mit ihr darüber reden zu können. Ich legte die Jerry-Cotton-Heftchen weg und die Wildwestromane, in denen auf 64 Seiten geschossen, geritten, gekämpft und im Wilden Westen zwischen Dodge City und Silver City Recht und Ordnung hergestellt wurde. Meine Großmutter hatte mir eine ganze Schachtel voll geschenkt. Auf den Titelbildern waren Männer, die sich mit gezogenen Waffen gegenüberstanden, Gangster mit Maschinenpistolen, die sich hinter Grabsteine duckten. Aber nun las ich Lipinski-Gottersdorff. Ein Knecht, der – als der Krieg zu Ende geht und die Russen nach Ostpreußen kommen – das Kind seiner Herrschaft rettet und es ihnen überbringt. *Wanderung im dunklen Wind. Narziß und Goldmund* gab sie mir mit.

»Hermann Hesse«, sagte sie, »ich glaub, den verstehst du. Aber laß ihn nirgends liegen und zeig ihn keinem. Hermann Hesse, weißt du …«

Ich las das Buch halb. Sie hatte ihn einen Freigeist genannt, aber das Buch war langweilig und ein endloser Schmarrn. Ich las weiter Jerry Cotton. Aber als ich im Bett lag und den Speer anstarrte, der seit acht Jahren in die Luft ragte, und an Frau Pauli dachte, wie sie sich bückte und den Katzen Lunge aufs Packpapier legte und ihr dabei der Rock hochrutschte, sodaß das Ende der dunkelbraunen Strümpfe und das Fleisch darüber zu sehen waren, las ich doch wieder *Narziß und Goldmund.*

drei

An einem Tag Anfang Juli gegen 11 Uhr war die Schule zu Ende, ich war vierzehn, das Zeugnis war gut und vor allem war es das letzte. Ernst und ich fuhren mit den Schultaschen auf den Gepäckträgern nach Hause. Die Sonne schien. Wir bogen am Bahnübergang ab und nahmen den Schotterweg an der Klostermauer entlang. Unter Trauerweiden saßen Salesianer auf den Bänken. Über dem Moor kreisten Bussarde und auf der Müllhalde hockte Hans vor der Hütte. Er hatte es längst aufgegeben, die Schranke zu heben und herunterzulassen. Er hatte Schuhe und Socken ausgezogen, seine Füße waren dick und viel zu groß. Wir leerten den Inhalt der Schultaschen auf einen Haufen und zündeten ihn an. Die Hefte und Mappen brannten hoch.

»Jaja«, sagte Hans, »jetzt seid ihr raus aus der Schul. War's schön in der Schul?«

»Nein«, sagte ich.

»Nein«, sagte Hans, »in der Schul ist's nicht schön. Bei mir war's damals auch nicht schön.«

»Ich werd Seemann«, sagte ich.

»Seemann«, sagte Hans, »jaja, Seemann.«

»Rio, Bali und Shanghai«, sagte ich, »weit weg. Aber in zwölf Jahren komm ich wieder.«

»Zwölf Jahre«, sagte Hans, »lang ist das.«

»Erst muß er Maurer lernen«, sagte Ernst. »Ich geh zur Bahn.«

»Aber mit sechzehn geh ich zur See.«

»Da bist mit der Lehre noch nicht fertig«, sagte Ernst.

»Maurer lern ich nur pro forma«, sagte ich, »mir egal, ob ich fertig bin.«

»Zwölf Jahre«, sagte Hans, »lang ist das, lang, lang.«

Er setzte sich vor seine Hütte. Das Feuer war runtergebrannt. Wir stocherten in der Asche. Ich dachte an die Klassenzimmer mit den Ledergardinen und den Ölböden, über die sich die Stunden geschleppt hatten, an die Lehrer, die Stundenpläne. Gestohlene Zeit, die Schule war ein Zwangsumtausch von wertvoller Lebenszeit gegen miserable Bildung gewesen. Aber es öffnete sich nichts Besseres dahinter.

»Solang du nicht sechzehn bist, kannst du nicht zur See«, hatte mein Vater gesagt. Dann hatte er mir eine Lehrstelle bei einer Baufirma in Kochel besorgt.

Ich unterzeichnete den Lehrvertrag. Ein paar Wochen später zog ich einen weißen Arbeitsanzug und Schuhe mit Sicherheitskappen an und schnallte mir einen Rucksack auf, in dem Wasserwaage, Kelle und Hammer klapperten.

Ich saß meinem Vater am Frühstückstisch gegenüber, sah zu, wie er Brombeermarmelade aufs Vollkornbrot strich, die Milchhaut aus der Tasse fischte und verschlang und Zitronentee in zwei Thermoskannen füllte. Ich sah zu, wie er kaute und Schuhe putzte. Wir redeten kaum miteinander. Er spürte meine Abneigung. Sein Gesicht war glattrasiert, die Haare kurz und nach hinten gekämmt. Auf den Wangen zeigte sich ein feines Geflecht blauer Äderchen. Er wischte und polierte. Er sah auf die Uhr. Es war, als bewegte er sich auf einer Bühne, die ich nicht betreten wollte, als spielte er die Rolle desjenigen, dessen Leben ich nicht leben wollte. Diese Rolle spielte er seit Jahren und er würde sie nie ablegen. Schuhe putzen, auf die Uhr sehen, Garten umgraben. Er wollte keinen Applaus, doch gebuht werden durfte auch nicht, denn er fürchtete das Publikum. Wenn er die Verachtung in meinem Gesicht sah, hörte er die Pfiffe der nicht anwesenden Zuschauer und behauptete, seine Rolle sei die einzig richtige. Er geriet in Wut und steigerte sich in einen Zustand der Lächerlichkeit.

»Solang du nicht erwachsen bist«, schrie er, »bestimme ich.«

Oder: »Ich hab das Haus gebaut. Woher willst du wissen, dass es Gott nicht gibt?!«

Er sagte: »Wenn du wieder auf die Welt kommst, suchst du dir einen anderen Vater.« Von all seinen Weisheiten war dies die geheimnisvollste.

Ich ging zur Bundesstraße hoch und dachte: Arschloch! In dem Anzug aus weißem Drillich kam ich mir so blöd vor wie in Lederhosen. Über den Wiesen hing der Geruch von Jauche. Hinter Elektrozäunen grasten Kühe, hinter Staketenzäunen auf Tuffsteingebirgen gärtnerten Gartenzwerge. Ernst kam mir im blauen Eisenbahneranzug entgegen, in der hohlen Hand qualmte seine Morgenzigarette. Als angehender Beamter mußte er Namen und Ressorts der Minister auswendiglernen.

»Wer ist der bayrische Innenminister?«

»Weiß nicht.«

»Heinrich Junker. Wer der Bundesminister für gesamtdeutsche Fragen?«

»Keine Ahnung.«

»Erich Mende. Und wer der Landwirtschaftsminister in Bayern?«

»Der mit dem Vollbart? Alois Hundhammer.«

An der Kreuzung warteten Bauarbeiter auf den Lieferwagen, der uns nach Kochel brachte. Ich arbeitete in Neubauten, fügte Ziegelsteine zu Verbänden, richtete Gerüste auf, schlug Schlitze in Betondecken. Ich verputzte Fensterschächte und warf mit der Kelle Mörtel an die Wand. Der Mörtel rutschte langsam an der Wand hinunter und breitete sich als grauer Fladen vor mir aus. Ich setzte mich auf den Trog und stierte ihn an. Das Haus gehörte einem Käsefabrikanten, aber das war mir gleichgültig, so gleichgültig wie der Fensterschacht und der graue Fladen. Irgendetwas hielt mich, als sollte ich nie von hier loskommen. Gab es eine Verschwörung, derzufolge ich Mörtel an die Wand werfen sollte, bis ich ein alter Mann wäre?

Der Vorarbeiter stieg die Betontreppe herunter. Er hatte einen

Filzhut auf dem Kopf und einen Plan in der Hand. Ich warf wieder Mörtel an die Wand.

»Du bist ja immer noch nicht fertig«, sagte er.

»Geht nicht schneller.«

»Wenn man nicht will«, sagte er.

Fachgerecht warf er den Mörtel an die Wand. Klatsch klatsch, machte das und eine Kelle Mörtel klebte neben der anderen. Der Vorarbeiter war ein ausgezeichneter Mörtelwerfer.

»So macht man das«, sagte er stolz.

Am Freitag um viertel vor eins hielt der Lieferwagen vor der Bauhütte und der Betriebsfahrer verteilte die Lohntüten. Ich wartete die ganze Woche auf diese fünfundzwanzig Mark, die darin steckten und von denen ich mir als erstes eine Schachtel Zigaretten kaufte, die ich dann eine nach der anderen bei Frau Pauli rauchte. Wenn ich über die Bordwand des Lieferwagens sprang, wartete sie bereits am Gartentor.

»Die Mülltonne ist wieder so schwer«, sagte sie. »Du hilfst mir doch?«

»Klar, Frau Pauli«, sagte ich und rollte die Tonne aus dem Schuppen, wie Bierkutscher Fässer rollen, und hob sie, hau ruck!, auf den Wagen, um ihr zu zeigen, wie stark ich war.

»Wie leicht du das machst«, sagte sie. »Du kommst doch herein zum Kaffeetrinken?«

Ich war gerne bei ihr. Ich dachte die ganze Woche an sie. Ich stellte mir vor, wie sie die Katzen fütterte und sich bückte und wie ich tat, was ich mich in Wirklichkeit nicht traute, nämlich den Rock nach oben schieben und in ihr Geheimnis dringen. Wenn sie nähte, streichelte ich die Katzen und schielte auf ihre Knie. Sie trug braune Strümpfe, ihre Knie waren rund und wenn sie das Gußeisenpedal der Singermaschine trat, gingen sie auf und ab, auf und ab.

Manchmal sah sie mich nachdenklich an. Aber wenn wir schwarzen Kaffee mit Weinbrand tranken und Zigaretten rauchten, redete sie von Büchern, ihrem toten Mann und den Kopfschmerzen.

»Wenn nur der Föhn nicht wär! Da helfen selbst Thomapyrin nicht«, sagte sie und preßte die Daumenballen gegen die Schläfen.

Dann bat sie mich, ihr die Hände auf den Kopf zu legen. Sie rückte den Stuhl von der Nähmaschine weg und setzte sich drauf. Sie schloß die Augen und beugte den Nacken nach vorn. Ich stellte mich hinter sie und steckte ihr die Hände ins Haar. Unter ihrem Haar war es heiß und ich sah ihre Wangen und ihre Knie und durch den Panzer aus Wäsche zeichneten sich schwach die Brustwarzen ab. Manchmal faßte sie meine Hände, preßte sie gegen ihre Schläfen und hielt sie so.

»Jetzt geht's mir wieder besser«, sagte sie dann. »Was die Leute wohl denken würden, wenn sie uns so sehen könnten.«

Es war Abend. Ich hatte sie gesehen, als sie den Gummiwagen mit der Mülltonne unter der Bahnunterführung zur neuen Füllgrube schob, die ein Bagger ausgehoben hatte, nachdem die alte mit Kies, Erde und Bauschutt aufgefüllt worden war. Als sie mit der leeren Tonne zurückkam, stand ich an der Straße.

»Ernst«, sagte sie, »kommt heute viel später. Hilfst du mir wieder?«

Ich ging mit ihr zum Haus, schleppte einen Torfballen zu den Beeten. Später legte ich ihr wieder die Hände auf den Kopf und sie nahm sie und führte sie über die Wangen zu den Lippen. Sie schaute mich an dabei. Mir war, als dürfte ich sie erforschen. Es war aufregend und meine Hände zitterten. Da griff sie nach ihnen, schloß die Augen und während sie mit der einen Hand zwei Knöpfe ihrer Bluse öffnete, schob sie meine Hand mit der anderen in den Ausschnitt. Ihre Brust war groß und weich und lag im Körbchen des BHs wie in einem Nest. Meine Hand blieb lange drin, aber ich wußte nicht, was ich tun durfte. Als die Brustwarze zu wachsen begann, befreite sie ihre Brust von meiner Hand. Als ich sie an der Hüfte berührte, schob sie mich weg. Dann richtete sie ihr Haar.

»Das nicht«, sagte sie, »du mußt jetzt gehen.«

Ich antwortete nicht.

Wir rauchten noch zwei Zigaretten.

»Was die Leute wohl sagen würden«, meinte sie.

»Es weiß ja keiner was.«

»Trotzdem. Du darfst nicht mehr kommen. Versprichst du mir das?«

Ich nickte, aber als ich am Freitag darauf wieder vom Lieferwagen stieg, hoffte ich, sie würde aus dem Haus kommen und mich fragen, ob ich ihr helfen wollte. Sie kam nicht. Ich stand lange an der Straße und tat, als suchte ich etwas in meiner Ledertasche. Sie kam auch am folgenden Freitag nicht heraus. Manchmal schlich ich ums Haus und hörte, wie sie die Katzen rief.

»Miezmiezmiez!«

Das war im Frühjahr. Der Föhn schmelzte den Schnee von den Wiesen und den Dächern. Die Berghänge und Wälder wurden grün, doch das Moor, die Bäche und die Steine darin färbten sich schwarz. Die Straßen dampften. Noch immer warf ich Mörtel an die Wände und setzte Ziegelsteine aufeinander. Das Haus des Käsefabrikanten stand im Rohbau. Es sah aus, wie man sich das Haus eines Käsefabrikanten vorstellt, langweilig, aber immerhin lag es an der Straße, die in den Süden führte.

Hier waren wir mit dem Dreirad vorbeigezogen, wenn meine Mutter mit uns einkaufen ging. Die Adriapost kam immer noch einmal die Woche. Das war am Freitag, kurz bevor der Betriebsfahrer die Lohntüte brachte. Ich stand neben der Bauhütte und sah dem Bus nach, als ich das Pärchen bemerkte. Sie warteten dort, wo der Weg hinunter zum See führte. Sie hatten Rucksäcke auf, trugen Jeans und winkten vorbeifahrenden Autos, von denen aber keines anhielt. Doch es schien ihnen nichts auszumachen. Sie sahen aus, als hätten sie unendlich viel Zeit und als könnte ihnen nichts auf der Welt die gute Laune verderben. Sie lachten und redeten miteinander und waren nur ein paar Jahre älter als ich. Sie kommen sicher von weit her, dachte ich. Vielleicht aus München, Frankfurt oder Hamburg und jetzt wollen sie nach Italien. Als sie an mir vorbeigingen, spürte ich zum ersten Mal Neid. Er schmeckte giftig. Ich war froh, als das Pärchen hinter der Biegung verschwand, aber ich vergaß es nicht. Immer wieder mußte ich mir vorstellen, wie die zwei da gestanden und gelacht hatten. Dann spürte ich wieder den Neid und haßte mich, daß ich war, was ich war.

Einen ganzen Sommer lang fühlte ich mich so, denn ich arbeitete bis in den Herbst. Ich verputzte Wände und setzte Steine aufeinander, bis die Zimmerleute auf den Dachstuhl des Käsefabrikantenhauses einen Richtbaum nagelten. Dann kochte mein Vater Pichelsteiner für eine Woche, steckte fünfzig Mark in ein Kuvert, schrieb eine Liste mit Anweisungen, packte seinen Koffer und fuhr nach Polen auf Montage.

»In einer Woche bin ich wieder zurück«, sagte er, bevor er den Bahndamm hochstieg. »Macht das Bad sauber und räumt den Keller auf!«

Als er in den Zug stieg, hatte er seinen Begräbnisanzug an, in der einen Hand einen Lederkoffer und in der anderen eine Werkzeugtasche. Die Luft wurde besser, ich konnte durchatmen.

»Vielleicht bleibt er dort«, sagte ich zu meinem Bruder. »Vielleicht halten ihn die Polen für einen Spion und erschießen ihn.«

»Was machen wir dann?«

»Das Haus verkaufen. Dann teilen wir das Geld. Vielleicht erschießen sie ihn, weil er ein Nazi war. Die Nazis haben die Juden vergast.«

»Aber er nicht«, behauptete mein Bruder und fuhr mit dem Fahrrad zu einem Freund, um bei ihm zu übernachten.

Das war gut, denn jetzt war ich allein und konnte tun, was ich wollte. Ich schenkte Bier und Schnaps ein, steckte mir eine Zigarette an und setzte mich vor den Fernseher. Als das Schnapsglas leer war, schenkte ich es wieder voll. Auch das Bierglas schenkte ich wieder voll. Es war Freitag und ich hatte Lohn bekommen. Im Fernsehen wurde ein Krimi gezeigt. Er war so spannend, daß ich Fingernägel kaute. Zuerst krückte nur eine alte Dame durch ein einsames Landhaus. Dann blies der Sturm die Fenster auf und auf einer Landstraße stolperte ein Mann durch den Nebel. Über eine Gefängnismauer hing eine Strickleiter und eine Hand in einem schwarzen Handschuh setzte einen Gumminapf an eine Scheibe, während ein Glasschneider, ssnnnn, sich drehte und der Gumminapf, blobb, das runde Glasstück heraushob.

Von da an gingen mir die Glasscheibe in der Tür des Bahnhofwartesaals in Penzberg und der Zigarettenautomat, der drinnen an der Wand hing, nicht mehr aus dem Kopf. Als ich das Schnapsglas wieder füllte, stellte ich mir vor, wie ich den Glasschneider ansetzte, die Tür öffnete und den Automaten aufbrach. Ich ging ins Schlafzimmer, holte Lederhandschuhe aus der Schublade und zog sie an. Sie saßen eng. Ich würde einen Glasschneider benötigen, aber der, der im Schuppen in der Werkbank lag, hatte keinen Saugnapf. Ich steckte ihn trotzdem in die Umhängetasche. Auch eine Eisensäge konnte ich brauchen, einen Hammer, eine Beißzange, eine Kombizange und ein paar Brecheisen. Ich schaute in den Spiegel, kniff die Augen zusammen und wunderte mich, wie einfach es war, sich in einen Verbrecher zu verwandeln. Als ich den Bahndamm hochstieg, war es, als liefe der Film im Fernsehen draußen weiter. Die Bogenlampen warfen Licht auf Schienen und Schotter, die Häuser duckten sich neben den Weg und über die Felder strich der Wind. Dazu klackten meine Absätze auf den Schwellen, während das Werkzeug in der Tasche kleckkleck machte, kleckkleck kleckkleck.

Ich lief über die Brücke, an der Müllhalde vorbei, an der Klostermauer entlang, folgte dem Gleis durch Bahnhöfe und Ortschaften. Als ich am Penzberger Bahnhof ankam, schlug es Mitternacht. Mit den dunklen Straßen, Zechenhäusern und Kohlenhalden schien mir die Bergwerkstadt wie geschaffen für ein Verbrechen. Das Bahnhofsgelände und der Bahnsteig wirkten dunkel, auch wenn in einem Haus Licht brannte und aus der Gaststätte gegenüber Stimmen drangen. Als ein Betrunkener heraustorkelte und sich eine Zigarette anzündete, stellte ich mich hinter einen Baum und wartete. Er stieg auf sein Fahrrad und fuhr im Slalom davon.

Die Tür zum Wartesaal war abgeschlossen und bestand aus Eisenrippen und verdrahtetem Glas. Als ich den Glasschneider ansetzte und von oben nach unten zog, schrie und kreischte das Stahlrädchen. Dann zog ich das Rädchen von unten rechts nach links. Als ich mein spiegelverkehrtes Initial eingeritzt hatte, ging ein Fenster auf und mir rissen die Nerven. Ich rannte. Ich rannte an den Gleisen entlang und über eine Böschung hinunter und als ich wieder zu mir kam, stand ich an einem Waldrand und keuchte.

Immerhin stahl ich ein Moped in dieser Nacht. Es war eine Florett, sie fuhr achtzig und als ich Gas gab, schlingerte sie in der ersten Kurve. Doch dann schaltete ich hoch, raste an Geschäften, der Tankstelle und dem Sportplatz vorbei. Ich wühlte mich Bergwerkhalden hinauf, fuhr über Landstraßen und Feldwege. Die Geschwindigkeit, die Nacht und die Kraft des Motors erregten mich. Ich überschlug mich und stand wieder auf und als das Moped den Geist aufgab, schob ich es einen Moorpfad entlang, der im Sumpf an der Loisach verschwand. Dort ließ ich es liegen, dreckig und verbogen. Die Straße fand ich erst wieder, als im Bergwerk die Nachtschicht zu Ende war und mir Autoscheinwerfer die Richtung wiesen.

Max begegnete ich zwei Tage danach im Kino in der Bahnhofstraße. Es lag nur einen Katzensprung vom Bahnhof entfernt. In der Gaststätte daneben hämmerte Beat aus der Wurlitzer, Jugendliche ließen ihre Mopeds aufheulen und rasten über die Lenkstangen gebuckelt zum Bahnhof und zurück. Als ich im Kino die Tasche mit dem Werkzeug abstellte, sagte sie: »Kleck.« Und dann nochmal: »Kleckkleck.« Da war der rote Vorhang noch geschlossen, der Zuschauerraum beleuchtet und Max saß zwei Sessel weiter. Er hatte gehört, was die Tasche gesagt hatte.

»Bist du auf Tour?« fragte er.
»Ich komm von der Arbeit.«
»Was arbeitest denn?«
»Schlosser.«
»Was hast in der Tasche?«
»Werkzeug.«

Er rückte einen Sessel näher. Ich hielt ihn für einen Zivilpolizisten, der sich freute, einen Einbrecher erwischt zu haben. Aber als ich seine öligen Haare sah und die schiefe Visage, kam er mir vertrauenswürdig vor, denn er wirkte, als wäre er einem Ganovenfilm entstiegen.

»Du bist auf Tour«, wiederholte er.
»Ja«, gab ich zu.

Dann fing die Wochenschau an.

Nach dem Kino schlenderten wir die Bahnhofstraße hinunter und er erzählte mir, daß er selbst einbrechen ging. Auf Tour gehen, nannte er es, und brechen. Ich hatte Glück gehabt. Er war dreiundzwanzig und hatte achtzehn Monate im Knast gesessen. Er war erst ein paar Wochen frei und hatte noch nicht viel Neues verbrochen. Gerade soviel wie jemand, der aus dem Beichtstuhl kommt und auf den Altar spuckt, anstatt zur Buße einen Rosenkranz zu beten. Vielleicht ein bißchen mehr, denn immerhin hatte er ein Fenster der Polizeistation eingeworfen dafür, daß sie ihn nach seiner Verhaftung verprügelt hatten. Dann war er in ein Schuhlager eingebrochen und danach in einen Süßwarenladen. In jeder Jackentasche steckte eine Tafel Schokolade.

»Magst eine?« fragte er. »Ich kann schon eine Woche nicht mehr scheißen.«

Ich lutschte Schokolade und wäre gerne mit ihm im Gefängnis gewesen. Dort wäre ich mit ihm im Hof gelaufen und hätte Papiertüten geklebt und gestreifte kragenlose Hemden mit Pappknöpfen getragen und Unterhosen …

»Die mußt dir zubinden, das sind solche Dinger, grün, aus Leinen mit Bändern, kannst dir vorstellen? Und Filzanzüge, wie Pferdedecken so dick, da stampfst als Affe rum, als Gorilla mit Käppi aufm Haupt.«

Er kratzte sich unter den Armen und auf dem Kopf.

»Ich hab mindestens schon zehn Mopeds geklaut«, log ich.

»Urg urg«, sagte er und stopfte sich eine Banane in den Mund.

Wir liefen an Schutthalden vorbei zu einer Reihenhaussiedlung. Sein Vater hatte ihn aus der Wohnung geworfen. Jetzt übernachtete er im Keller in einer Badewanne. Auf einem Hocker klebten Kerzenstummel und auf dem Boden lagen Pralinenschachteln und Schokoladenpapier. In einem Regal standen linke Schuhe. Er packte sechs Stück in eine Tüte.

»Im Lager waren nur linke«, sagte er. »Sag's Gregor nicht.«

Gregor wohnte im zweiten Stock ein paar Straßen weiter. Er kam auf Eisenkrücken die Treppe herunter, vom linken Bein war nur ein Stumpen geblieben. Als er vor uns stand, spannte sich das Hemd über Brust und Armmuskeln. Zwischen den Schultern steckte ein schwerer Schädel mit flachem Gesicht. An seinem Gürtel hing eine Scheide, aus der er ein Bowiemesser zog und Max hinhielt.

»Willst du küssen das blanke Schwert?« fragte er und lachte. »Irgendwann machen sie dich einen Kopf kürzer, Max!«

Dann stemmte er sich uns voran die Treppe hoch und Max stellte die Tüte mit den Schuhen auf den Tisch.

»Ich hab nur die besten ausgesucht«, sagte er, »doppelt genäht! Lauter linke!«

»Linke?« sagte Gregor.

»Weil du die rechten eh nicht brauchst«, sagte Max. »Ich will nichts dafür. Ich hab zwar kein Geld …«

»Linke«, sagte Gregor. »Welches Bein fehlt mir, Max?«

»Das rechte«, sagte Max.

»Das rechte?« sagte Gregor. »Nein, das linke!«

»Das linke«, sagte Max, »wieso? Das rechte. Von mir aus das rechte.«

»Von ihm aus fehlt mir das rechte«, sagte Gregor zu mir.

»Ja«, sagte ich.

»Ich hab gedacht, dir fehlt das linke«, sagte Max.

»Meinst du, ich weiß nicht, was für ein Bein mir fehlt?«

»Das rechte«, sagte Max. »Darum hab ich linke gebracht.«

Gregor fehlte das Bein, seit in Smolensk eine Fünf-Zentimeter-Granate in den Graben eingeschlagen hatte. Seitdem hing er zwar in Krücken, aber die Beinkraft war geblieben und in die Arme gestiegen. Seine Hände waren groß wie Abortdeckel, er konnte Telefonbücher zerreißen. An den Fenstern hingen schwere violette Gardinen und von der Decke ein Leuchter aus Geweihenden. Die Wände waren mit roten Tapeten mit Goldprägung tapeziert, an denen Zinnteller mit Jagdszenen hingen, und im Bücherschrank standen die Werke von Karl May und Ludwig Ganghofer.

»Linke Schuhe! Lauter linke Schuhe«, sagte er. »Max, du Zapauke! Dafür wirst du küssen das blanke Schwert, denn eines Tages ist es soweit. Dann kommt die Rübe ab.«

Er mochte Geschichten. Daß Max für ihn linke Schuhe geklaut hatte, gefiel ihm so gut, daß er ihm Geld gab. Dann zog er einer Flasche Graf Eberhardt den Pfropf aus dem Hals und schlug ein Dutzend Eier in die Pfanne. Der Rotwein stammte aus der Pfalz und schmeckte gut. Während wir aßen, rasierte er sich mit seinem Messer die Haare vom linken Unterarm.

»Weißt du, von wem das ist mit dem blanken Schwert?« fragte er.

»Nein«, sagte ich.

Max kaute.

Gregor holte zwischen den Gesamtausgaben von Karl May und Ludwig Ganghofer ein schwarzes Buch von Heinrich Heine aus dem Regal. Dann klemmte er den Griff der Krücke unter den Beinstumpf, schlug das Buch auf und stülpte die Unterlippe vor, als er las, was Heinrich Heines Henkerstöchterchen gesagt hatte: »Willst du küssen das blanke Schwert, das dir der liebe Gott beschert?« Als er so dastand, sah er aus wie Long John Silver, nur daß kein Papagei auf seiner Schulter hockte und statt der Arkebuse ein Messer im Gürtel steckte.

Später fuhr er uns mit seinem holländischen DAF in einen anderen Stadtteil und leuchtete mit seiner Armeestablampe, bis wir über die Mauer geklettert waren.

Es war schon Mitternacht. Im Hof lagen Holzpaletten. An die Rückwand des Hauses war ein Gerüst gebaut. In einem Seitengebäude brannte noch Licht. Es war still und als ich am Gerüst hochkletterte, hörte ich, wie Gregor ans Ende der Straße fuhr, umdrehte und wieder vorbeifuhr. Ein paar Sekunden lang war das Dach über der Hauswand von den Scheinwerfern angeleuchtet. Ich wollte Max zeigen, was ich mich traute. Ich zog meine Handschuhe an, stieg das Gerüst hoch und schlug eine Fensterscheibe ein. Der Raum dahinter war das Frischfleischlager des Tengelmann-Ladens. Von Stahlhaken hingen Schweinerippen und Wurstkränze. Auf dem Tisch lagen Beile und Ausbeinmesser. Ich nahm eines der Messer und zog es, zack, durch die Luft. Es war schwer, lang, glänzte scharf und ich war aufgeregt, denn der Verkaufsraum war voller Waren.

»Erst die Kasse«, sagte Max.

Sie war leer.

Und wieder war es wie im Film. Ich war ein Einbrecher, der sich in einem Supermarkt hinter ein Regal duckt, weil auf der Straße ein Auto vorbeifährt. Mein Freund Max, der aus dem Knast kam, trank aus einer Schnapsflasche.

»Gib mal her.«

»Mach dir selber eine auf.«

Der Schnaps brannte in der Kehle und wirkte schnell. Max war plötzlich betrunken und schlug Flaschen kaputt. Dann biß er in eine Salami und warf sie mir zu. Ich fing sie auf und schleuderte sie zurück. Eine Persil-Packung zog einen Kometenschweif aus Waschpulver durch den Raum. Max hackte die Packungen mit einem Fleischerbeil auf. Ich machte mich mit dem Ausbeinmesser über Würste her. Als Max ein Regal umstieß, krachte und schepperte es so laut, daß mir der Schreck in die Glieder schoß. Dann dachte ich: Max weiß schon, was er tut. Schließlich hat er im Knast gesessen. Was konnte denn passieren? Ich würde mit ihm im Gefängnishof laufen, ein gestreiftes kragenloses Hemd tragen und einen braunen Filzanzug wie ein Gorilla.

»Urg urg«, lachte Max und tanzte auf Bananen, Keksen und Pralinen, auf Apfelmus und Schweinebauch, auf Likörbohnen, Wirsing und Schokoladenkuchen herum. Er hatte Ketchup und Waschpulver im Haar. Nun kippte ich ein Regal um, dann er wieder eins, dann wieder ich. Als wir mit zwei Säcken über den Hof liefen, waren die Sirenen der Polizeiautos zu hören. Sie kamen zu spät, denn als sie eintrafen, waren wir über alle Berge.

»Die werden Augen machen«, sagte Max, »hehehe!«

Da saßen wir schon in der Badewanne, tranken Eckes-Kirschlikör und sangen *Junge, komm bald wieder*. Als der Seegang stärker wurde und die Wanne zu rollen begann, erzählte ich von Benito Bonito, der auch Dom Pedro mit dem blutigen Schwert genannt worden war.

»Überall hat man Dom Pedro gekannt, Max, überall.«

»Was du alles fürn Scheiß weißt«, sagte er.

Als er zwei Tage später verhaftet wurde, war er immer noch nicht nüchtern. Auf der Polizeistation fragten sie ihn, wo der Inhalt der Schokoladenverpackungen war und wo die rechten Schuhe. Aber er gab nur zu, daß ich ihn verleitet hatte einzubrechen.

Vielleicht rollte der Polizeiwagen deswegen so verdächtig langsam die Straße herunter. Ich war allein zu Hause. Ich stand am Fenster und als er um die Kurve bog, wußte ich, daß sie zu mir wollten. Einen Moment lang wollte ich beim Schlafzimmer aus dem Fenster steigen, hinter den Johannisbeersträuchern zum Bahndamm laufen und mich im Moor verstecken. Aber da fiel mir ein, was mir Max für solch einen Fall empfohlen hatte.

»Du mußt einfach sagen, ich verweigere die Aussage. Dann schauen sie blöd aus der Uniform und wissen nicht weiter.«

Als die Türklingel anschlug, riß ich mich zusammen, ging in den Flur, machte die Haustür auf und versuchte, verwundert zu schauen. Sie standen zu zweit vor mir, ein Großer und ein Dicker, Bauernpolizisten mit roten Köpfen und grünen Uniformen.

»Bist du der Ludwig Lugmeier?« fragte der Große.

»Ja«, sagte ich.

»Kennst du den Max F.?«

»Nein«, sagte ich.

Der Dicke: »Aha!«

Und der Große: »Geht's dir nicht gut?«

Ich sagte: »Ich verweigere die Aussage.«

»Aha!« sagte der Dicke zum Großen. »Wahrscheinlich ist er erkältet, aber den Max müßte er schon kennen, denn der Max kennt ihn auch.«

»Wenn er erkältet ist«, sagte der Große, »soll er sich warme Socken anziehen.«

»Ja«, sagte der Dicke, »an deiner Stelle würde ich mich warm anziehen.«

Als ich auf dem Rücksitz des Polizei-VWs saß, unterhielten sie sich darüber, daß Justizminister Erhard die Prügelstrafe wieder eingeführt hatte. Der Vernehmungsbeamte auf der Penzberger Wache erklärte mir, daß es das Recht auf Aussageverweigerung gar nicht gab.

»Wer hat dir überhaupt gesagt, daß es so was gibt?« fragte er. »Der Max?«

»Den kenn ich nicht.«

»Wenn du gestehst, daß du mit ihm beim Tengelmann eingebrochen bist, kannst du bis zur Verhandlung nach Hause. Sonst kommst in Untersuchungshaft. Der Max hat dich doch überredet, oder?«

»Nein.«

»Warum erzählt er dann, daß du den Laden zerlegt hast?«

»Aus Rache.«

»Wofür?«

»Woher soll ich das wissen, wenn ich ihn nicht kenne? Ich hab jedenfalls keinen Laden zerlegt.«

»Und den Schokoladenladen hast auch nicht ausgeräumt. Und das Schuhlager.«

»Die vielleicht schon.«

»Aha! Und wo sind die rechten Schuhe?«

»Verkauft.«

»Die rechten hast verkauft und die linken nicht! Interessant! An wen?«

»Sag ich nicht.«

»Warum nicht?«

»Hab's versprochen.«

Ich log bis Dienstschluß. Das Fenster stand offen, die Luft war kalt, denn im Hof, wo die Polizeiautos parkten, lag Schnee. An der Wand hing ein Kalender. Auf dem Tisch stand eine schwarze Schreibmaschine und der Mann tippte mit zwei Fingern. Als es nichts mehr zu tippen gab, schaute er mich durch die Brille an.

Ich las auf dem Kalender: November, November, November. Der Gefängnishof, den ich mir dabei vorstellte, war so verschneit wie der Hof der Penzberger Wache. Er hatte eine hohe Mauer mit Glasscherben darauf und einer Stacheldrahtrolle, denn so hatte ihn Max mir geschildert. Die Männer, die im Kreis gingen, waren tätowiert und trugen braune Gorillaanzüge.

Als ich endlich in einem vergitterten VW-Bus saß, der mich nach München brachte, war ich beinahe froh, daß mich Max verraten hatte. Nur daß die Polizisten es nicht für nötig hielten, mir Handschellen anzulegen, ärgerte mich.

Sie fuhren mich zum Gefängnis in der Corneliusstraße an der Isar. Ein Backsteinbau aus dem 19. Jahrhundert, mit vergitterten Fenstern über drei Stockwerke und mit einem grünen Blechdach, das über die Eingangsstufen ragte. Hinter dem Schiebefenster der Torwache saß ein Gefängniswärter und kaute. Als er mich sah, wickelte er sein Wurstbrot ins Papier zurück. Dann kam er heraus und klopfte mich von den Achselhöhlen bis zu den Knien ab. Die Eisentür öffnete sich, die Polizisten gingen und kalte frische Luft drang herein. Sie roch nach dem Wasser der Isar. Dann wurde ich durch einen Gang in einen Trakt geführt, wo es nach Essen, Ausdünstungen, Karbol und Scheißkübeln roch. Eiserne Wendeltreppen reichten die drei Stockwerke hoch, zwischen denen Drahtnetze gespannt waren. Hinter den Umlaufgängen lagen die Türen zu den Zellen. Sie waren aus Eichenbohlen und mit Spionen, Schlössern, Ketten und Riegeln versehen. Das Gefängnis wirkte noch eindrucksvoller, als ich es mir vorgestellt hatte.

Ich bekam den braunen Gorillaanzug und das kragenlose gestreifte Hemd, von dem Max mir erzählt hatte. Die Knöpfe waren wirklich aus Pappe und vom Waschen so aufgequollen, daß sie wie Blumenkohlröschen aussahen. Die Unterhose aus Leinen hatte Bänder. Mit den knöchelhohen Lederschuhen trat ich fest auf, damit es dröhnte auf den Umlaufgängen. Schließlich wollte ich mich hören.

Ich saß im Knast! Endlich hatte ich es geschafft, hatte mich von einem erbärmlichen Maurerlehrling in einen echten Sträfling verwandelt!

Die Zelle war zwei mal drei Meter groß. Das Bett stand auf eisernen Storchenbeinen, die es anzog, wenn es an die Wand geklappt wurde. Der Scheißkübel hinterließ am Arsch einen roten Ring und die dreiteilige Matratze war bucklig und voller Urin- und Wichsflecken. Aber das war mir lieber als das Haus mit dem Segen Gottes unter dem First in Ried bei Kochel. Ich studierte die Schmierereien an den Wänden – Namen, Kalender, fickende

Strichfiguren – und ritzte meinen Namen dazu. Als ich mich am Fenster hochzog, sah ich grau die Isar hinter Straße und Mauer, die Dächer der Arbeitsbaracken und den Hof unter mir. Gefangene gingen im Kreis und unterhielten sich.

Ich reihte mich ein zwischen sie. Ich beobachtete sie und hörte zu, was sie redeten. Der Weg war mit ausgetretenen Ziegelplatten gepflastert, daneben wuchs ein bißchen Gras. Ich steckte die Hände in die Jackentaschen und schleifte mit den Schuhsohlen über die Platten, wie es die anderen taten. Ich redete von meinem Einbruch in den Supermarkt und von der Ladenkasse, die voller Geldscheine gewesen war.

»So ein Packen«, sagte ich. »Fast nur Hunderter! Ich hab sie vergraben. Wenn ich rauskomm, hol ich mir das Geld.«

Endlich war ich unter meinesgleichen! Alle hatten es faustdick hinter den Ohren. Einer hatte mehr verbrochen als der andere. Manche hatten Autos geklaut und wieder verkauft. Einer die Scheibe eines Juwelierladens eingehämmert und sich mit Schmuck versorgt. Ein anderer einem Geldboten die Tasche aus der Hand gerissen.

Holger war ohne Führerschein gefahren. Die Polizei hatte ihn angehalten, das Auto durchsucht und im Kofferraum Maschinenpistolen und Handgranaten entdeckt.

Wir liefen fast jeden Tag zusammen im Hof. Er stammte aus München, war sechzehn, ein Jahr älter als ich, hatte gescheitelte Haare und auf der Oberlippe wuchs blonder Flaum. Sein Vater besaß einen Elektrogroßhandel, aber Holger hatte keine Lust, Anzüge, weiße Hemden und Krawatten zu tragen, um eines Tages Großhandelskaufmann zu werden. Lieber war er draußen mit seinen Freunden aus der Herrenschule und der Schnacks zusammengewesen. Mit denen hatte er Autos geknackt und in der Isar nach Waffen gesucht. Einmal hatten sie den Zugang zu einem Bunker in

Pullach entdeckt. Er nannte ihn Null-Bunker, weil man im Bunker schießen konnte, ohne daß man es draußen hörte.

»Null Ton«, sagte er.

»Woher hast die Munition?«

»Die liegt da unten«, sagte er. »Die haben den Bunker gesprengt, zugeschüttet und gemeint, den findet keiner. MPs und Handgranaten und Munition. Jetzt wollen sie wissen, wo ich die Waffen herhab, aber ich sag nichts.«

Von seinen Freunden hatte es keiner verraten. Ein paar saßen deswegen in Stadelheim.

Holger kannte sich aus mit Waffen und erklärte mir den Unterschied in der Wirkung von Stiel- und Eierhandgranaten. Er wußte, wieviel Schuß eine *Schmeisser*-MP in der Sekunde feuert und wieviele Patronen ins Magazin einer *Thompson* passen. Ich war beeindruckt.

Über ein paar Wochen hinweg saßen wir an einem der langen Tische in der Arbeitsbaracke, falzten Papiertüten und schmierten sie mit Leim ein. Eines Tages wurde er ausgerufen und in den Zellentrakt gebracht. Am andern Morgen war er entlassen. Ich hatte nicht einmal seine Adresse. Wozu auch? Ein paar Tage dachte ich noch an ihn. Dann schwamm sein Gesicht davon wie viele andere. Ich konnte nicht wissen, daß wir uns wieder begegnen würden, daß wir eines Tages seine Waffen ausprobieren und auf gepanzerte Geldtransporte warten sollten. Aber das war viel später. Ich hatte gerade meine erste Anklageschrift bekommen. Bald darauf reichte mir ein Aufseher einen Brief durch die Kostklappe der Zellentür, in dem mir ein Rechtsanwalt mitteilte, daß er vom Gericht bestellt worden sei und mich vertreten werde.

Er war ein gewissenhafter Anwalt und meinte es gut mit mir. Er hatte ein pausbäckiges Gesicht, eine abgewetzte Aktentasche und aus den Ärmeln seines Jacketts spitzten gestärkte Manschetten. Er klopfte eine Filterzigarette aus der Schachtel und gab mir Feuer. Vor ihm lag ein Hefter mit meinem Namen. Er lehnte sich über den Tisch, lächelte und sagte: »Das ist alles halb so schlimm, da hab ich schon ganz andere Fälle herausgeholt. Ich wundere mich überhaupt, daß du in Untersuchungshaft bist. Schließlich kommst du das erste Mal vor Gericht und hast einen festen Wohnsitz. Am besten gibst du den Einbruch zu. Dann legen wir Haftbeschwerde ein und in ein paar Tagen bist du draußen. Weil du nicht vorbestraft bist, kriegst du vom Richter Bewährung.«

Er hatte sogar mit meinem Vater telefoniert. Von dem ließ er mich grüßen und richtete mir aus, daß er mit meinem Lehrherrn gesprochen hätte und ich weiter Maurer lernen könnte.

»Ich bin unschuldig«, sagte ich.

»Das glaubt dir doch keiner«, erwiderte er. »Max hat alles zugegeben. Am besten ist es, wenn du zu Protokoll gibst, daß er dich überredet hat mitzumachen. Schließlich ist er acht Jahre älter als du.«

»Ich bin trotzdem unschuldig«, sagte ich.

Er holte ein großes Taschentuch aus seinem braun karierten Jackett und schneuzte sich ausgiebig.

»Denk mal in aller Ruhe darüber nach«, meinte er.

Aber ich mußte nicht nachdenken. Als er wiederkam, um mit mir über meine Verteidigung zu reden, ging ich nicht mehr hin. Ich sah ihn erst im Justizpalast vor dem Sitzungssaal wieder. An diesem Tag hatte mir der Vorführbeamte zum ersten Mal Handschellen angelegt. Sie fühlten sich gut an, waren aus Aluminium und hatten ein starres Scharnier. Es war mit einem Reichsadler verziert, der ein Hakenkreuz in den Klauen hielt. Ich gab mir Mühe, tragisch und gefährlich zu blicken, denn die Leute auf den Wartebänken drehten die Köpfe nach mir. Als der Rechtsanwalt mich sah, stürzte er auf den Vorführbeamten zu und fragte, ob er überhaupt wisse, wie alt ich sei.

»Ich habe meine Vorschriften«, sagte der Vorführbeamte.

»Genau«, sagte ich.

»Damit er nicht davonrennt«, sagte der Vorführbeamte. »Sicher ist sicher. Man weiß ja nie.«

»Eben«, sagte ich.

Allmählich begriff ich, wie wichtig ich war. Die Zuschauer waren verstummt, als ich den Sitzungssaal betreten hatte. Die Decke war hoch und mit Stuck verziert und hinter dem Richtertisch hing ein Kruzifix an der Wand, das doppelt so groß war wie das in der Schule über der Tafel. Der Richter trug einen schwarzen Talar mit Samtaufschlägen an den Ärmeln. Auch der Staatsanwalt war erlesen gekleidet, nur mit der Anklageschrift gab er sich keine rechte Mühe. Immer wenn es spannend wurde, verlas er sich. Die Zuschauer kamen nicht richtig mit. Ich sah es aus den Augenwinkeln, daß auch sie sich ärgerten.

Der Richter fragte mich, ob ich immer noch behauptete, unschuldig zu sein.

»Ja«, sagte ich.

Ob ich mein Leben erzählen wollte.

»Nein« – denn schließlich hatte mein Leben nichts damit zu tun, daß ich vor Gericht stand. Es war ganz gewöhnlich verlaufen, wie jedes andere Leben auch. Außerdem war ich unschuldig, bis man das Gegenteil bewies.

Der Richter redete mit meinem Anwalt. Dann wollte der Anwalt mit mir reden, aber ich legte keinen Wert auf seinen Rat. Also redete er mit meinem Vater. Der saß im Begräbnisanzug und mit Krawatte in der ersten Reihe neben der Jugendfürsorgerin. Ich wünschte mir, er wäre zu Hause geblieben, aber er stand auf, kam zur Anklagebank und riet mir, alles zuzugeben.

»Dann kriegst du Bewährung und kannst die Lehre fertig machen«, sagte er. »Ich hab mit deinem Meister gesprochen. Er nimmt dich wieder.«

Zum Glück hatte der Richter noch mehr zu tun. Er forderte die Jugendfürsorgerin auf, in den Zeugenstand zu treten. Sie hatte Elefantenbeine, trug eine Silberbrosche und säuselte von der Krankheit und dem Tod meiner Mutter. Eine halbe Stunde später sprach der Richter das Urteil. Dabei hielt er sich an den Antrag des Staatsanwalts. Wegen meiner nicht nachvollziehbaren Zerstörungswut und weil ich trotz der gegen mich sprechenden Beweise hartnäckig jede Tatbeteiligung leugnete, gab er mir zehn Monate ohne Bewährung. Ich hatte mir achtzehn Monate erhofft, denn so lange hatte auch Max gesessen.

Die Landschaft hinter den Fenstern triefte, als ich in der Blechzelle eines Transportbusses über die Autobahn Richtung Salzburg fuhr. Der Bus war olivgrün und die Fenster schmal wie die Schießscharten eines Jägerstandes. Dahinter goß es. Als wir am frühen Nachmittag auf das Gelände der Jugendstrafanstalt Laufen einbogen, waren die Äcker der Baumschule schwarz vor Nässe. Gefangene in Mänteln und Gummistiefeln wuchteten Schubkarren durch aufgeweichte Erde. Von den Dächern des Verwaltungs- und des Zellengebäudes sprühte der Regen und auf dem Platz hinter dem Maschendrahtzaun, wo der Bus hielt, stand eine riesige Pfütze. Die Aufseher, die aus den Türen quollen, trugen Regenhäute über den Uniformen und Schutzhüllen aus Plastik über den Schirmmützen.

Ich mochte sie gleich nicht, so wie sie sich aufstellten und an mir vorbeischauten. Ich mochte auch das Gefängnis nicht. Es hatte etwas von einem Krankenhaus und roch nach Sauberkeit und Bohnerwachs. Die Gitter waren weiß gestrichen und in den Gängen wieselten wie verzauberte Eichhörnchen Putzer mit Besen, Lappen und Kübeln umher. Von zwei Aufsehern wurden wir durch Flure geführt, die gerade frisch gestrichen wurden. Aber die Wände waren gar nicht schmutzig. In dem Saal, in dem wir Neuen einquartiert wurden, standen die Betten in zwei Reihen. Auf jedem lagen zwei braune Decken mit der Aufschrift *Bayerische Justizverwaltung*, ein Stapel weiß-blau karierte Bettwäsche, Handtücher und ein graues

Nachthemd, das bis zu den Knien reichte. Die Gefängniskleidung war grau und steif und die Hemden waren sogar gebügelt und hatten Krägen.

Ein Arzt ließ mich die Zunge rausstrecken und klopfte mir mit einem Hämmerchen unter die Kniescheiben. Ein Psychologe ließ mich einen Baum zeichnen, eine Treppe zu Ende führen und einen Fleck deuten.

»Der schaut halt wie ein großer dunkler Vogel aus«, sagte ich.

»So! Wie ein großer dunkler Vogel? Findest du?«

Dann sollte ich meinen Lebenslauf schreiben. Mir fiel nicht viel ein.

»Du hast behauptet, daß du unschuldig bist«, sagte der Psychologe.

»Jetzt nicht mehr.«

»Wieso nicht? Hast du geglaubt, du wirst freigesprochen?«

»Ja.«

»Meinst du nicht, es wäre besser gewesen, du hättest gleich die Wahrheit gesagt?«

Eine Woche nach der Ankunft stopfte ich Handtücher, Wäsche und Schuhe in den Bettbezug und ging damit hinter einem Aufseher in den Zellenbau. Auch dort war alles peinlich sauber, die mit Steinplatten ausgelegten Gänge glänzten. Die Türen der Zellen sahen wie Kühlhaustüren aus, denn sie waren aus Eisen und wurden mit langen Stahlgriffen verriegelt. Die Zelle war geräumig. Je zwei Betten standen übereinander und das Fenster ging auf den Platz, wo der Bus gehalten hatte. Am Abend sah ich, wie die Kommandos aus Gärtnerei, Landwirtschaft, Baumschule und Holzhof einrückten.

Kura kam als erster in die Zelle. Blond, farblos, schmalschultrig war er und als er mich sah, schlug er aufgeregt mit den Armen, als wollte er auf das obere Bett flattern. Dann zeigte er mir sein Lesebuch und erklärte mir in Polendeutsch, daß er schreiben lernte.

»Kann ich schon O und H und M«, sagte er.

Ich kannte das Lesebuch aus der ersten Klasse. Da war wieder Susi, die Schlange, und der dicke Otto, der einen Reifen rollte, der spannenlange Hansl und die nudldicke Dirn. Kura holte seine Schiefertafel aus dem Spind, setzte sich an den Tisch und malte mit krietschendem Griffel Os und Hs.

»Wo arbeitest du?«

»Wäscherei. Wäsche waschen, schau, hab ich immer saubere Hände.«

Später kamen Wassili und Tino. Wassili mochte Tino nicht, weil Tino Italiener war, und Tino Wassili nicht, weil Wassili Russe war. Kura und Wassili aber kannten sich von draußen, denn sie waren beide in Barackenstadt aufgewachsen. Dort waren die Leute arm, weil sie früher in Lagern gesessen hatten, während Tinos Vater ein Zeitungsgeschäft im Pasinger Bahnhof, einen Juwelierladen in der Maximilianstraße und da und dort ein paar Häuser und einen Mercedes besaß, der nun in der Garage stand und auf Tino wartete. Wir waren demselben Kommando zugeteilt.

»Wir fahren mit dem Bus in den Torfstich«, sagte Tino. »Die Arbeit ist hart. Die meisten halten nicht einmal eine Woche durch.«

Er redete gern und schnell. Er fuchtelte mit den Armen, als er erzählte, wo er draußen verkehrte, im *Porto Fino* in Pasing, in der *Dschungelbar* in der Zweigstraße, in der *Bongo Bar*, wie er aus dem Juwelierladen seines Vaters kam, in den Mercedes stieg und wie er zum taubenblauen Anzug eine Krawatte trug mit einer Perle und am Armgelenk eine goldene Uhr.

»Was ist die wert?«

Er zuckte mit den Schultern.

Wir banden die Schuhe, setzten die Mützen auf und zogen die Mäntel über, denn es war früh im Jahr und der Torfstich zwanzig Kilometer von der Strafanstalt entfernt. Dann stiegen wir die Treppe hinunter. Auf dem Platz stellten sich die Kommandos in Karrees auf. Die Aufseher liefen hin und her, zählten den Stand und meldeten die Kranken. Dann ließen sie abrücken: das Holzhofkommando, das Gartenkommando, das Baumschulenkommando, das Bau- und Malerkommando, das Torfkommando.

Tino und ich trugen die Proviantkiste zum Magirus. Der Bus war rot und alt, das Leder der Sitze gesprungen und die Haltestangen auf den Lehnen abgegriffen. Als wir zum Torfstich fuhren, huschten Dörfer vorbei, öd und verschlafen, aus Kuhställen wurde Mist gekarrt und an Ampeln und Kreuzungen standen Leute mit verdrossenen Gesichtern. Die sind draußen, dachte ich, und ich bin drinnen. Das war seltsam, denn es war nur eine Glasscheibe zwischen uns, und doch schien alles, was draußen war, weit weg.

Tino würde bald wieder draußen sein.

»Ich werde mir den taubenblauen Anzug anziehen, die Uhr ans Handgelenk binden und mit dem Mercedes herkommen. Wenn ihr vorbeifahrt, steh ich da«, sagte er, »danach geh ich Kaffee trinken.«

»Die goldene Uhr?« fragte ich.

»Eine andere, mit Diamanten, die goldene hab ich verloren.«

»Wo?«

»Beim Baden im Baggersee.«

Als wir beim Torfstich aus dem Bus stiegen, wartete der Zug bereits am Ende des Gleises. Wir verteilten uns auf die Eisenloren mit Holzbänken, die Aufseher stiegen auf die Diesellok, legten die Karabiner auf die Knie und der Fahrer ließ den Motor anspringen. Moorhütten zogen vorbei, aufgegebene Torfgruben, Gräben, in denen schwarzes Wasser stand, eine schiefe Brücke, über die der Zug im Schrittempo fuhr, Birken. Auf Wiesen lagerten Armeen von Torfmännchen, die aus jeweils acht kreuzweise geschichteten Wasen gebaut waren. Inmitten des Areals stand eine Holzhütte. Dort zogen wir Gummistiefel an und gingen zu den Gruben. Sie waren zwei bis drei Meter tief, der Schlamm war zäh und die ausgestochenen Torfwasen vollgesogen und schwer. Ich warf sie hoch, Tino fing sie auf und reichte sie weiter an einen Dritten, der sie auf eine hölzerne Karre schichtete, die ein Vierter zu den Wiesen mit den Torfmännchen fuhr, während ein Fünfter mit seiner Karre schon wieder an der Grube stand. Als ich um zehn zur Hütte marschierte, um Brotzeit zu machen, klebte mir das Hemd am Rücken.

Zuerst ließ mich Tinos goldene Uhr nicht los. Ich fragte ihn, wo genau sie im Baggersee lag. Er erklärte mir die Stelle und zeichnete sogar einen Plan des Sees mit einer Bucht, einer Parkbank und einem Kreuzchen. Ich stellte mir vor, wie ich mit Schnorchel und Taucherbrille ins Wasser steigen, den Kiesgrund absuchen und die Uhr finden würde. Dann erzählte er mir die Geschichte mit dem abgeschnittenen Finger.

Wir saßen in der Brotzeithütte am Ende des Tisches, drehten Bataviazigaretten und über dem Kanonenofen trockneten an einer Leine Socken.

»Die Leute am Tisch«, sagte er leise, damit es außer mir keiner hörte, »sind doch alles Anfänger. Jeder erzählt, wunder was er gedreht hat, aber in Wirklichkeit haben sie Schulkindern das Pausenbrot geklaut.«

Er sah auf die Felder hinaus. Als er sich mir wieder zuwandte, hatte er sich entschieden zu erzählen, wie er in Palermo gewesen war. Er ging also die Via Roma entlang zur Stazione Centrale, einfach so. Als er einen Espresso und einen Grappa trinken wollte, schaute er sich nach einer Bar um. Und da sah er eine, wie alle anderen auch, bloß daß am Fenster ein blutiger Finger klebte. Kein echter. Nur aus Papier. Aber da er Sizilianer war, wußte er, was das bedeutete. Jeder Sizilianer wußte das.

»Wenn einer behauptet, er ist Sizilianer, und weiß nicht, was ein abgeschnittener Finger im Fenster einer Bar bedeutet, dann glaub ihm nicht«, sagte er.

»Was bedeutet der Finger?« fragte ich.

»Erklär ich dir gleich«, sagte er. »Ich bin in die Bar rein. Ich hab nämlich die ganze Zeit nach dem Finger gesucht. Drinnen standen so ein paar Typen mit Sonnenbrillen und taten, als ob sie sich unterhielten. Aber ich hab schon gemerkt, daß sie mich beobachten, als ich die Via Roma lang gekommen bin. Ich hab mich an die Theke gestellt, einen Grappa runtergekippt und den Barkeeper gefragt, ob der Pate da ist. Auf einen Schlag war's still. Die Typen haben die Augen zusammengekniffen und Zigaretten gequalmt. Der Barkeeper hat Gläser poliert und getan, als ob er nichts hört. Ist der Pate da, hab ich wieder gefragt. Da hat er nach links und rechts geschaut und als einer der Typen mit dem Kopf nickt, da macht er die Tapetentür neben der Theke auf. Die hättest du nie bemerkt.«

»Mafia?«

»Anwerbestelle. Die suchen Leute. Aber erst mußt du zeigen, was du drauf hast. Nicht wie hier, Stories erzählen kann jeder.«

Wassili glaubte die Geschichten mit der goldenen Uhr und der Mafia nicht.

»Wieso sitzt er im Knast, wenn sein Vater Juwelier ist?« fragte er. »Wieso holt er die Uhr nicht selbst aus dem Baggersee? Und das mit dem Finger weiß ich auch und ich bin kein Sizilianer. Das weiß jeder, daß die Mafia Leute sucht. Das ist wie bei der Fremdenlegion. Aber wenn du dabei bist, lassen sie dich nicht mehr raus aus der Kralle. Ich hab's im Kino gesehen. Das war kein Spielfilm, sondern richtig wie's zugeht.«

Wassili wollte mit keiner Drahtschlinge erdrosselt werden. Nach der Entlassung würde er wieder nach Barackenstadt gehen und bei den Amerikanern in der Kaserne arbeiten. Mit dem Verdienst wollte er sich einen Ford 17 M mit Lenkradschaltung kaufen, einen weißen, und damit durch Barackenstadt kurven und den Arm aus dem Fenster hängen lassen.

»So«, sagte er und ließ ihn herunterbaumeln, als wäre das Doppelstockbett ein Ford 17 M mit Lenkradschaltung. Er hatte eine Schwester und die war blond und angeblich gut im Vögeln.

»Die gefällt dir«, sagte er. »Komm nach Barackenstadt. Ich werd nach Tino entlassen und bis du rauskommst, hab ich einen Ford 17 M und dann fahren wir die Straße runter. Du kannst auch bei den Amis arbeiten. Die suchen Leute und du pennst auf dem

Sofa, dann kannst du meine Schwester vögeln. Hast du schon mal gevögelt?«

»Klar«, sagte ich.

»Meine Schwester ist gut im Vögeln. Ich hab sie selbst schon gevögelt. Die ist wirklich gut.«

»Ja«, sagte ich.

»Blond und so große Titten«, sagte Wassili.

»Barackenstadt gute Leute«, sagte Kura, »alles Verbrecher in Barackenstadt. Kenn ich alle Leute in Barackenstadt.«

Manchmal sah ich mir Tino an, wenn er sich unbeobachtet glaubte. Dann fragte ich mich, ob er wirklich bei der Mafia gewesen war. Er war drei oder vier Jahre älter als ich, hatte schwarze Haare und ein Gesicht mit breiten Backenknochen. Wenn ihm etwas gefiel, sagte er: »Molto bene.« Vielleicht hatte er das mit den Anwerbestellen auch nur gehört oder gelesen?

»Wie alt warst du«, fragte ich ihn, »als du zur Mafia bist?«

»Du glaubst mir wohl nicht!«

»Doch«, sagte ich. »Ob die mich nehmen würden?«

Er blätterte in einem Buch, las und kaute vor Aufregung an den Fingern. Vornedrauf war ein Mann mit einem Vollbart und einer Pfeife im Mund. Als die Deckenbeleuchtung ausging, streckte er den Arm mit dem Buch hoch, so daß das Licht des Hofscheinwerfers drauffiel. Als er es ausgelesen hatte, gab er es mir. Es war zerfleddert und ein paar Seiten fehlten. Es stammte aus der Reihe *Gelbe Taschenbücher* des Goldmann Verlags. Der Mann mit der Pfeife und dem Vollbart hieß Jack Bilbo. Er hatte sein Leben beschrieben und ein gewisser Henry Miller das Vorwort dazu verfaßt. Ich verschlang das Buch an einem Sonntag. Ich fing morgens um acht Uhr an und als das Licht ausging, war ich fertig.

Jack Bilbo war mit vierzehn von zuhause durchgebrannt und zur See gefahren. Auf seiner ersten Fahrt wäre er im Indischen Ozean beinahe ertrunken, denn sein Schiff geriet in einen Sturm und ging unter. In letzter Sekunde fischte ihn die Mannschaft eines holländischen Frachters aus den Wellen. Im Laderaum lagerten Waffen für die Kuomintang-Bewegung. Also fuhr er den Yangtse hoch und kämpfte auf Seiten der Aufständischen. Danach segelte er zweimal um die Welt, bis er mit fünfzehn in New York andockte und Manager des Bijou-Theaters am Broadway wurde. Dort gehörte zu seinen Aufgaben, daß er jeden Morgen die Einnahmen zur Greenwich-Bank brachte. 2700 Dollar und zwei Rollen Silbergeld waren das an jenem verfluchten 27. April, als sich ein Revolverlauf in seine Hüfte bohrte und ein Gangster sagte: »Hand over the money!« Dann stieg der Gangster in einen schwarzen Buick und verschwand mit quietschenden Reifen. Mit dem Geld war Jack Bilbo auch seine Stelle los, denn wer in aller Welt frißt schon eine Geschichte wie diese? Bald schlief er auf den Bänken des Central Parks, doch als er sich für den letzten Dime ein Sandwich kaufen wollte, saß ebendieser Gangster im Café. Und nun war Jack Bilbo an der Reihe. Er hämmerte den Ganoven so gegen die Wand, daß dieser mächtig beeindruckt war, ihn mit nach Chicago nahm und Al Capone vorstellte. Dem gefiel der Fünfzehnjährige. Er machte ihn zu seinem Bodyguard und Gunman. Jack Bilbo bewährte sich in Bandenkriegen mit Chinesen, schmuggelte als Bootlegger Alkohol und erbeutete zwei Millionen Dollar bei einem Überfall auf einen Geldtransport der Capitol-Bank in New York.

»Glaubst du mir jetzt?« fragte Tino.

»Ja«, sagte ich.

Und dann: »Ich mach die Fliege, Tino. Ich hau ab nach Palermo. Wo genau war die Bar mit dem Finger?«

Er zündete sich eine Zigarette an und sagte: »In der Via Roma, an der Stazione Centrale.«

»Via Roma«, wiederholte ich, »Stazione Centrale in Palermo. Das kann ich mir merken.«

vier

ALS ICH AUF DER LORE HOCKTE und wir durch das Torfareal fuhren, nieselte es. Ich trug einen grauen Wehrmachtsmantel mit Messingknöpfen und dachte die ganze Zeit: Heute mach ich die Fliege. Ich zog den Mantel aus, stieg in die Torfgrube und warf Wasen nach oben.

»Porco dio«, fluchte Tino, »wirf nicht so fest.«

Ich mach die Fliege, dachte ich.

Das Gleis führte bis ans Ende des Areals. Dort stand beim Prellbock die Diesellok mit den Loren. Dahinter begann der Wald, der sich die Vorberge hochzog. Die Berge steckten in Wolken und als der Lokführer um halb zehn den Kanonenofen heizte, stieg Rauch aus dem Ofenrohr der Brotzeithütte. Als wir eine halbe Stunde später in die Hütte kamen, war es schon warm. Aus der großen Aluminiumkanne dampfte Tee und einer der Aufseher verteilte Brote mit Leberwurst und Schmierkäse aus der Proviantkiste. Der Lokführer, der Angestellter des Torfwerks war, schnitt mit seinem Taschenmesser zwei Päckchen Prämientabak in je acht Teile, während der Vorarbeiter pro Mann zehn Efka-Blättchen abzählte.

Ich drehte mir eine Zigarette und sagte zu Tino: »Ich mach die Fliege.«

»Warte, bis es richtig regnet«, sagte er, »dann wittern die Hunde deine Spur nicht.«

Alle hofften, daß es richtig zu schütten beginnen würde, damit sie in der Hütte bleiben dürften. Und weil alle es hofften, begann es zu schütten. Der Regen trommelte aufs Dach und als ich aus dem Fenster blickte, sah ich gerade noch die Diesellok, während der Wald dahinter eine Wolke aus Regenstaub und Nebelfetzen war.

Die Aufseher gingen hinaus und kamen wieder herein.

»Wenn es nicht nachläßt«, sagten sie, »fahren wir zurück.«

Wir saßen bis Mittag in der Hütte. Dann erhob sich einer der Aufseher, zog seinen Mantel an, hängte den Karabiner um und sagte: »Wir fahren zurück.«

Ich zog Schnürschuhe und Mantel an und setzte das Käppi auf den Kopf. Dann schnappte ich mir die leere Proviantkiste und trug sie zum Zug. Ich ging nicht schnell. Der Regen lief mir ins Gesicht und ich dachte die ganze Zeit: Ich mach die Fliege. Ich wußte, daß einer der Aufseher in der Tür stand und mir hinterhersah. Ich mach die Fliege, dachte ich, stellte die Kiste ab und hob sie auf die vordere Eisenlore. Dabei sah ich in der Hüttentür den Aufseher. Ich mach jetzt die Fliege, dachte ich und stellte mich hinter die Lore und pißte gegen den Prellbock. Der Urin schäumte im Kies. Das Gleis war schmal, bucklig und mit Gras überwachsen. Die Schwellen waren aus Holz und die Schienen da und dort mit Brettern unterfuttert. Die Schrauben, mit denen sie befestigt waren, hatten Rostköpfe. Als der Aufseher in sein Trillerpfeifchen blies, hatte ich schon fast das Ende des Gleises erreicht. Danach fiel ein Schuß, aber da hatte ich nur noch fünfzig Meter bis zum Unterholz, er klang nicht lauter und gefährlicher als eine Knallerbse.

Ich blieb erst stehen, als mir vor einer Lichtung mit einem Heuschober die Luft ausging. Über eine Bergstraße fuhr ein Lastwagen und ein Stück weiter lag ein Bauernhof, wo ein Hund anschlug, als der Lastwagen davor stehenblieb.

In einer knappen Stunde, dachte ich, werden die ersten Fahrzeuge mit Uniformierten eintreffen. Dann werden sie vom Torfstich her eine Kette bilden und den Wald hochsteigen. Wahrscheinlich wird von der Straße und dem Bauernhof her eine zweite Kette kommen. Sie werden die Bewohner fragen, ob jemand über die Lichtung gelaufen ist.

Der Regen hatte nachgelassen und von einem Hügel aus konnte ich sehen, wie der Zug am Ende des Torfareals über die

Brücke fuhr. Auch die Hütte sah ich schräg unter mir und wenn ich mich nicht irrte, stieg immer noch Rauch aus dem Ofenrohr. Ich wollte weg, so weit und so schnell wie möglich, und doch bewegte ich mich nicht. Ich stellte mir vor, wie sie ankämen und daß ich einer von ihnen wäre und wie ich nach mir suchen würde. Und da wußte ich, was ich tun mußte, damit sie mich nicht finden würden.

Ich lief durch den Wald zurück in den Torfstich zur Hütte, probierte die Tür, sie war verschlossen, und hebelte eines der Fenster auf. Dann stieg ich hinein und zog es von innen zu. Auf dem Tisch lagen angebissene Käse- und Leberwurstbrote, am hinteren Ende stand die halb ausgetrunkene Bierflasche des Lokführers und über dem Kanonenofen blähte sich eine Spinnwebe. Es war immer noch wie vor einer halben Stunde, nur daß ich inzwischen geflüchtet war, in der Anstalt die Sirene heulte und bald die Suchtrupps mit den Hunden eintreffen mußten.

Sie kamen schneller, als ich erwartet hatte. Auf einmal war das Holpern der Diesellok zu hören. Als ich aus dem Fenster spitzte, sah ich den Lokführer und auf den Eisenloren die Aufseher. Beim Prellbock sprangen sie herunter und nun erspähte ich durch einen Spalt in der Tür auch zwei Hunde mit Führern. Sie hatten in den Loren gesessen und hechelten am Gleis entlang, während die Uniformierten ausschwärmten und im Unterholz verschwanden. Lediglich der Lokführer blieb zurück.

Ich behielt ihn die ganze Zeit im Auge, wie er da saß unter dem kleinen Lokomotivendach, in die Steppjacke eingemümmelt und mit dem Filzhut auf dem Kopf. Einmal stieg er herunter und kam auf die Hütte zu. Da bekam ich Angst, er könnte hereinkommen, und verbarg mich hinter einem der Mäntel an der Wand. Aber als die Tür nicht aufging und ich nochmals durch den Spalt schaute, saß er wieder auf der Lok.

Dort blieb er sitzen, bis der Suchtrupp zurückkam. Sie schimpften auf die Nässe und das Sauwetter, sahen sich um, auch zur Hütte sahen sie her, aber da selbst den Hunden nichts einfiel, stiegen sie wieder auf und fuhren zurück. Ich trank die Bierflasche leer, packte die Käse- und Wurstbrote ein und stellte mir vor, wie in der Anstalt mein Name die Runde machte. Ich hatte mich noch nie in meinem Leben so frei gefühlt, so stark und so klug. Als sich die Dunkelheit auf den Torfstich setzte, stieg ich aus dem Fenster und machte mich auf den Weg. Ich lief die ganze Nacht, durch Wald, über Felder, dann Landstraßen entlang. Wenn Autoscheinwerfer aufleuchteten, stellte ich mich hinter Bäume oder duckte mich in Straßengräben. Als am Morgen der Berufsverkehr einsetzte, verkroch ich mich in einem Heustadel und schlief. Später klaute ich ein Moped und ließ es, als der Tank leer war, stehen. Dann klaute ich ein zweites und fuhr über Miesbach und Bad Tölz in den Pfaffenwinkel. Als ich es im Wald hinter Josephs Hütte abstellte und bei ihm am Fenster kratzte, war es längst wieder dunkel. Er hatte schon geschlafen und als er herauskam und sich umsah, trug er eine lange Unterhose und eine Joppe. Er gab mir einen Stoß.

»Daß du zu mir kommst«, sagte er.

Dann zündete er eine Petroleumlampe an, stellte mir eine Flasche Augustiner auf den Tisch, legte Brot und Geräuchertes auf einen Teller und machte Nudelsuppe warm.

»Erzähl«, sagte er, »wie bist ihnen durch die Lappen?«

Und da erzählte ich, vom Torfstich im Moor, wie ich mich in der Hütte versteckt hatte, wie ich den Tengelmann zu Kleinholz verarbeitet hatte und von Max, Wassili und Tino.

Meine Großmutter hatte ihm schon Bescheid gesagt, daß ich geflohen war. Die Polizei war gekommen und einer in Zivil war hinter ihr hergelaufen.

»Das hat sie gleich gemerkt«, sagte Joseph. »Da ist sie gelaufen, bis es dem Kriminaler langweilig worden ist. Dann ist sie zu mir gekommen. Ich sag ihr morgen früh Bescheid, daß du hier bist.«

Das mit der Hütte gefiel Joseph. Ich mußte es mehrmals erzählen.

»Wenn du rennst«, sagte er, »kriegen sie dich. Das hätte ich auch so machen sollen, wie ich damals in der Wand gesessen hab. Aber ich wollte ja unbedingt in die Jachenau runter. Abwarten muß man können.«

Er spuckte in sein Taschentuch und hielt es mir hin. Die Spucke war rosa.

»Da schau her«, sagte er, »jetzt blutet's wieder.«

»Auf mich haben sie auch geschossen«, sagte ich.

»Wo willst jetzt hin?«

»Zur Mafia«, sagte ich.

»Suchen die welche?«

»Die suchen immer welche.«

»Wenn ich jünger wär«, sagte er.

Ich schlief im Pferdeverschlag in dieser Nacht. Am Morgen stieg Joseph hinunter und suchte meine Großmutter. Gegen Mittag kehrte er zurück. Am Abend kam sie mit einer Tasche voll Kleidung und dem Personalausweis meines Cousins den Weg zur Hütte hoch. Die Kleidung paßte halbwegs, das Bild im Ausweis nicht, denn mein Cousin war älter als ich und hatte abstehende Ohren.

Joseph meinte: »Du kannst ja sagen, daß du sie hast operieren lassen.«

Meine Großmutter ärgerte sich, daß mein Cousin früher immer das Leukoplast abgerissen hatte, mit dem sie ihm die Löffel anklebte. Daß ich zur Mafia wollte, hatte ihr Joseph schon gesagt.

»Mit der ist nicht gut Kirschen essen«, sagte sie und gab mir einen Anhänger mit einem Silberengel und dreißig Mark. Und weil Joseph noch zwanzig drauflegte, hatte ich fünfzig, als ich anderntags, bevor es hell wurde, Richtung Palermo aufbrach.

Ich fuhr mit dem Moped nach Mittenwald, nahm dort den Bus nach Innsbruck und fuhr dann auf der alten Brennerstraße per Anhalter weiter nach Italien. Die Zöllner klappten den Ausweis auf und zu und schauten ihn gar nicht an. Der einzige, der ihn wirklich sehen wollte, war ein Autofahrer, der mich von Sterzing Richtung Trento mitnahm. Da stieg ich aus und lief zu Fuß weiter. Das war gut so, denn bald darauf hielt ein anderes Auto an, das bis Verona fuhr. Der Fahrer hatte Arme so dick wie Schenkel und Schenkel so dick wie Schweineschinken und auf dem Rücksitz standen zwei Kisten voller gelber Käseleiber. Er wollte wissen, was ich in meiner Tasche hatte. Als ich ihm Josephs Militärdecke aus Rußland zeigte, das Brot und die halbe Flasche Barbera, schenkte er mir einen Käse dazu. In Palermo, erklärte er, sei das Wetter besser. »Sscht, sscht, kein Regen«, sagte er und fuhr mit dem Arm wie mit einem Scheibenwischer hin und her.

Ich aß den Käse zu Brot und Wein unter dem Vordach eines Zementwerks, rauchte eine Nazionali und studierte den winzigen Taschenkalender, den ich als Werbegeschenk bekommen hatte. Auf der Rückseite war eine Karte von Italien.

Milano war darauf als roter Punkt, auch Venezia, Firenze, Roma und Napoli und ganz im Süden, wo im Stiefel der Fuß steckt, Palermo. Dann machte ich mich wieder auf den Weg. Weil kein Auto stehenblieb, ging ich zu Fuß weiter.

»Nazionali esportanzione«, sagte ich immer. »Nazionali esportanzione.«

Die Zigarettenschachtel war grün und das Wort gefiel mir. Es klang so kompliziert und einfach zugleich, daß es mir nicht mehr aus dem Kopf ging. Ich wünschte mir, ich würde auch alle anderen italienischen Wörter beherrschen.

Es regnete den ganzen Tag. Nachts wachte ich in einer Hütte neben einem Kanal auf, als eine Ratte auf meine Brust kletterte. Ich hatte schlecht geträumt, vom Gefängnis und daß Italien ein Stiefel ist, der im Kanal treibt und lauter Löcher hat, aus denen Ratten kriechen, von denen sich eine auf meine Brust setzt. Sie hatte ein hinterhältiges Gesicht, silberne Barthaare und lange Zähne. Als ich hochsprang, huschte sie zum Kanal.

Im Osten graute es widerwillig. Die Straße zog sich an Feldern entlang und als ich eine Stunde gegangen war, bemerkte ich ein Gehöft, das dunkel dalag und dessen Läden vor den Fenstern und Türen geschlossen waren. Es sah verlassen aus. Auf dem Zufahrtsweg waren keine Spuren zu erkennen und als ich zum Stall kam, rasselten darin keine Ketten. Alles war still, die Tür stand offen und die Scheune war leer. Wahrscheinlich, dachte ich, sind die Bewohner in die Stadt gezogen. Zurückgeblieben war nur eine Taube. Sie hockte auf einem Sparren, weiß und groß wie ein Suppenhuhn, und verfolgte mit rotem Auge, wie ich nach einer Mistgabel griff und ausholte. Dann flog sie hinaus.

Ich hatte vorgehabt, sie zu braten und zu essen. Nun lief ich mit der Mistgabel über den Hof, gurrte und suchte nach ihr. Als ich die angelehnte Flügeltür des Hauses bemerkte, glaubte ich ihr Versteck entdeckt zu haben. Ich hob die Gabel, trat die Tür auf und stand im Schlafzimmer eines alten Bauernehepaars. Sie saßen aufrecht im Bett und starrten mich an. Erst da verstand ich, daß dieses Gehöft gar nicht leerstand, schlug mit den Armen und gurrte, weil mir nicht einfiel, was Taube auf Italienisch heißt.

Später am Tag, an einer Autobahnauffahrt, die so öde war, daß ich glaubte, hier hätte noch nie jemand gehalten, traf ich Borislaw. In seinem dunklen Anzug, mit dem Lederhut auf dem Kopf und dem Pappkoffer in der Hand sah er wie ein heruntergekommener Reisevertreter aus. Als ich ihn die Straße entlangkommen sah, war ich froh, daß es ihn gab. Es ging ihm nicht viel besser als mir. In seinem Koffer waren eine Decke, eine Hose und ein paar französische Zeitungen. Außerdem besaß er ein Formular, das belegte, daß er drei Jahre in Frèsnes gesessen hatte und aus Polen stammte.

»Deutsch«, sagte ich, »tedesco.«

»Pole«, sagte er.

»Roma«, sagte ich.

»Genua«, sagte er.

Dann studierten wir meine Karte. Er entschied sich, mit nach Rom zu trampen, da er dort jemanden kannte, der entweder eine

Uhr hatte oder keine Uhr oder viele Uhren. Ich verstand ihn nicht, aber es war nicht wichtig. Ein Autofahrer nahm uns mit. Damit hatte ich nicht mehr gerechnet. Es kam mir vor, als hätte ich es Borislaw zu verdanken. Ich gab ihm Brot und Wein und meine zweite Büchse Ravioli. Wir fingerten die Dosen leer, als die Dunkelheit hereinbrach und wir auf die erleuchteten Hochhäuser und Mietskasernen von Bologna blickten.

Ich gab ihm auch 2000 Lire von den 3000, die ich noch hatte. Aber das war zwei Tage später. Ein Autofahrer nahm uns nach Florenz mit und ein dritter oder fünfter nach Tivoli, und als wir über den Tiber und zum Bahnhof von Rom liefen, verstand ich endlich, was es mit den Uhren auf sich hatte. Ich gab ihm das Geld und wartete vor der Stazione Termini. Ich wartete lange und als ich dachte, er kommt nicht mehr, er kommt sicher nicht mehr, kam er wie ein Fisch am Haken über den Platz und zeigte mir drei Armbanduhren. Sie sahen aus, als wären sie aus Gold. Die schönste verkaufte ich einem Pilger, der aus München kam und mir helfen wollte, wieder nach Hause zu fahren. Borislaw ging los, um mit dem Gewinn weitere Uhren zu besorgen. Diesmal kam er wirklich nicht mehr. Ich suchte ihn, aber Rom war groß und Borislaw ohne Hut schwer zu erkennen.

Von den zwei Uhren, die mir blieben, gab ich eine einem Motorradfahrer in Salerno dafür, daß er mich auf dem Sozius zum Güterbahnhof brachte, wo zementgraue Tagelöhner vor Eisenbahnwaggons standen und staunten, daß ein Gastarbeiter aus Deutschland kam. Ich reihte mich ein, schleppte Zementsäcke, schlief in einem Waggon und verdiente an drei Tagen so viel, als hätte ich drei Uhren verkauft. Dann klopfte ich den Zementstaub aus der Kleidung, wusch mich unter einer Pumpe und trampte weiter nach Messina, wo ich ein Ticket für die Fähre nach Reggio kaufte.

In Rom, Neapel und Salerno hatte die Sonne geschienen. In Sizilien regnete es wieder. Die Landschaft war braun und verhangen, das Meer neben der Straße aufgewühlt und dunkel. Regenböen gingen darauf nieder. Vor den Bergen stauten sich Wolken und im Grau rotierte das Licht des Leuchtturms von Cefalù. Als mich der Fahrer eines Lieferwagens dort absetzte, wurde es dunkel und von den Gebäuden triefte das Wasser. Ich schlief in einer Grabkammer auf dem Friedhof vor der Stadt. Vor dem Grabeingang stand ein schwarzer Engel mit abgebrochenem Flügel und daneben grasten Schafe, die aussahen, als ob sie aus dem Jenseits kämen. Am andern Tag zog ich im Windschatten der Häuser über die Via Roma in Palermo ein.

Es ging schon auf den Abend zu, als ich mich nach einem Quartier umsah. Zwischen Palästen und Kathedralen fand ich Kriegsruinen mit vernagelten Fenstern und verwilderten Gärten. Ich schlief in einem bretterverschlagenen Raum, eingewickelt in Josephs feuchte Decke. Als der Verkehr einsetzte, machte ich mich auf die Suche nach der Anwerbebar. Es regnete immer noch. Ich lief zur Stazione Centrale und die Via Roma entlang und wieder zurück. Ich lief bis zur Mole, aber es gab viele Bars und Cafés, bloß nirgends einen abgeschnittenen Finger. Im Gefängnis hatte ich mir alles so einfach vorgestellt, aber nun – ich überlegte. Ich war aus dem Torfstich geflohen, hatte zwei Mopeds gestohlen, eine Ratte hatte auf meiner Brust gesessen und nun stand ich in Palermo und nirgends war dieser Finger. Da war der Bahnhof, die Stazione Centrale, und die Via Roma, von der Tino geredet hatte.

Vor einem Zeitungsladen stand ein Mann, der einen gestreiften Anzug trug und Schuhe mit weißen Spitzen. Ich kaufte eine Tafel Schokolade, schrieb auf die Innenseite des Papiers *Mafia?* und hielt es ihm hin. Er wollte wissen, was ich in der Tasche hatte. Ich zeigte ihm die Militärdecke und er breitete sie aus wie ein Torero die Maleta.

»Mafia«, sagte er, »ah, Mafia« und zeigte zu einer Bar.

Sie sah aus, wie Tino sie beschrieben hatte. Ein paar unrasierte Männer standen drin, eine Espressomaschine gurgelte und hinter der Theke sah ich den Barkeeper. Ich zeigte ihm das Papier. Er las es, reichte es weiter und nun schauten mich die Männer an, bis mir einer die Hand auf die Schulter legte, mit mir zur Tür ging und zu einer Kirche deutete, aus der gerade eine Beerdigungsgesellschaft kam. Die Männer trugen Hüte, die Frauen Schleier und über alle spannten sich die Kuppeldächer schwarzer Regenschirme.

Als ich die Bar verließ, wußte ich, daß Tino gelogen hatte. Ich wollte weg aus Palermo und lief doch immer weiter auf der Straße, bis sie abbog zum Hafenbahnhof. Ich sah die flachen Gebäude, die Lagerhallen, die Winsche, die Hafenarbeiter, die sich an eine Diesellok klammerten, die über das Gelände rollte, und die Frachter, die am Kai lagen, und sagte mir, vielleicht bin ich doch nicht umsonst nach Palermo gefahren, denn schließlich bin ich aus dem Knast abgehauen, hab zwei Mopeds geklaut und mit einer Mistgabel in einem fremden Schlafzimmer gestanden. Es hatte aufgehört zu regnen und am Bug eines Frachters las ich *Monrovia* und dachte, daß Jack Bilbo einfach an Bord gehen und fragen würde.

An der Reling lehnten Schwarze. Durch den Hafen tuckerte ein Boot. Dann stand ein Zöllner oder Hafenaufseher mit blauer Uniform und Ledertasche neben mir und wollte helfen. »Monrovia«, sagte ich, aber er schüttelte den Kopf, holte sein Fahrrad und während er sein schweres schwarzes Rad über das Gelände schob, erklärte er mir etwas auf Italienisch, wobei oft »barca« vorkam und er nach jedem Satz »comprende« fragte. Er brachte mich zu einem Schiff am Ende des Piers. Es sah weiß und vornehm aus. Ich stieg hinter ihm die Gangway hoch und befand mich zum ersten Mal in meinem Leben an Bord eines großen Schiffs. Es war ein wenig wie im Traum, es bewegte sich sanft und die Taue knarzten. Über die Gänge zogen sich rote Läufer, die Messinggeländer glänzten, die Kapitänskajüte war holzgetäfelt und der Kapitän selbst so vornehm wie sein Schiff. Er trug eine weiße Uniform mit Patten und Litzen und auf seinem Kopf saß eine Mütze mit goldener Kordel. Sein Schreibtisch war fast so groß wie ein Fußballfeld, auf dem Boden lagen Teppiche und an den Wänden hingen Stahlstiche mit Segelschiffen. Als er im Ausweis meines Cousins blätterte, hoffte ich, etwas Unmögliches könnte wahr werden, eine Reise durch den indischen Ozean oder ein Posten am Bijou-Theater am Broadway. Einen Moment lang schien er unschlüssig. Ich bog meine Zehen einwärts, er blickte auf meine Schuhe, zuckte mit den Schultern und gab mir den Ausweis zurück.

Auch dem Zöllner oder Hafenaufseher tat es leid, aber er ließ mich trotzdem am Pier stehen, wo ich mich auf einen Poller setzte und die letzte Nazionali rauchte. Ich zerknüllte die grüne Schachtel und warf sie zwischen Holzpaletten, studierte die kleine Karte und schaute zu, wie am Ende des Piers das Schiff ablegte.

Ich bin in den Stiefel gerutscht, dachte ich. Jetzt bin ich ganz unten, nun muß ich wieder hoch und raus aus dem Schaft. Während ich zurückfuhr, dachte ich daran, wie ich mich von den Zehenspitzen zum Schaft vorarbeitete, dann den Schaft hochkletterte. Als ich oben rauskam, stellte ich mir vor, wie ich am Kesselberghaus vorbei weiter nach Barackenstadt fahren und mit Wassili und seiner blonden Schwester in einem Ford 17 M durch die Stadt kurven würde.

Auf der Straße nach Bagheria nahm mich ein Lastwagenfahrer mit. Er mampfte ein Weißbrot mit Salat und Sardinen und weil ich danach schielte, brach er es entzwei und gab mir die Hälfte. Mein Geld reichte noch für die Überfahrt. Danach kam ich schlecht voran. Einmal klaute ich Konservendosen aus einem Lieferwagen. Ich brauchte eine Woche bis Florenz. Bald danach fand ich mich an derselben Stelle wieder, wo ich gestanden hatte, als Borislaw aufgetaucht war. Es war die ödeste Stelle Italiens und wenn ich nicht zu Fuß weitergegangen wäre, stünde ich noch immer dort.

Zwei Tage später befand ich mich wieder nördlich der Alpen. Ich wollte Joseph besuchen, aber da er mich sicher nach der Mafia gefragt hätte, lief ich weiter bis Penzberg. Vielleicht aber lief ich auch deshalb weiter, weil ich an Gregors Spiegeleier mit Speck und Pfefferoni dachte. Es war schon sehr spät, aber ich klingelte ihn trotzdem aus dem Schlaf. Er ließ die Badewanne einlaufen und schlug Eier in die Pfanne und während ich ihm von meiner Flucht und Sizilien erzählte, rasierte er sich mit dem Bowiemesser die Haare von den Unterarmen.

Das beste an Max war gewesen, daß ich durch ihn Gregor getroffen hatte.

Ich machte mich in Penzberg früh auf den Weg, aber es sollte Wochen dauern, bis ich nach Barackenstadt käme.

Die Autofahrer nahmen mich immer nur ein, zwei Dörfer weit mit. Mittags war ich noch nicht einmal in Gauting. Dort stand ich, bis ein Ford anhielt, der so verbeult aussah, als hätte man ihn mit einem Hammer bearbeitet. Der Fahrer drehte das Fenster herunter und sagte: »Bis Gauting kannst du mit.«

Er hatte einen schwarzen Schnauzer im Gesicht, Lederstiefel an den Füßen und gegen das Lenkrad drückte er einen schweren Bauch. Auf dem Rücksitz lagen Plakatrollen und als er stoppte und ein paar davon an eine Scheunenwand klebte, sah ich, daß darauf ein Clown mit roter Nase und Pferde mit Federbüschen abgebildet waren. *Zirkus Brumbach* stand darunter. Ich half ihm und er fragte, ob ich Arbeit suchte, aber ich wußte es nicht.

»Ich zahl dir zehn Mark am Tag, das Essen ist gut. Wenn die Vorstellungen ausverkauft sind, kriegst du fünfzehn.«

»Fünfzehn Mark am Tag sind super«, sagte ich. »Soviel hab ich in Salerno gekriegt fürs Zementsäcketragen. Was muß ich machen?«

»Wenn die Vorstellungen ausverkauft sind«, sagte er, »sonst zehn. Salerno in Italien?«

»Ja, ich war auch in Sizilien.«

»Tschoko zeigt dir, was du tun musst.«

Es war kurz vor der Nachmittagsvorstellung, als wir am Zirkusplatz ankamen. Vor der Kasse wartete eine Traube Kinder, im

Zelt übte die Kapelle den Elefantenmarsch, dahinter striegelte einer Pferde und ein Artist schleuderte Wurfmesser auf ein Brett. Ein Lama stand in einer Pfütze, ein Affe zerrte an seiner Kette und ich dachte, immer kommt alles anders. Wenn der Richtige angehalten hätte, wäre ich jetzt schon in Barackenstadt.

Der Zirkuswagen, zu dem mich der Direktor brachte, stand am Ende des Platzes. Er war rot und an den Fenstern hingen Gardinen. Daneben stand der Elefantenwagen und gegenüber tappten in Käfigen Braunbären hin und her. Im Bus befanden sich zwei eiserne Doppelstockbetten und Blechspinde, neben der Tür saß ein blinder Pudel, auf einem der Betten lagen zwei Hunde, die mit ihren spitzen Schnauzen und dem grauen Fell wie Riesenratten aussahen, und auf dem Bett darüber ein Bernhardiner. Zwischen den Betten hing Wäsche an einer Leine und auf dem Tisch stand eine Plastikschüssel mit Nudeln.

Tschoko hatte einen kleinen Bartspitz am Kinn. Er war hager und zäh, seine Augen waren schwarz, unruhig und so beweglich, als könnten sie auch nach hinten sehen. Er trug eine goldene Uhr und einen Ring mit schwarzem Stein.

»Du warst im Knast«, sagte er.

»Ja«, sagte ich, »woher weißt du das?«

»Seh ich«, sagte er und hauchte den Stein an. »Hier waren alle im Knast. Am längsten hat Adolf gesessen. Brumbach ist mein Onkel. Ich könnte in einem anderen Wagen wohnen. Ich bin Artist. Ich arbeite mit dem Lasso. Zieh die Uniform an.«

Sie hing in einem Spind, war hellblau, die Jacke hatte goldene Epauletten, eine Affenschaukel und goldene Knöpfe.

»Du stellst dich vor den Vorhang«, sagte er. »Dann kannst du mich sehen. Das ist die Arschnummer mit den Bären.«

»Das ist die Arschnummer«, sagte er nochmal, als wir über den Platz gingen. »Und ich bin Artist, verstehst du. Ich arbeite mit dem Lasso. Ich müßte nicht im Bus wohnen. Die andern wohnen auch nicht im Bus.«

Er zeigte mir, was ich zu tun hatte. Wir liefen zum Pferdewagen, zu den Elefanten, zu den Bären.

»Ich war in Sizilien«, sagte ich.

»Du brauchst mir nichts erzählen«, sagte er. »Beeindruckt mich nicht, daß du in Sizilien warst.«

Er nahm die Uhr vom Handgelenk und gab sie mir. Sie war schwer.

»Echt Gold«, sagte er, »was meinst du, daß die kostet?«

»Weiß nicht.«

»Mehr jedenfalls, als du am Arsch hast.«

Ich mochte die Uniform. Sie saß wie angegossen. Auf dem Weg zum Zelt kam es mir vor, als sei ich die wichtigste Person am Platz. Es roch nach Tieren, nach Bären-, Elefanten- und Pferdemist. Brumbach stand in Frack und Zylinder hinter dem Zelt. Einer der Bären wurde über den Platz geführt, ein Elefant mit einem Schlauch abgespritzt. Als ich mich vor dem roten Vorhang mit den Bordüren postierte, saßen in den Bänken schon die Kinder. Dann spielte die Kapelle einen Tusch, der Vorhang ging auf, die Pferde trabten herein und Brumbach schnalzte mit der Peitsche. Später kamen die Elefanten, die auf Holzkugeln balancierten, das Seiltänzerpaar, die Trapezkünstler, der Messerwerfer mit seiner schwarzhaarigen Tochter, der Clown, der über seine Latschen stolperte. Und wieder Brumbach, von Kopf bis Fuß Zirkusdirektor.

»Hochverehrtes Publikum«, rief er, »wir kommen zum Höhepunkt der Vorstellung, zur Sensation der Sensationen. Sie sehen jetzt einen Kampf auf Leben und Tod zwischen einem drei Zentner schweren sibirischen Braunbären und unserem Stallmeister aus den Karpaten, bei dem es sich um keinen Geringeren als den Urenkel des Grafen Dracula handelt.«

Dann stürzte Tschoko in die Manege. Er trug ein gestreiftes Ringertrikot, verzerrte das Gesicht, fletschte die Zähne, wühlte im Sägemehl und brüllte seinen Bärenschrei. Die Kinder kreischten, es sah aus, als wollte er sich in die Reihen stürzen. Aber da brüllte hinter dem Vorhang die Bärin selbst, zockelte in die Manege und richtete sich auf. Sie war riesig, aber als sie auf ihn losging, sprang ihr Tschoko mit beiden Beinen in den Bauch, überschlug sich und griff das Tier von hinten an. Die Bärin schlug von der Seite, er flog ins Sägemehl, aber kaum lag er am Boden, schnellte er wieder hoch und klammerte sich mit den Beinen am Hals der Bärin fest. Da sie keine Lust mehr hatte, warf er ihr Sägemehl an den Kopf, doch sie richtete sich nur noch einmal zum Brüllen auf. Tschoko war schnell, flink und zäh gewesen. Nach dem Kampf schlug er als Zugabe aus dem Stand einen Salto.

Als ich nach der Vorstellung hinter den Vorhang kam, hörte ich, wie Brumbach ihm eine Standpauke hielt.

»Ich hab dir schon tausendmal gesagt, daß du dir deine Einlagen schenken kannst. Ein Ringkampf ist das, ein Boxkampf gegen einen Bären, und keine Saltoveranstaltung. Der Bär muß kommen. Kommen! Kapierst du! Die müssen glauben, Sofie reißt dich in Fetzen, und du hüpfst auf ihr rum wie auf einer Matratze. In der dritten Runde bist du dran! Tausendmal hab ich dir ...«

Tschoko zuckte die Achseln.

»Ich bin Artist«, sagte er.

»Du bist gar nichts«, zeterte Brumbach und stiefelte ihm über den Platz nach.

»Ein Angeber bist du«, schrie er. »Ein Arschloch von einem Angeber. Glaub bloß nicht, ich weiß nicht, was du bist!«

Sein Schädel war rot. Aber Tschoko ging weiter und drehte sich nicht einmal um. Und nach der Abendvorstellung, als das Zelt abgebaut wurde, war er plötzlich verschwunden.

»Tschoko verschwindet oft«, sagte Adolf. »Wenn er wieder da ist, tut Brumbach, als hätte er nichts gemerkt.«

Adolf war so groß wie ein Fünftklässler, so breit wie ein Schrank und schlief mit den zwei Riesenratten im unteren Bett. Manchmal fluchte er im Schlaf und warf die Hunde aus dem Bus. Wenn sie jaulten, schmiß er ihnen Geschirr und Schuhe nach. Er mistete die Bärenkäfige aus, schleppte Bänke, Kübel, Strohballen und wenn er mit dem Vorschlaghammer Heringe einschlug, konnte er nicht mehr aufhören. Am liebsten hätte er den ganzen Tag Heringe in harte Erde gehämmert. Einmal hatte er jemanden mit einer Zaunlatte erschlagen und dafür acht Jahre im Zuchthaus gesessen. Er futterte für drei, und wenn er Fix-und-Foxi-Heftchen las, wälzte er sich vor Lachen. Beim Mensch-ärgere-dich-nicht betrog er und wenn man es merkte, fing er an zu streiten. Dann verengten sich seine Augen heimtückisch und es dauerte Stunden, bis sie wieder größer wurden.

Nach der letzten Vorstellung bauten wir das Zelt und die Tribüne ab, legten die Masten um, verluden alles. Als die erste Zugmaschine vorgespannt wurde, war es längst nach Mitternacht. Die Artistenwagen waren schon abgefahren und die Wagen mit den Tieren auch. Manchmal döste ich auf der Zugmaschine ein. Wenn ich wieder zu mir kam, sah ich hinter dem Steuer den Trompetenspieler mit einer Kippe zwischen den Lippen.

In KZ-Stadt standen die Artistenwagen schon auf dem Platz, als wir ankamen, Adolf schleppte Futter zu den Pferden und den Elefanten. Als die Artisten aufwachten und ihre Köpfe aus den Wohnwagen streckten, richteten wir schon die Masten auf, spannten Drahtseile und die Plane, schlugen Heringe in die Erde, setzten die Tribüne zusammen und stellten die Bankreihen auf. Ich mistete den Pferdewagen aus, wusch den Pferden die Flanken, löffelte Nudeln mit Fleischbrocken und musste anschließend mit dem Fahrrad ausrücken, um das Lama wieder einzufangen.

Normalerweise stand es auf dem Platz, fraß und hatte keine Aufgabe, außer da zu sein. Manchmal aber nahm es Reißaus, stellte sich auf eine Straße und wenn ich ankam, stülpte es die Unterlippe vor und spuckte Speichelwolken.

Zur Nachmittagsvorstellung war Tschoko noch immer nicht wieder da. Brumbach brachte mir das Ringertrikot: »Du hast gesehen, wie's geht.« Dann holte er Sofie aus dem Käfig und zeigte mir, wie ich sie unter den Vorderbeinen fassen mußte, damit sie sich auf den Rücken legte.

»Zuletzt setzt du ihr den Fuß auf die Brust, aber nicht vor der dritten Runde! Zeig, was du kannst! Oder hast du Angst?«

»Nein«, sagte ich.

Als ich im Ringerkostüm im Bus saß und mich auf den Kampf vorbereitete, sah ich vor mir, wie Tschoko der Bärin in den Bauch sprang, ihr mit den Beinen am Hals hing und sich mitschleifen ließ. Ich hörte ihn schreien und das Kreischen der Kinder, als er drohte, auf sie loszugehen. Ich spürte, wie ich schwach und zittrig war in den Beinen, und hätte lieber die hellblaue Uniform angezogen. Dann stellte ich mir vor, wie ich Gregor von meinem Bärenkampf erzählen würde. Als ich zum Zelt lief, nahm ich mir vor zu brüllen, laut, lauter als Tschoko noch.

»Bei der letzten Runde«, sagte Brumbach, »nicht vorher, merk dir das!«

Die Kapelle spielte einen Tusch, dann wurde es ruhig. Ich wußte, daß sich der Messerwerfer konzentrierte, und dann hörte ich das »Ahh« und wieder das »Ahh«, als die Messer nacheinander neben seiner Tochter einschlugen.

»Hochverehrtes Publikum«, hörte ich Brumbach, »der Höhepunkt der Vorstellung, die Sensation der Sensationen, ein Kampf auf Leben und Tod zwischen einem drei Zentner schweren sibirischen Braunbären und unserem Stallmeister aus Rumänien, Enkel des Grafen Dracula. Dem letzten Bären hat er den Hals durchgebissen. Mitglieder des Tierschutzvereins werden gebeten, das Zelt zu verlassen.«

Ich sah Adolf neben dem Vorhang. Ich sah die hellblaue Jacke offen über der Brust und die Hosenbeine umgekrempelt. Ich sah die Kinder auf den Bänken und Brumbach, wie er dastand in Frack und Zylinder und »Unser rumänischer Stallmeister!« rief. Ich hörte, wie der Trommler die Stöcke immer schneller wirbelte und wie er aufhörte und es plötzlich ganz still war im Zelt.

Ich versuchte zu brüllen, aber es quietschte aus meiner Brust, als hätte ich eine Maus verschluckt. Ich scharrte Sägemehl auf, wie Tschoko es getan hatte, aber als ich drohte, mich auf die Kinder zu stürzen, kicherten sie. Ich lief an den Bänken entlang und kam mir vor, als wäre ich in einen Albtraum geraten. Man hatte mich in ein Ringertrikot gesteckt und gleich würde sich ein Bär auf mich stürzen. Ich hatte Angst, doch dann löste sich der Schrei. Ich brüllte und während ich mich brüllen hörte, wunderte ich mich, daß ich lauter als Tschoko war und lauter als Sofie, die in die Manege trabte und sich auf die Hinterbeine stellte.

Sie war groß und braun und der Bärenschädel mit den kleinen Bärenaugen mächtig. Ich brüllte, warf ihr Sägemehl ins Gesicht und stürzte auf sie los. Da kreischten die Kinder, wie sie bei Tschoko gekreischt hatten. Als mich die Bärin ins Sägemehl warf, freuten sie sich, hüpften von den Bänken hoch und klatschten. Sie klatschten und schrien noch lauter, während Sophie hinter mir herrannte und mich über den Boden kugelte. Aber als sie sich über mich stellte, rammte ich ihr die Füße in den Hals, rappelte mich hoch und wußte, daß ich es ihr zeigen mußte. Drecksvieh, dachte ich, Drecksvieh, Drecksvieh, und rammte ihr den Kopf in den Bauch. Dann flog ich wieder ins Sägemehl, dachte wieder: Drecksvieh, ich bring dich um, du Drecksvieh! Ich wälzte mich weg und griff von hinten an, krallte mich fest, biß mich ins Halsfell und sie hüpfte mit mir durch die Manege. Da sah ich, wie auch die Kinder hüpften und wie Brumbach dastand und lachte. Ich setzte meinen Fuß auf die Brust der Bärin, pfiff und keuchte vor Anstrengung.

Brumbach legte mir die Hand auf die Schulter, kaum daß ich hinter den Vorhang gekommen war. Als wir am Abend in der Dorfgaststätte einkehrten, holte er mich ans Ende der zusammengestellten Tische, wo er mit Frau und Töchtern saß. Ich durfte mich zu ihnen setzen. Er bezahlte mir Bier, Schnaps und Schweinebraten und gab mir fünfzehn Mark statt zehn, obwohl die Vorstellung nicht ausverkauft gewesen war.

In Unterpfaffenhofen war auf einmal Tschoko wieder da, stand vor dem Bus und übte mit dem Lasso, ließ die Schlinge tanzen. Als Brumbach aus dem Zelt kam und ihn sah, verschwand er im Bus.

Ich stieg zu ihm in den Bus. Tschoko saß auf dem Bett und drehte an einem Transistorgerät. Neben ihm lagen Spiegelchen, Lippenstifte, Kettchen, Puderquasten, Uhren. Adolf stand vor der Spiegelscherbe und malte sich die Lippen an.

»Hast du gewußt, daß Adolf schwul ist?« fragte Tschoko.

»Dreck bin ich«, sagte Adolf.

»Warum malst du dir die Lippen an?«

»Dreck bin ich schwul«, sagte Adolf.

»Willst auch einen?« fragte Tschoko und hielt mir einen Lippenstift hin. »Eine Mark! Fünf im Geschäft.«

»Geklaut«, sagte Adolf.

»Ich kämpf mit der Bärin«, sagte ich.

»Arschnummer«, sagte Tschoko. »Du hast noch nie eine Frau gefickt.«

Ich holte das Ringertrikot aus dem Spind.

»Das zieh ich jetzt wieder an«, sagte Tschoko.

»Für die Arschnummer«, sagte ich.

Er hielt mir den Lippenstift hin.

»Eine Mark«, sagte er, »malst dir die Lippen an und fickst dich selbst.«

»Ich hab schon mehr Frauen gefickt, als du gesehen hast«, sagte ich.

»Adolf kann im Stehen lecken«, sagte Tschoko.

»Schnauze«, sagte Adolf.

»Ich hab die Mutter von meinem Freund gevögelt«, sagte ich. »Da war ich dreizehn.«

»Hatte sie ne nasse Möse?«

»Klar«, sagte ich.

Tschoko hauchte auf den Siegelring, polierte ihn am Ärmel und drehte ihn als schwarzes Spiegelchen vor den Augen. Dann nahm er seine Brieftasche, leckte sich den Mittelfinger, zählte die Scheine und steckte sie wieder ein. Es war mehr Geld, als ich jemals besessen hatte.

Wir zogen von Unterpfaffenhofen nach Augsburg, dann Richtung Deggendorf. Wir blieben immer drei Tage und spielten in Marktflecken und auf Wiesen vor Kleinstädten. Bei der Bärennummer wechselten wir ab, Tschoko und ich. Vom Einschlagen der Eisenheringe hatte ich Hände wie Lederhandschuhe, von den Kämpfen mit der Bärin blaue Flecken.

In Aalen verschwand Tschoko erneut. Als er wiederkam, gastierten wir auf dem Stadtplatz von Heidenheim. Jetzt hatte er einen schwarzen Cowboyhut, ein schwarzes Hemd mit silbernen Sternen und schwarze Stiefel mit Toreroabsätzen.

Als wir gemeinsam vom Zirkus abhauten, blieben die neuen Klamotten im Spind, er hatte nur seine Tasche dabei mit Schokolade, Schmuck und Toilettensachen. Ich sah von den Bärenkäfigen aus, wie er heraussprang, am Pferdewagen und den Wohnwagen vorbei zu den Bären lief. Danach bemerkte ich die Polizisten. Sie kamen von drei Seiten und vor dem Wohnwagen des Direktors blieb ein Streifenwagen stehen. Tschoko duckte sich neben mich. Dann rannten wir zur Straße, an den Häusern entlang und versteckten uns unter einer Brücke. Ich hörte, wie sie »Halt!« riefen, »Stehenbleiben, Polizei!« Am Polizeiwagen gingen Blaulicht und Sirene an.

»Die suchen mich«, sagte ich. »Ich hab die Fliege gemacht.«

»Vom Knast?«

»Ja.«

»Hau ab! Wir treffen uns im Waldbad.«

Er wartete schon, als ich dort hinkam, puhlte sich zwischen den Zehen und aß Schokolade.

Wir blieben, bis das Bad geschlossen wurde. In der Dunkelheit ging er zum Zirkus und holte Stiefel, Hut und das Hemd mit den

Silbersternen aus dem Bus. Auch meine Tasche brachte er mit. Dann stiegen wir über den Zaun zurück ins Bad, schwammen, aßen Schokolade und warteten. Um Mitternacht gingen wir los.

Es war warm und die beste Zeit im Jahr. Die Fenster zu den Schlafzimmern standen offen und der Mond am Himmel war so rund und gelb wie ein Butterkäse. Die Schrebergärten waren dunkel, nur in ein paar Wohnzimmern flimmerten noch die Fernsehgeräte. Die Straßen waren leer und ein paar Katzen sangen sich die Seelen aus dem Leib. Später ging der Mond unter und jede Stunde fuhr ein Polizeiauto die Straßen ab. Wir setzten uns auf eine Bank, rauchten und aßen noch mehr Schokolade. Ich war aufgeregt, aber es war gut, wieder unterwegs zu sein.

»Ich wär sowieso abgehauen«, sagte ich. »Ich bleib nie lange wo.«

»Am tiefsten schlafen sie gegen drei. Du mußt dir Zeit lassen, sonst spüren sie dich.«

Eine halbe Stunde vor drei Uhr stiegen wir über den ersten Gartenzaun. Im Schlafzimmerfenster blähte sich die Tüllgardine, denn es war Wind aufgekommen. Tschoko faßte sie, drehte sie zu einer Wurst und verknotete sie. Dann stieg er aufs Fensterbrett und verschwand.

Es war still um mich. Nur der Wind war zu spüren und die Zeit, die immer langsamer verstrich. Ich hielt die Luft an, glaubte den Atem der Schlafenden hinter dem Fenster zu hören. Tschoko blieb so lange im Schlafzimmer, daß ich Angst bekam, er könnte verschwunden sein und ich müßte bis in alle Ewigkeit neben einer Thujahecke kauern. Als ich durchs Fenster spähte, sah ich ihn auf dem Fußboden sitzen. Er bemerkte mich und hob langsam die Hand. Ich entfernte mich wieder und spürte, wie er sich durch den Raum bewegte. Dann erschien seine Hand und stellte eine Damenhandtasche aufs Fensterbrett.

»Bleib vom Fenster weg, wenn ich drinnen bin«, sagte er danach. »Manche sind wach im Schlaf. Paß auf, wie sie atmen! Am besten, du setzt dich erst auf den Boden und wartest, bis sie sich an dich gewöhnt haben. Ich hab schon eine halbe Nacht auf dem Boden gehockt. Denk an die Möse! Stell dir vor, die Frau hat eine nasse Möse.«

»Wenn's ein Mann ist?«

»Gehen wir nicht rein. Oder bist du schwul?«

»Nein«, sagte ich. »Aber wenn sie trotzdem aufwacht?«

»Scheiße«, sagte er. »Wenn dir die Düse geht, hau ab! Ich nehm dich eh nur mit, weil du die Fliege gemacht hast.«

Tschoko suchte für mich das Zimmer aus. Von einer Kirche schlug die Glocke gerade drei. Ich hielt den Atem an und spürte, wie mein Herz schneller ging und meine Hände zitterten. Dann schob ich die Gardine beiseite und kletterte aufs Fensterbrett. Der Fußboden knarrte, als ich aufkam. Ich setzte mich unter das Fenster und lehnte mich mit dem Rücken gegen die Wand. Nach einer Weile begann sich mein Atem zu beruhigen und meine Augen gewöhnten sich an die Dunkelheit. An der gegenüberliegenden Wand konnte ich ein Bild, darunter das Bett und im Kissen den Kopf der Frau ausmachen. Daneben einen Nachttisch, einen Stuhl und darauf die Kleidung. Auf dem Boden lag ein Teppich und an einem Haken hing ein Mantel oder langes Hemd. Es roch nach Wäschestärke und Frau Pauli. Nun hörte ich auch, wie sie atmete, ruhig und langsam. Manchmal schnarchte sie leise.

Ich schlich zum Stuhl. Das Kleid war auf den Boden gerutscht, der Stoff war glatt und hart und ihre Strümpfe flossen mir seidig durch die Hände. Vielleicht spürte sie, daß ich in ihrer Kleidung wühlte, denn ihr Atem wurde flach. Dann drehte sie sich im Bett, so daß ihr Gesicht zu mir her sah. Ich setzte mich auf den Teppich, wie Tschoko es getan hatte, und versuchte mir ihre Möse vorzustellen. Ich dachte an weiche weiße Schenkel und an Frau Pauli, wie sie sich bückte und die Katzen fütterte. Da atmete sie tiefer und drehte sich auf die andere Seite.

Als ich zum Nachttisch schlich, war mein Schwanz steif. Ich hatte keine Angst mehr. Die Zeit war stehengeblieben und die

Schätze warteten nur darauf, von mir genommen zu werden. Eine Armbanduhr, ein Kettchen, die Handtasche. Ich steckte sie ein und war ganz nah bei ihr. Ich hätte nur die Hand ausstrecken müssen und ihr mit einem Finger eine Strähne hinters Ohr legen können. Ich sah den Ring auf der Marmorplatte. Es klirrte leise, als ich ihn nahm, und da hörte sie auf zu atmen und ich wußte, daß sie wach war. Plötzlich raste die Zeit, ich lief zum Fenster und als ich auf dem Fensterbrett stand, hörte ich ihren Schrei hinter mir, schrill und lang, als wäre ein Tier im Zimmer. Ich hörte ihn noch, während ich die Straße entlanglief und im Nebenhaus Licht anging.

Später fuhr ein Polizeiauto mit Blaulicht vorbei. Aber da saßen Tschoko und ich schon unter einer Laube in einem Schrebergarten. Ich zeigte ihm die Uhr, das Kettchen, die Geldbörse, in der hundertachtzig Mark waren, und den Ring. Der Stein war rund.

»Das ist ein Rubin«, sagte Tschoko, »du hättest ihn nicht nehmen dürfen.«

Er warf ihn in die Regentonne.

»Wir hätten ihn verkaufen können.«

Wir waren nur einmal zusammen auf Tour und das war in jener Nacht. Am anderen Tag, als ich aus dem Wasser des Waldbads stieg, war Tschoko verschwunden. Ich wußte es, als ich meine Tasche einsam dastehen sah. Ich suchte ihn in Heidenheim, aber die Stadt war heiß geworden und ich kaufte mir eine Fahrkarte nach Barackenstadt.

Es war Abend, als ich aus dem Zug stieg. Über dem Bahnhof der Kleinstadt stand noch eine Glocke aus Dunst und Hitze. In Barackenstadt wurde Kirmes gefeiert. In den Bäumen hingen Lampions und über die Straßen waren Drähte mit bunten Glühbirnen gespannt, aus einer Gaststätte drangen Stimmen und Gelächter.

Kura kam mir entgegen. Er trug ein Hawaiihemd mit einem Papagei und gackerte vor Freude, weil ich zu Besuch kam.

»Hast du Fliege gemacht«, sagte er, »alle gelaufen und gefahren, alle durcheinander, wer hat Fliege gemacht, überall auf dem Hof fragen sie mich. Schau! Kann ich schreiben jetzt.«

Er brach einen Zweig von einem Strauch und kratzte ein O, ein H und ein A in den Staub.

»Und das S?« fragte ich.

»Kann ich auch«, sagte er, »kann ich alles.«

Wassili war wieder im Knast. Ein paar Tage nach seiner Entlassung war er mit einem geklauten Ford 17 M durch die Straßen von Barackenstadt gefahren und hatte den Arm aus dem Fenster baumeln lassen.

Ich wußte nicht, was ich tun sollte. Ich hatte an Wassilis blonde Schwester gedacht und mir vorgestellt, wie wir uns treffen und feiern würden. Nun war bloß Kura da.

»Komm, komm«, sagte er und lief voraus, vorbei an einer Gaststätte, auf deren Veranda Männer saßen und Biergläser zusammenstießen. Als ersten holte er Wolfgang aus den Baracken. Dann Stefan und Boris, die Zwillingsbrüder. Dann Ossi, den Lächler, der immer lächeln mußte, selbst wenn er vor dem Kadi stand. Als wir uns an einen der Tische auf der Veranda der Gaststätte Dichtler setzten, gesellte sich Koch dazu, der Koch hieß, weil er sieben Jahre lang Koch in einer Strafanstalt gewesen war. Die Bedienung schleppte Bier in Maßkrügen herbei und wenn wir sie ausgetrunken hatten, füllte sie sie wieder. Dann brachte sie Gläser mit Schnaps und als wir sie getrunken hatten die nächste Lage. Ich erzählte, wie ich mich in der Hütte versteckt hatte und nach Palermo abgehauen war.

»Wohin?« fragte Wolfgang.

»Palermo«, sagte ich, »in Sizilien.«

Ossi lächelte, aber auch er wußte nicht, wo Sizilien lag.

»Wie bist da hingekommen?«

»Ist gerannt«, sagte Kura, »hat Fliege gemacht, Sirene überall im Knast. War ich …«

»Halt's Maul«, sagte Wolfgang.

»Per Anhalter«, sagte ich.

»Wir waren in Nürnberg«, sagten Stefan und Boris, »auf dem Weihnachtsmarkt.«

Der Wirt bugsierte einen Gast durch die Tür und über die Veranda zur Straße. Aus Rache versuchte der Gast die Glühbirnen auszuwerfen. Als er davontorkelte, kippte die Stimmung. Wolfgang kramte in seiner Hosentasche nach Geld. Weil er keines mehr hatte, bezahlte ich die nächste Runde. Aber das machte die Stimmung nicht besser. In der Gaststätte fielen Stühle um. Koch stieß Kura die Faust ins Kreuz und wollte ihm das Hawaiihemd mit den Papageien ausziehen. Ich bezahlte noch eine Runde.

Der Schnaps machte mich klar und betrunken zugleich. Ich wollte weitertrinken und immer klarer und betrunkener werden. Es war mir egal, daß das Geld weniger wurde. Ein Schnaps kostet eine Mark, rechnete ich, acht kosten acht Mark. Fünf mal acht ist vierzig.

»Egal, wenn das Geld weg ist«, sagte ich. »Hab ich eh geklaut.«

Als ich zur Toilette ging, schaute mich aus dem Spiegel über dem Waschbecken ein fremdes Gesicht an. Auf der Straße wartete die Meute. Nur Kura lag daneben, während ihm Koch das Hawaiihemd vom Leib zerrte und über die Leitung mit den Glühbirnen warf. Er lachte, als Kura es mit einer Stange herunterholte, das Huhn, gackernd und außer sich. Als Wolfgang einen Abfallkorb aus der Verankerung riß, tauchte er wieder auf und half ihm, den Müll in Briefkästen zu stopfen.

Ich beobachtete sie von der Bank aus, vor der ich stand. Ich war schon nach meiner Ankunft daran vorbeigelaufen und hatte hinter den Fenstern die goldenen Münzen gesehen. Blech, hatte ich gedacht, aber nun sahen sie aus wie Sterntaler.

Aus einem Fenster rief jemand nach der Polizei und Koch schleuderte einen Pflasterstein gegen die Hauswand. Er hüpfte mir vor die Füße. Ich hob ihn auf und schleuderte ihn gegen die

Scheibe, hinter der die Münzen lagen. Ich warf mit aller Kraft. Wäre die Scheibe zerplatzt, ich wäre mit der Meute davongerannt. Aber der Stein prallte ab. Also nahm ich eine Betonplatte vom Stapel an der Straßenbaustelle, schlug damit zu und die Scheibe zerplatzte. Ich spürte, wie mir eine Scherbe ins Handgelenk drang, aber es tat nicht weh. Daß das Blut spritzte, ging mich nichts an. Ich holte die Goldmünzen heraus, doch weil sie ganz leicht waren, warf ich sie weg. Kura sammelte sie ein, da waren die anderen schon alle verschwunden.

»Komm schnell«, sagte er.

Aus dem Fenster rief wieder jemand nach der Polizei. Dann gingen andere Fenster auf.

»Komm schnell«, sagte Kura wieder, »du blutest.«

Ich lief hinter Kuras Papageienhemd her, aber die Abstände von Bogenlampe zu Bogenlampe wurden immer größer. Dann wellte sich die Straße und zuletzt waren meine Beine so schwer, daß ich auf der Stelle trat. Ich war müde, das Blut lief aus der Hand und der Zaun, über den ich steigen wollte, war schon so hoch, daß ich nicht mehr hinüberkam. Kura half mir. Dahinter wuchsen Gras und Gestrüpp. Dann kamen Bäume und zwischen den Bäumen stand der Gaskessel. Mit den langen Beinen und dem dicken Bauch wirkte er wie eine geköpfte Giraffe. Kura zog mich durch das Gras. Ich sah Gestrüpp, Wurzeln und Kuras graue Hosenbeine, dann den Gaskessel über mir und während ich immer schwerer wurde, wickelte mir Kura sein Hawaiihemd um die Hand. Als ich aufwachte, war er verschwunden und das Hemd ein nasser Knoten, aus dem das Blut lief und unter dem der Schmerz am Knochen kratzte. Der Boden war kalt, über die Hausfassaden huschte Blaulicht und ich spürte, daß der Tod von unten kam, kalt und schwer. Ich konnte nicht mehr einschlafen, aber dann träumte ich doch von einer Giraffe, bis mich das Licht einer Taschenlampe weckte und eine Stimme sagte: »Im Namen des Gesetzes, Sie sind verhaftet.«

fünf

Zuerst war da Kuras Papageienhemd, dann das Gesicht einer Schwester im schwarzen Ornat und zuletzt das Licht der Taschenlampe, das mir ins Gesicht blendete. Ich öffnete die Augen, über mir hing eine Neonröhre, irgendwo tackerte eine Maschine und dann schlug eine Eisentür. Da wußte ich, ich bin wieder im Knast. Im selben Moment riß ein Schleier und ich erschrak vor dem, was sich dahinter befand. Dabei waren es nur die gelben Wände und ein Schlauch mit einer Eisentür, in dem es nach Kräutertee und Karbol roch. Aber irgendwo tackerte die Maschine, gleichmäßig, tack tack, tack tack, und ich sah einen Faden, den die Maschine in sich hineinzog, rot und lang, und wie bei jedem *tack* ein bißchen Blut spritzte und am Ende ein abgehacktes Stück in einen Korb fiel. Dann drehte sich ein Schlüssel im Schloß und herein kamen ein Sanitäter mit einem Borstenbart unter der Nase und der Arzt.

»Er müßte schon wach sein«, sagte der Arzt.

Zwischen den Lidern hervor sah ich, wie er die Hände in den Taschen seines Kittels vergrub.

»Vielleicht hat es ihm die Sprache verschlagen«, sagte der Sanitäter.

Er hob meinen linken Arm und begann den Verband abzuwickeln.

Ich wollte die Augen nicht öffnen, aber nun tat ich es doch.

»Na bitte«, sagte er.

Die Wunde saß über dem Daumenballen. Sie war blutverkrustet und sah aus wie ein mit schwarzen Stichen gesäumter Halbmond. Der Arzt hob meine Hand, aber sie klappte herunter und baumelte am Gelenk.

»Mit der kann er nicht einmal mehr Tüten kleben«, sagte er.

»Scheiben einschlagen auch nicht«, sagte der Sanitäter.

»Flure kehren«, sagte der Arzt, »geht das nicht auch mit einer Hand?«

Während der Sanitäter den Verband neu wickelte, verließ der Arzt die Zelle. »Acht er mir drauf, daß er immer frisches Wasser kriegt«, sagte er noch an der Tür, »das dient dem Heilungsprozeß.«

Der Kalfaktor stellte mir einen Plastikkrug Wasser und einen Stoß Bücher auf den Nachttisch. Er war mindestens siebzig, hatte ein hängendes Augenlid und sein Gesicht sah aus, als leckte er Kalk von den Wänden.

»Hans Ernst«, sagte er. »Der ist gut.«

Während der ersten drei Tage zog ich mir die Decke über den Kopf, döste oder schlief und wenn ich aufwachte, hörte ich das Scharren der Schritte im Hof, wo die Gefangenen ihre Runden drehten, das Tackern der Maschine und den Essenswagen auf dem Gang. Dann löffelte ich Griesbrei und Nudeleintopf und wenn ich die Decke wieder über den Kopf zog, dachte ich, meine Hand ist im Arsch und ich bin im Knast. Ich hörte wieder die Zeit, wie sie tackte, und stellte mir den Korb der Maschine vor. Er war groß, schwarz, aus Eisen und am Boden lagen abgehackte Fadenenden. Ich überlegte, wenn jedes eine Minute zählte, wie lange es dauern mochte, bis der Korb voll wäre. Ein Jahr oder zwei?

Nach drei Tagen griff ich das oberste Buch vom Stoß. Es war alt, roch wie die Bücher im Bauch der Kredenz, auf dem Deckblatt war ein Stempel mit Hakenkreuz und auf dem Umschlag ein Wilderer mit schwarzem Bart, der in der Hand eine Flinte hielt und um einen Felsen spähte. Ich las den ganzen Tag. Das Buch handelte von einem Wilderer, einem Bauern, seiner Tochter und einem Jäger, der zuletzt den Wilderer von einem Felsen schießt und die Tochter des Bauern heiratet, ein Haus baut und über die Tür einen Sinnspruch schreibt: *Heimat ist Frieden*. Kaum hatte ich das Buch fertig, griff ich nach dem nächsten. Es war egal, was darin stand, auch daß eines dem anderen glich. Ich las und tauchte weg aus der Zeit. Als ich sechs Wochen später alle Bücher gelesen hatte, war unter dem Verband auf dem Handrücken ein schwarzer Pelz gewachsen. Wieder hob der Arzt die Hand und wieder baumelte sie am Gelenk. Aber da wußte ich schon, daß ich sie auch selbst heben konnte.

»Soll er versuchen, die Hand zu heben«, sagte der Arzt.

»Geht nicht«, sagte ich und tat, als strengte ich mich an.

»Schade«, sagte der Arzt, »Damit könnte er Papiertüten kleben.«

»Muß er halt Flure kehren«, sagte der Sanitäter.

»Soll er seine Sachen packen«, sagte der Arzt.

Es war Herbst geworden und die Bäume auf der anderen Seite der Mauer hatten gelbes Laub. Ich trug den Bettsack über der Schulter und sah zum ersten Mal den Gefängnishof von Barackenstadt, den hohen Kamin, die flachen, mit Dachpappe gedeckten Arbeitsbaracken und den Zellentrakt. Er sah aus wie ein gelber Kasten mit vergitterten Fenstern und als ich die Treppe hochstieg, an den Eisentüren vorbeilief und hinter mir im Schloß der Schlüssel ratschte, schmeckte ich wieder die Zeit.

Später packte mir ein Aufseher Papiertüten auf den Tisch, aber da ich sie mit einer Hand nicht falzen konnte, gab er mir einen Besen und schaute zu, wie ich ihn mit der Rechten vor mir herschob, während ich die Linke baumeln ließ.

»Du fängst am Ende vom Gang an«, sagte er, »und kehrst nach dort. Danach …«

»Kann er mir helfen«, sagte der Kalfaktor.

Er war groß, hatte blaue Lippen und war so prall unter der blauen Jacke, als hätte man ihn aufgepumpt. Im Gesicht saß eine Brille mit dicken Gläsern, unter denen er sich manchmal mit den Fingern die Augen rieb. Seine Zelle lag am Ende des Flurs, davor stapelten sich Packen von Papiertüten und als ich fertig war, den Gang gekehrt, gebohnert und gewischt, den Eimer mit dem Dreckwasser in den Ausguß gekippt hatte, setzte ich mich hinein zu ihm.

»Was ist mit deiner Hand?«

»Im Arsch«, sagte ich.

Er gab mir Filterzigaretten und Nescafé. Im Spind standen Bücher, an der Wand hing das Bild eines Mannes mit Spitzbart und Nickelbrille und auf dem Tisch lag Papier. Er beobachtete, wie ich die Namen auf den Buchrücken identifizierte.

»Kennst du einen davon?«

»Hermann Hesse«, sagte ich.

»Was hast du gelesen von ihm?«

»Narziß und Goldmund«, sagte ich.

»Hat's dir gefallen?«

»Nein«, sagte ich.

»Warum nicht?«

»Weil's nichts mit mir zu tun hat«, sagte ich. »Am besten ist Jack Bilbo. Da hab ich die Fliege gemacht und bin nach Palermo. Er war Leibwächter von Al Capone.«

»Du hast Jack Bilbo gelesen und bist nach Palermo?«

»Aus dem Knast abgehauen«, sagte ich, »aber jetzt haben sie mich wieder und die Hand ist im Arsch.«

Er rieb sich die Augen und ich dachte, er glaubt mir nicht, doch als ich ihm erzählte, wie ich mich in der Hütte versteckt hatte, sagte er: »Jack Bilbo war nicht Leibwächter von Al Capone.«

»Schreibt er aber.«

»Er erzählt Geschichten«, sagte er. »Aber die Geschichten stimmen nicht. Er ist Maler. Seine Bilder sind gut.«

»Aber Kapitän war er!«

»Er ist über den Ärmelkanal gesegelt. In Calais mußten sie ihn in den Hafen schleppen. Aber er hatte eine Galerie in London. Da stellte er Picasso aus. Wenn du mal nach Berlin kommst, bestell ihm einen Gruß von mir!«

»Du kennst Jack Bilbo«, fragte ich, »ehrlich?«

»Ich hab eine Reportage über ihn geschrieben. Er hat eine Kneipe, Ecke Kudamm-Schlüterstraße, Käpt'n Bilbos Hafenspelunke.«

»Bist du Journalist?«

»Manchmal«, sagte er, »sonst schreib ich Bücher.«

»Bücher«, sagte ich. »Du bist Schriftsteller!«

»Ja«, sagte er.

»Und sitzt im Knast?«

»Das kommt vor«, sagte er und kratzte sich unterm Kragen. »Also, du hast Jack Bilbo gelesen und bist abgehauen nach Palermo. Was wolltest du dort?«

»Zur Mafia«, sagte ich.

Er schaute mich lange an, dann lachte er und sagte: »Zur Mafia?« Und ich antwortete »ja« und er sagte: »Erzähl!« Und da erzählte ich von der Ratte, dem Schiff in Palermo, von Sofie, der Bärin, und daß ich auch ein Buch zu schreiben angefangen hatte, über Piraten in der Karibik. Ich erzählte, bis mich der Aufseher holte, und er saß da und hörte mir zu.

Bevor ich ging, sagte er: »Schreib auf, was du erzählt hast, Kollege!«

Dann gab er mir Papier und Kugelschreiber.

Ich schrieb, bis das Licht ausging, bastelte aus Margarine und einem Leinenstreifen eine Kerze, hängte eine Decke vors Fenster und schrieb weiter. Ich schrieb von Borislaw, von der Uhr am Bahnhof, von der Taube. Am andern Morgen brachte ich ihm die Seiten und als er sie mir zurückgab, stand darunter: »Stilistisch sicherer, als ich zu hoffen wagte.«

An diesem Abend lief ich lange in der Zelle auf und ab. Als die Beine wehtaten, las ich wieder diesen Satz und dann setzte ich mich an den Tisch und schrieb weiter. Die Geschichten jagten mir so schnell durch den Kopf, daß ich mit dem Schreiben kaum nachkam. Josef tauchte darin auf und Gregor und Gestalten, die ich gar nicht kannte, die einfach plötzlich da waren und sich zu bewegen begannen. Die Nacht gehörte mir, die Zeit in der Zelle konnte mir nichts anhaben und als ich mich endlich ins Bett rollte, dachte ich: Ich werde Schriftsteller, denn schließlich hab ich viel erlebt.

Mein Kollege gab mir Bücher aus seinem Regal: *Wem die Stunde schlägt, Straße der Ölsardinen, August Weltumsegler.* Ich kehrte die Flure und wenn ich im Hof mit den anderen im Kreis herumging, redete ich von den Geschichten, die ich las, und jenen, die ich schreiben wollte. Ich schrieb den ganzen Herbst, bis das dicke Heizungsrohr in der Ecke zu gurgeln begann und der erste Schnee fiel. Ich wäre gerne länger in meiner Zelle in dem gelben Steinkasten geblieben. Doch dann brachte mich ein Polizeiwagen zum Gericht und ein Jugendrichter verurteilte mich wegen schweren Einbruchdiebstahls zu einem Jahr. Die Verhandlung dauerte nur eine knappe Stunde. Draußen schneite es, es waren nur noch ein paar Tage bis Weihnachten und als ich in einem der Busse mit den schmalen Fenstern saß, zog eine Winterlandschaft vorbei, bevor er sich durch das Tor der Jugendstrafanstalt Ebrach schob.

Der Torhof war alt, dreckig und heruntergekommen. Gefangene warfen Eisenröhren aufeinander, während andere durch die Gitter nach uns Neuen spähten. Von den Arkaden, die an zwei Seiten verliefen, war der Putz gebröckelt und die Aufseher, die darunterstanden, sahen unter ihren Mützen hervor, als stellten sie sich zum Angriff auf.

Einer schrie: »Zugänge in einer Reihe!«

Dann schritt er sie ab.

»Name?« fragte er jeden und wenn der ihn genannt hatte: »Geburtsdatum?«

Ich überquerte den Hof, der in einen gewölbten Klostergang mit armierten Eisentüren führte. Zwei Minuten später stand ich in einer Zelle mit einem Käfig, in dem sich ein Hocker befand und ein Loch im Boden mit einem rostigen Eisenkranz. Wir waren acht.

»Die versuchen uns einzuschüchtern«, sagte einer. »Ich war schon mal hier. Ich kenn die Ratten.«

Ich wartete eine Stunde, bis mich ein Aufseher in die Effektenkammer holte und meinen Namen und meine Nummer auf eine Ausweiskarte tippte.

»Ausziehn!« sagte er dann.

Er trug einen Staubmantel, auf dem Boden lag eine Decke und an der Wand hing das Bild einer Majestät, die einen gezwirbelten Bart hatte, eine Scherpe trug und eine Hand auf einen Degenknauf hielt. In Regalen stapelte sich Kleidung und Wäsche und es roch nach Staub und Mottenpulver.

»Füße heben«, sagte der Staubmantel, »bücken!«

»Mund auf«, blaffte er und fuhr mir mit einem Kamm durch das Haar.

Dann zog ich Filzklamotten und Lederlatschen an und stieg eine Treppe hoch. Im Zugangssaal standen Wehrmachtsbetten, am Fenster lehnte Karo und schaute in den Hof und als ich mich neben ihn stellte, sah ich ramponierte Gebäude mit rostigen Fenstergittern und unter mir einen ausgetretenen Ziegelweg, der um einen Kokshaufen herum verlief.

»Scheißknast«, sagte Karo.

»Wie lang hast du?«

»Drei Jahre.«

»Wo kommst du her?«

»Barackenstadt.«

»Dort hab ich in eine Bank eingebrochen.«

»Weiß schon«, sagte er. »Mein Alter ist Filmvorführer. Er hat dich gesehn.«

Karo war schlank und zäh, sein Haar und seine Augen waren schwarz. Er erinnerte alle Filme, die er gesehen hatte, *Die Glorreichen Sieben*, *Für eine Handvoll Dollar*, *Das dreckige Dutzend,* und kannte die Schauspieler mit Namen. Seit *Rififi* zog er sich schwarz an, wenn er zum Einbrechen ging, und als er davon erzählte, sah ich ihn mit schwarzem Rollkragenpullover Dachrinnen hochsteigen, Fenster öffnen und nach Geldkassetten suchen. Er sprach schwer und abgehackt und manchmal brach er mitten im Satz ab und starrte ins Leere.

»Niemand rechnet damit, daß du von oben kommst«, sagte er. »Aber wenn du auf dem Dach bist, gelangst du auch auf den Balkon. Einmal hab ich fünftausend Mark geholt.«

»In welchen Betrieb willst du?«

»Schlosserei«, sagte er, »schweißen lernen. Wenn ich rauskomm, mach ich Schränke auf. Und du?«

»Ich fahr zur See«, sagte ich. »Mit einem Trampschiff, von einer Hafenstadt in die andere. In Palermo hätten sie mich beinahe genommen, aber dann stimmten die Papiere nicht. Doch wenn ich rauskomm, bin ich achtzehn. Vielleicht schreib ich ein Buch.«

Ich war froh, daß ich ihn kannte, auch wenn er manchmal stundenlang schwieg. Es war gut, nicht allein zu sein. Abends prügelten sich ein paar im Hof und bewarfen sich mit Koksbrocken, während die anderen brüllten und die Aufseher sie in den Bau zerrten. Später beschimpften und bedrohten sie sich aus den Saalfenstern. Ich hoffte, daß ich mit Karo in denselben Saal käme, und als ich verlegt wurde, lief er tatsächlich neben mir her mit dem Bettsack über der Schulter. Ich hab Glück gehabt, dachte ich da.

Es war früher Nachmittag, als wir in den Saal geschlossen wurden, und die Leute waren noch in den Arbeitsbetrieben. Die Betten standen dreistöckig und daneben aufeinandergestellt Nachttische. Der Spion neben dem Eisenofen sah aus wie die Schießscharte eines Normandie-Bunkers. Vom Fenster aus sah ich den Hof mit dem Kokshaufen und hörte wieder Gebrüll und Getrampel in den Gängen. Als die ersten in den Saal kamen, brach aus dem Lautsprecher bayerische Blasmusik und durch den Gang ratterte der Wagen mit den Esskübeln. Ich hielt meinen Alutopf hin, setzte mich aufs Bett und löffelte Graupensuppe. In der Ecke, im toten Winkel des Spions, hockte Ziege mit angezogenen Beinen und beobachtete Karo und mich. Sein Haar war dünn und blond, die Wimpern weiß und die Arme tätowiert. Später zählte er seinen Besitz und ich merkte, wie es ihm gefiel, den anderen zu zeigen, daß sich die Tabakpakete in seinem Nachtkasten wie Goldbarren in der

Staatsbank stapelten. Als das Licht ausging, bot er Lappen an, auf die er Azeton träufelte und für die er ein halbes Paket Tabak verlangte. Nur seinen Freunden gab er sie umsonst. Es waren drei oder vier.

»Du auch?« fragte er Karo.

»Nein«, sagte Karo.

Ich schüttelte den Kopf, als er mir einen Lappen hinhielt.

»Ich bin Saalältester«, sagte er. »Die ersten zwei Wochen kehren die Neuzugänge.«

Er meckerte wie eine Ziege und deswegen hieß er so. Er war zwanzig und breit in den Schultern und wenn er sich zur Seite drehte, die Decke über den Kopf zog und sich einen runterholte, hängte er danach das Geschirrtuch zum Trocknen ans Gitter.

In der Dunkelheit sah ich, wie Karos Zigarette aufglimmte, und stellte mir vor, wie es ihm gehen mochte mit drei Jahren Knast vor sich. Seit ich in Ebrach war, kam mir das verbleibende eine Jahr schon endlos vor.

»Sie haben dich in den Lederbetrieb gesteckt.«

»Hat nicht geklappt mit der Schlosserei«, sagte er, »noch nicht.«

Als ich am andern Tag zur Arbeit ausrückte, ließ ich die Pfote baumeln, kehrte die schwarz geteerten Gänge und ölte Türen und Schlösser. Von da an kehrte ich Tag für Tag, Woche für Woche. Manchmal sah mir der Aufseher zu, wie ich den Putzlappen auswand und den Eimer zehn Schritte weitertrug. Dann ließ ich mir Zeit. Hin und wieder spähte er um eine Ecke, um zu sehen, ob ich nicht doch die zweite Hand gebrauchte. Er stakste auf steifen Beinen, seit befreite polnische Gefangene ihn zum Krüppel geschlagen hatten. Sein Gesicht war holzig und alterslos, die Augen heimtückisch, doch wenn er sich anpirschte, hörte ich das Knarzen seiner Hüftprothese.

Ich kehrte den Gang im oberen Stock und die breite Treppe, die zu den Arbeitsbetrieben führte. Dann den Gang an den ehemaligen Refektorien vorbei, in denen jetzt Federkernmatratzen, Kinderwagenräder und Ledertaschen hergestellt wurden. Wenn ich mich beeilte, traf ich Karo, der die Taschen zum Torhof karrte, während zwei Aufseher aufpaßten, daß nichts verschwand.

Es war Karos Idee, Ziege das Geschäft mit dem Azeton zu verderben. Er mochte ihn nicht und als wir zum dritten Mal unseren Monatseinkauf erhielten – zwei, drei Pakete Batavia-Tabak, Blättchen und für den Rest ein Brötchen mit Leberkäse –, setzte ich mich zu Karo aufs Bett. Wir legten unseren Verdienst nebeneinander, drehten dicke Zigaretten und beobachteten, wie Ziege seine Außenstände kassierte und die Tabakpakete im Nachtkasten stapelte.

»Ich weiß, wie er das Azeton aus dem Lederbetrieb kriegt«, sagte Karo. »Einer versteckt es im Torhof, wenn wir die Taschen hinbringen. Er holt es ab.«

»Kommst du ran?«

»Sie passen auf im Betrieb. Wenn du den Eimer stehenläßt, kann ich es reinwerfen. Aber wenn sie dich schnappen, sitzt du im Bunker.«

»Das gibt Krieg«, sagte ich.

»Hast du Schiß?«

»Nein«, log ich.

»Er ist eine Ratte«, sagte er. »Alleine zieht er den Schwanz ein. Ich hab's gesehen.«

Ziege lag mit dem Bauch nach unten auf dem Bett, während ihm einer mit zusammengebundenen Nadeln und Tinte aus Pisse und Ruß einen Adler auf den Rücken stach.

»Man sollte ihm eine Gießkanne stechen«, sagte Karo. »Mit einer Dose Azeton verdienen wir mehr, als wenn wir einen Monat arbeiten.«

Am andern Tag warf er mir eine Plastikbutterdose in den Putzeimer. Ich brachte sie in den Saal und er stellte sich hin und sagte, wer einen Lappen will, gibt eine Gedrehte. Er tat so, als gäbe es Ziege und seine Leute nicht, und Ziege rührte sich nicht. Einen Tag, zwei Tage, eine Woche lang bot Karo jeden Abend das Lösungsmittel an und träufelte die Lappen voll, bis sie tropften. Dann wollte mich Ziege auf seine Seite ziehen. Er bot mir ein Kotelett an, ich aß es und setzte mich wieder zu Karo. Dann erwischten sie Karo in der Dusche und als er in den Saal kam, hatte er aufgeschlagene Lippen.

An diesem Abend verschenkte Karo Tabak, ging von Bett zu Bett und hielt Gedrehte hin und als alle rauchten, zündete er sich selbst eine an, band seine Schuhe und ging zwischen Tisch und Bettreihen auf und ab. Dann stellte er sich neben Ziege, machte die Tür seines Nachtkastens auf, warf den Tabak auf den Boden und begann die Pakete langsam und sorgfältig mit den Absätzen zu zerquetschen. Ziege saß da, sah ihm zu und rührte sich nicht. Die Feigheit steckte ihm in den Knochen und erst als Karo den Tabak aufhob und ihm übers Bett bröselte, kam er hoch, aber da trat Karo schon zu. Als Zieges Freunde sich auf ihn stürzten, riß er sich los und griff erneut an. Und dann griff ich auch an und nach mir noch ein paar und zuletzt stand Ziege mit einem Schemel in den Händen in der Ecke und drohte nur noch.

Ein paar Tage später träufelte auch ich mir das Lösungsmittel ins Taschentuch, zog die Decke über den Kopf und sog die Dämpfe ein, langsam und tief. Sie wirkten schnell. Nach wenigen Atemzügen spürte ich schon, wie der Druck wich und wie es leicht wurde im Kopf und wie der Schwindel kam. Es war, als könnte ich eine Spanne über dem Boden schweben. Dann lösten sich die Wände auf und hinter dem Graugelb leuchtete grünes Gebüsch, während auf einer Lichtung Irrwische aus einem Feuer platzten. Dann biß sich einer in meinem linken Fuß fest und als ich die Decke wegreißen wollte, war sie ein Sack geworden. Einer brüllte und dann sah ich Karo, wie er mit einem Hocker gegen die Tür schlug, während sich ein anderer brennend auf dem Boden wälzte. Er brüllte, bis das Rollkommando anrückte, mich aus dem Saal zerrte und durch die Gänge trieb, hinunter zu der Zelle, wo ich am ersten Tag gestanden hatte. Einer hatte mir eine Zeitung zwischen die Zehen gesteckt und angezündet und der im Bett unter mir hatte sich Azetonleim über die Brust geschüttet und Feuer gefangen.

Der Gefängnisdirektor wollte wissen, woher ich das Lösungsmittel hatte. Auf seinem Schreibtisch stand Karos Plastikbutterdose und daneben lag mein Taschentuch.

Er schnüffelte vorsichtig daran.

»Azeton«, sagte er.

»Es hat auf dem Nachttisch gestanden«, sagte ich. »Ich hab dran gerochen, dann ist mir schwindlig geworden.«

»Das glaubst du doch selbst nicht«, sagte der Hauptverwalter, der neben den Schreibtisch postiert war und vier silberne Balken am Ärmel trug.

»Wer hat dich denn angezündet?« fragte der Gefängnisdirektor mit sanfter Stimme.

»Weiß nicht.«

»Schade, daß du uns nicht helfen willst«, sagte er.

»Vielleicht fällt es ihm ein, wenn er im Arrest sitzt«, sagte der Hauptverwalter.

»Du kannst dich ja melden«, sagte der Gefängnisdirektor, »wenn es dir wieder einfällt.«

»Danach ist er besser in Einzelhaft«, sagte der Hauptverwalter.

»Schade«, sagte der Gefängnisdirektor, »ich hätte dich gern im Saal gelassen.«

»Vielleicht fällt es ihm ja noch ein«, sagte der Hauptverwalter.

»Drei Wochen«, sagte der Gefängnisdirektor.

Die Käfigzelle war düster und kalt, auf dem Schemel lag die Bibel. Obwohl es nur jeden dritten Tag Essen gab, spürte ich, daß es besser war, unfreiwillig im Käfig zu sitzen, als freiwillig Flure zu kehren und mit zwanzig anderen in einem Saal zu liegen. Während sich im Saal die Wochen immer weiter gedehnt hatten, rückte hier die Freiheit näher. Wenn mir der Aufseher abends eine Decke durch die Gitterstäbe steckte, legte ich sie um die Schultern, setzte mich auf den Boden und während aus dem Scheißloch die Ratten pfiffen, wartete ich, daß die Zeit verfloß, und stellte mir vor, wie ich aus dem Gefängnistor treten, in den Bus steigen und wegfahren würde.

Ich stellte mir alles genau vor, die Fahrt mit dem Bus, die Tasche im Gepäcknetz und wie ich nach Hamburg käme und im Hafen die Schiffe lägen. Und dann das Meer, grün, grau, blau, die Wellen. Immer wieder sah ich das Meer, wie es im Hafen an die Kaimauer schwappte und wie es sich vor mir ausbreitete, sah die Gischt und erinnerte mich, wie sich das Schiff bewegt hatte unter mir, als ich in Palermo an Bord gegangen war. Manchmal schlief ich dabei ein und dachte beim Aufwachen, ich bin wieder einen Tag weiter.

Als ich in der letzten Woche auf den Hof mit dem Kokshaufen gelassen wurde, erfaßte mich vor lauter Helligkeit ein Schwindel, aber da kam Dimitri aus der Tür und lief neben mir. Er erzählte mir, daß Karo aufs Dach geklettert war und drei Tage oben gesessen und gefordert hatte, in die Schlosserei zu kommen. Sie hatten es ihm versprochen und ihn, als er heruntergestiegen war, wieder in den Bunker gesteckt.

»Wahrscheinlich kommt er zu uns«, sagte Dimitri.

Wir waren bis zur Entlassung zusammen, Dimitri und ich. Auch Karo lief eine Weile mit uns in dem zwanzig Schritt langen und fünf Schritt breiten Hof mit der hohen Bruchsteinmauer auf der einen Seite und dem Zellentrakt auf der anderen. Dimitri war zwanzig und damit drei Jahre älter als ich. Er hatte noch zweieinhalb Jahre vor sich, doch es schien ihm nichts auszumachen. Er hatte sich eingerichtet. Er lag in der letzten Zelle am Ende der Abteilung im ersten Stock und wenn er aus dem Loch kam, tänzelte er von einem Bein auf das andere. Seine Zelle war kahl wie die eines Mönchs, auf dem Schrank lagen Bücher und auf dem Bett stand ein Karton mit Kinderwagenrädern und Speichen. Da er nur vormittags arbeitete, erfüllte er lediglich die Hälfte des verlangten Kinderwagenrädersolls und setzte sich dafür einmal im Monat sieben Tage in die Bunkerzelle.

»So bleibt mir mehr Zeit«, sagte er. »Was liest du?«

Auf dem Schrank standen *Der Wille zur Macht*, *Die Welt als Wille und Vorstellung* und ein Werk von Bergson. Wenn ich manchmal durch den Fischaugenspion der Zellentür schaute, sah ich ihn über Bücher gebeugt am Tisch sitzen oder mit einem spanischen Vokabelbuch auf und ab gehen. Ich bewunderte ihn, weil er viel mehr wußte als ich und Bücher las, von denen ich nicht einmal die ersten paar Seiten verstand.

Aber auch ich hatte wieder Zeit zum Lesen. Die Decke der Zelle war gewölbt und das Fenster zum Hof mit Milchglasscheiben verblendet. Ich besorgte mir den Katalog der Gefängnisbücherei und ließ mir von Dimitri Bücher empfehlen. Wenn wir um neun in den Hof gelassen wurden, unterhielten wir uns darüber. Oft lief ich schon eine halbe Stunde, bevor die Klingel schrillte, in der Zelle auf und ab und konnte es nicht erwarten, bis die Hebel zurückgeschlagen und die Türen aufgeschlossen wurden. Ich legte mir zurecht, was ich Dimitri fragen und worüber ich reden wollte, denn der Hofgang dauerte nur eine halbe Stunde. Sobald sie vorbei war, fiel mir ein, was ich zu sagen vergessen hatte. Wenn er am Monatsende in den Bunker ging, zählte ich die Tage, bis er wieder herauskam.

Ich hatte es besser als er, denn ich schraubte Speichen in zwanzig Kinderwagenräderfelgen und wenn der Aufseher kam, hielt ich meine baumelnde Pfote hin. Dann las ich Bücher über die versunkenen Städte von Mesopotamien, über Al Ubaid und Ur in Chaldäa und Bücher über die Entdeckung der neuen Welt, die Suche nach der Terra Australiensis und die Eroberung von Mexiko. Ich hatte mich wieder auf die Reise gemacht, weit weg, dorthin, wohin ich vielleicht gekommen wäre, wenn mich der Kapitän in Palermo genommen hätte. Und so tauchte durch die Zellenwände wieder auf, was ich als Kind in meinen Phantasien schon gesehen hatte: Inseln und die Küsten von Panama und Mexiko, Städte, deren Namen sich mir eingeprägt hatten, Geschichten und Bilder. Vera Cruz und Guayaquil, Nassau und Acapulco und mit ihnen die Schiffe und die Piratenkapitäne, die zwischen den Inseln gelauert hatten. Auf einmal waren es nur noch Monate, fünf, vier, drei, bis ich einen Paß in der Tasche haben, nach Hamburg fahren und auf einem Schiff anmustern würde. Ich besorgte mir aus der Bücherei ein Englisch-Lehrbuch und fing an, Wörter und Sätze zu lernen.

Dimitri riet mir, Joseph Conrad zu lesen, und ich las die Geschichte vom Neger Narziß und *Das Herz der Finsternis* und das dicke Buch *Lord Jim*, in dem das Meer so nah war, daß ich sah, wie es sich über der Tiefe spannte, auf der ein Schiff ohne Wind in den Segeln dümpelte.

Auch Dimitri hatte sich überlegt, zur See zu fahren, aber er war wieder davon abgekommen.

»Ich denke, es wird furchtbar langweilig«, sagte er, »wochenlang nur Wasser um dich.«

»Ich werde ein Trampschiff suchen«, sagte ich, »die fahren von Hafen zu Hafen.«

»Es ist eng auf den Schiffen.«

»Dann geh ich an Land und bleib irgendwo.«

Auch er kannte die Piraten, Edward Teach, Mary Read und Calico Jack, aber wenn ich von Inseln sprach, von versunkenen Galeonen, lächelte er, als wären die Geschichten längst ausgeträumt.

»Wovon willst du leben?«

»Von dem Geld, das ich auf dem Tramper verdien.«

»Und dann?«

»Ich hab mich durch ganz Italien geschlagen«, sagte ich.

»Ich möchte nicht dem Geld hinterherlaufen müssen«, sagte er. Auch er würde von Insel zu Insel reisen, von Land zu Land, mit einer Tasche nur, in Jeans und Turnschuhen und mit soviel Geld, daß er nicht mehr dran denken müßte, wie es ist, keines zu haben.

Er tänzelte wieder von einem Bein auf das andere. Es war, als wüßte er, wie leicht es geht, reich zu werden, unabhängig und frei. Es schien, als wären die zweieinhalb Jahre nur eine Pfütze, über die er setzen mußte, oder wie die sieben Tage, die er Monat für Monat in der Käfigzelle hockte. Ich wünschte mir, wir würden zusammen entlassen.

»Ich nehm nur ein paar Bücher mit«, sagte er.

»Und das Geld?«

»Ich überfall eine Bank«, sagte er.

Auch das sagte er so leicht und selbstverständlich und ganz anders als die anderen, die von großen Coups sprachen, laut und voller Angeberei. Er sagte es, als müßte er einen Lottogewinn abholen, für den er den richtig angekreuzten Schein bereits in der Tasche trug. Ich wußte, er meint es ernst.

»Du gehst einfach in die Bank, holst das Geld und verschwindest, ohne eine Spur zu hinterlassen.«

»Hast du Waffen?«

»Holger hat welche. Er ist Büchsenmacher. Ich weiß nicht, was er macht. Aber ich hab ihn rausgehalten vor Gericht. Auf jeden Fall krieg ich Waffen von ihm, das ist er mir schuldig.«

Ich stieg mit ihm die Treppe hoch.

»Ich würde auch mitmachen«, sagte ich, aber er antwortete nicht. Ich ging zurück zu meiner Zelle und da sah ich zum ersten Mal, wie ich eine Bank überfalle, zusammen mit ihm, sah, wie er vorneweg mit einer Pistole in der Hand an der Kasse steht. Ich stellte mich vor den Blechspiegel und streckte die Hand aus, in der ich eine imaginäre Waffe hielt.

»Hände hoch!« sagte ich.

Dann schoben sich wieder die Zeit und die hohe Mauer im Hof, hinter der Dimitri noch lange laufen würde, dazwischen. Ich dachte an das Schiff und lernte englische Vokabeln und las die Seiten in *Lord Jim*, in denen Joseph Conrad das Meer beschreibt. Ich konnte sie immer wieder lesen.

»Vielleicht hol ich dich ab«, sagte ich später, »wenn du rauskommst. Ich hab dann sicher schon Geld.«

»Schreib mir, wo du bist«, sagte er.

»Ja«, sagte ich.

Das war kurz vor meiner Entlassung, nachdem wir ein Dreivierteljahr täglich eine halbe Stunde im Kreis gelaufen waren in dem kleinen Hof hinter dem Zellentrakt, zu dem ein paar Stufen hinunterführten, eine Treppe mit einem abgegriffenen Eisengeländer, an dessen Seite Sandsteinblöcke hochstiegen und an der anderen eine Bruchsteinmauer mit Glasscherben. Der Ziegelplattenweg war ausgetreten, in der Mitte wuchsen ein paar Grashalme und im Sommer schien manchmal die Sonne in den Hof. Dann lehnten wir uns gegen die Mauer und leckten das Licht aus der Luft, während auf der obersten Treppenstufe der Aufseher stand. Ein halbes Jahr unterhielten wir uns über Bücher, über Piraten der Karibik und lernten Vokabeln, er spanische und ich englische, und manchmal sprachen wir über Banküberfälle, während der Tag näherrückte, an dem ich nach Hamburg fahren würde.

»Ich schreib dir«, sagte ich. »Wenn du rausgehst, bin ich wieder zurück.«

»Mach's gut«, sagte er.

Die Tür, hinter der er stand, war grau, hatte einen Stahlhebel und durch die Linse des Fischaugenspions sah er aus, als blickte er aus einer Christbaumkugel.

sechs

Es war im Sommer 1967, als ich nach Hamburg kam. Die Elbe führte so niedrig Wasser, daß die *Henriette Luisa* auf dem Weg nach Berlin manchmal knirschend auf Grund stieß.

Im Haken in Georgswerder roch es nach Öl, bei der Frittenbude am Ende der Kaimauer nach Pommes und Bratwürsten und im Wasser trieben Obstkisten. Die Frau des Inspektors sonnte sich in einem Liegestuhl an Deck des Werkzeugschiffs und blätterte in einer Illustrierten, die sie verkehrt herum hielt.

Schulze hatte mich in Hedis Hafenkneipe aufgegabelt, wo ich das Geld vertrank, das ich mit Kistenschleppen verdient hatte.

»Sucht einer Arbeit?« hatte er gefragt, aber die Saufköpfe ignorierten ihn. Er wäre wieder abgezogen, hätte er nicht mich entdeckt.

»Wo wohnst du?« fragte er.

»Im Parkhotel«, sagte ein Saufkopf neben mir.

»Wir wohnen alle im Parkhotel«, sagte ein anderer.

»Bei mir hast du Wohnen frei«, sagte Schulze und fixierte mich.

»Kennen wir«, sagte ein Saufkopf.

Schulze war fett, auf dem Kopf saß ein Pepitahut und das Gefährt, mit dem er mich nach Georgswerder brachte, krächzte, wenn er schaltete, als huste es gleich das Getriebe aus. Seine Frau stellte mir Birnen, Bohnen und Speck auf den Tisch und als ich das Zeug verschlungen hatte, zeigte er mir seine Rostflotte: ein Werkzeugschiff und eine Schaluppe, auf der der Inspektor und seine Frau wohnten. Daneben lag ein abgewrackter Schlepper namens *Ophelia*, auf dem eine Frau die Planken schrubbte.

»Du schöpfst das Wasser aus«, sagte Schulze. »Bei mir liegt noch eine Matratze.«

»Was verdien ich?« fragte ich.

»Neunzig die Woche«, sagte er.

Die Frau des Inspektors schleppte die Matratze an, kicherte und zeigte mir ihre Hühnerbeine.

»Heute spinnt sie wieder«, sagte die andere Frau, die gerade die Planken geschrubbt hatte. »Manchmal glaubt sie, sie ist am Gardasee.«

Marianne war schwarzhaarig und zwanzig Jahre älter als ich. Ihr Mann, der Kapitän der *Ophelia*, war in einer Schleuse ertrunken. Das Schiff war weiß, die Schlote rot, in der Kajüte stand ein Fernseher und an den Bullaugen hingen rosa Plüschgardinen. Sie schaute mir zu, wie ich in den Schlepper einzog, Bilkwasser aus dem Maschinenraum schöpfte und das zerschlagene Gerümpel zum Müllhaufen schleppte. Am Abend, als ich auf der Matratze lag, hörte ich, wie sie die Eisensprossen der Kaimauer herunterkletterte und über die Trossen stieg.

»Da läßt er dich also hausen«, sagte sie, »der Schulze, das Schwein! Willst du rüberkommen?«

Sie machte mir Wurstbrote, stellte eine Flasche kaltes Bier auf den Tisch und sah mir beim Essen zu. Im Fernsehen sang Vicky Leandros und auf dem Gerät stand eine Gondel.

»Hat er dich am Hafen aufgegabelt?« fragte sie.

»Ja«, mampfte ich.

»Hat er dir Vorschuß gezahlt?«

»Nein«, schmatzte ich.

»Schulze ist ein Schwein«, sagte sie. »Er sucht einen, der ihm die Henriette Luisa streicht, bevor der Kahn auseinanderbricht. Was ist mit deiner Hand passiert?«

»Geschnitten«, sagte ich.

Sie strich mit der Fingerkuppe über den Schnitt. Dann trug sie den Teller in die Kombüse und ich hörte, wie sie mit Geschirr klapperte und abwusch, und als ich in den Spiegel neben der Treppe schaute, sah ich ihren runden Hintern in der kurzen Hose. Es war heiß, aber ich fror. Als sie aus der Kombüse kam und mir durch das Haar fuhr, hatte ich Angst, die erst verging, als sie mir die Hose aufknöpfte und mit dem Daumen über meine Eichel strich.

Sie war die erste Frau, mit der ich schlief. Über dem Bett war ein Bullauge, daneben hing ein Bild des toten Kapitäns und auf einem Stuhl saß eine Puppe. Ich stellte mich unbeholfen an und sie merkte es, aber als ich in ihr war, stöhnte sie und mir wurde klar, daß ich es war, der sie zum Stöhnen brachte und sie mit jedem Stoß aufs neue eroberte. Es war heiß in ihr und eng und weit und die Hüften hoben sich, und wenn ich zögerte, noch mehr. Bevor ich wieder zustieß, wußte ich, daß sie gestoßen werden wollte, immer schneller und schneller.

Ich kam jeden Abend zu ihr und meist trieben wir es auf dem Bett, in dem früher der Kapitän seine Räusche ausgeschlafen hatte, manchmal auch auf dem Plüschsofa vor dem Fernsehgerät.

Ich erzählte ihr, woher meine Narbe stammte und daß ich in Palermo und beim Zirkus gewesen war, und sie redete vom Kapitän, der mit einer Pfeife im Mund von der Wand schaute. Als sie sagte, ich solle das Kapitänspatent machen, stellte ich mir vor, wie ich mit der *Ophelia* durch das Land schippern und Marianne abends ficken würde.

Dann legte die *Henriette Luisa* im Haken an. Als ich auf ihr elbaufwärts fuhr, wusch ich mir zwei Tage die Hände nicht, damit ich Mariannes Geruch noch etwas behielt. Der Kahn war verrostet und hatte 800 Bruttoregistertonnen. Kapitän Schütte zog ein Bein nach und bellte in den Lautsprecher, wenn ich mit der Rostbürste in der Hand am Bug stand und ins Wasser stierte. Dann arbeitete ich weiter, während neben dem Strom das Land vorbeizog. Ich bürstete von Bug nach achtern und strich die entrosteten Stellen mit Mennige. Ich klappte den Mast um, wenn eine Brücke kam, und richtete ihn danach wieder auf. Ich machte den Kahn mit Achterschlingen an den Pollern der Schleusen fest. Manchmal ließ mich Schütte ans Steuerrad und dann spürte ich, wie das Schiff sich nach mir richtete, langsam in die Kurven zog und wenn ein anderes entgegenkam, hob ich die Hand und muhte mit dem Nebelhorn. Dann kratzte, schrubbte und strich ich weiter.

An der Grenze bei Schnakenburg kamen die Zöllner an Bord. Sie trugen grüne Uniformen und ihre Gesichter sahen aus wie die der bayerischen Gefängniswärter. Sie filzten meine Kajüte und prüften meine Bücher auf sozialistische Staatsverträglichkeit, während zwei Schäferhunde durch den Laderaum schnüffelten. Dann setzten sie mir einen Hammer- und Zirkelstempel in den Paß, den ersten eines fremden Staates. Und obwohl die Schraube das Wasser genau so braun aufwühlte wie vor der Grenze, kam mir das andere Land noch trostloser vor. Wenn es dunkel wurde, legten wir bei weiß markierten Bäumen an und ab vier Uhr morgens lag ich wach und wartete, bis Schütte durch den Lautsprecher krächzte: »Aufstehn, ins Wasser springen!« Ich sprang in die Elbe, hörte ihn meckern und fluchen, stapfte durch Brennesseln und machte die Taue los. Dann kletterte ich mit verbrannten Waden zurück und sah im Elbnebel Angler, die unserem Schiff nachschauten. Dann fing ich wieder zu kratzen und zu streichen an, aber in Berlin hatte die *Henriette Luisa* noch nicht einmal die Unterwäsche an. Nur gesprenkelt war sie, rot mit Mennige, als hätte sie die Masern gekriegt. Ich dachte, ich will auf ein Trampschiff und streiche stattdessen einen Elbkahn. Ich will in die Karibik und hocke in Neukölln, verdammte Scheiße!

Aus einem Rohr staubte Fischmehl und auf den Eisenplanken schmierte der Dreck. Ich roch, als hätte ich im Laderaum geschlafen. Der Gestank steckte mir noch in der Nase, als ich, um Brot, Fleischwurst und Suppenpäckchen für die Rückfahrt zu kaufen, mit der S-Bahn zum Kudamm fuhr. Es war Abend und auf den Stufen vor der Gedächtniskirche rauchten Gammler Haschischtüten und ließen die Haare wachsen. Irgendwo gab mir einer eine Zeitung, die wie ein Comicheft aussah und Freiheit und Revolution forderte. Ich wanderte den Kudamm entlang und fragte nach der Schlüterstraße.

Ein paarmal lief ich an der Spelunke vorbei, bis ich mich endlich zusammenriß und sie betrat. Und auf einmal war es nicht mehr so weit in die Karibik, nach Mexiko oder anderswohin. Es kam mir vor, als hätte ich nur ein paar Umwege gemacht. Über den Tischen spannten sich Fischernetze mit Kugelfischen, über der Theke baumelte an Ketten ein Krokodil und an den Wänden hingen diese Bilder, bunt und wild, ein Clown, ein Reiter, ein rotes Mädchen. Es roch nach süßlichem Pfeifentabak und als er aus der Küche kam, erkannte ich ihn wieder vom Goldmann-Taschenbuch: Bart, struppiges Haar und die Pfeife im Mund. Nur fett war er, alt und um die Augen hatte er schwarze Ringe. Eine Maus von einer Frau ließ Bier in ein Glas laufen und brachte es mir.

»Na, Junge, aber aus Berlin biste nich!«

Er setzte sich zu mir und sog an der Pfeife, bis er aus einer Rauchwolke schaute, und ich dachte nur, ich sitz mit Jack Bilbo an einem Tisch. Hätte er mir jetzt von Al Capone erzählt und dem Falangistenkreuzer, den er gekapert und nach Barcelona geschleppt hatte, ich hätte ihm wenigstens für eine Stunde geglaubt.

»Ich soll Grüße ausrichten«, sagte ich, »von Siegfried S.«

Er nickte und die Frau stellte ihm eine Tasse Tee auf den Tisch.

»Ich war im Knast mit ihm«, sagte ich.

»Im Knast warste«, sagte er, »wie lange denn?«

»Fast zwei Jahre«, sagte ich, »jetzt will ich zur See.«

»Haste jehört«, rief er der Frau zu, »er war im Knast und jetzt will er zur See, und da haste jedacht, jetzt jeh ick zu Bilbo.«

Ich wollte ihm sagen, daß ich sein Buch gelesen und die Fliege gemacht hatte, aber ich kam nicht dazu. Er erzählte von seinem holländischen Boeier, von Fischern in Mallorca und daß Henry Miller, der Hundesohn, hier am selben Tisch gesessen hatte.

Dann sagte er: »Det mit der See is jut. Sieh zu, daß de wegkommst von hier! Hier nähen se dir wieder ein, Junge, über kurz oder lang. Hier nähen se alle ein, die nicht nach der Pfeife tanzen. Ick weeß, wovon ick sprech. Und wenn se dir nüscht können, dann ziehn se dir in der Zeitung durch den Kakao. Ick hab mehr erlebt, als de dir vorstellen kannst. So dick kann en Buch jar nich sein, daß det Platz drin hat.«

Dann rief er »Owo!« und die Frau brachte ihm Bleistift und Papier. OPDR schrieb er drauf und in Klammern *Oldenburg Portugiesische Dampfschiff Reederei.* Darunter zeichnete er einen Plan, nur die Straßennamen fielen ihm nicht mehr ein.

»Finnste schon«, sagte er, »bist ja nich aufn Kopp jefalln. Und wenn se den Wisch von der Schule wollen, sagste, du warst Koch im Vierjahreszeiten.«

Am selben Abend schrieb ich Dimitri die erste Karte, ein paar Zeilen nur: Ich hab gerade Jack Bilbo besucht und jetzt fahr ich nach Hamburg und ich melde mich wieder. Bald bin ich auf See.

Ich stellte mir vor, wie sie ihm die Karte durch die Kostklappe schieben und daß die nächste vielleicht aus der Karibik kommen würde.

Aber das Schiff, das ich fand, ging nach Nordafrika. Es hieß *Morena* und war so verrostet wie die *Henriette Luisa*, hatte 3000 Bruttoregistertonnen und die *Oldenburg Portugiesische Dampfschiff Reederei* hieß bei den Seeleuten *Ohne Proviant durch Rußland.* Da ich nicht kochen konnte, behauptete ich, ich wäre Kellner im Hotel Europa in Innsbruck gewesen. Sie verlangten kein Zeugnis, besorgten mir das Seemannsbuch und als ich die Gangway hochstieg, bewegte sich das Schiff und die Trossen knarzten. Vorne am Bug roch ich endlich den Wind, den ich riechen wollte, von der Nordsee her. Ich stand lange dort. Ich sah zu, wie wir ablegten und von Schleppern in die Elbe gezogen wurden, und dachte, daß ich am Ziel meiner Träume war. Ich sah die Landungsbrücken vorbeiziehen, die Speicher und Lagerhallen, und hatte zum ersten Mal das Gefühl, wegzukommen, weit weg. Als die Schlepper losmachten und umkehrten, gab es keine Verbindung mehr. Die *Morena* nahm

Fahrt auf, die Elbe wurde breiter und in der Dunkelheit verschwanden hinter mir der letzte Leuchtturm, die letzte Boje und die letzte Sandbank. Die See rollte grau, die Wellen hoben und senkten den Bug und als ich in der Kajüte mit den zwei Betten lag, rumorte die Schraube neben mir.

Sie rumorte die ganze Nacht und als ich am Morgen aufwachte, dröhnte mein Kopf. Wir legten in Rotterdam und Rouen an und fuhren dann über Ceuta und Las Palmas nach Praia auf den Kapverden. Wir fuhren zwei Tage durch die Biscaya und der Atlantik türmte sich auf. Die Wellen waren hoch und kurz und kamen von Südwest. Die Schotten wurden verriegelt und die Mannschaft hockte in der Messe. Sonst lag man entweder in den Kojen oder stand über der Pißrinne und kotzte. Die Bullaugen waren mal unter Wasser, mal drüber und ich stieg die Gänge hoch und wieder hinunter.

Zwei Tage lang kotzte ich. Ich kotzte den Magen leer und kaum legte ich mich in die Koje, mußte ich wieder hoch. Dann wurden die Wellen niedriger, Kap Finisterre tauchte auf und mein Magen beruhigte sich.

Ich putzte die Kajüten, kehrte die Gänge und wusch in der Pantry Geschirr. Ich stellte Teller auf die Tische der Mannschafts- und Offiziersmesse und brachte das Essen aus der Kombüse, schälte Kartoffeln und schnitt Gemüse klein. Manchmal stand ich achtern an der Reling und sah das Meer und, wenn ich Glück hatte, in der Ferne die Fontänen der Wale. Morgens weckte ich die Mannschaft: die Decksmänner, die Matrosen, den Schreiner, den Maschinisten und den Elektriker, hörte, wie sie grunzten und fluchten.

Der Elektriker schlief jede Nacht unter dem Tisch, zusammengerollt wie ein Hund in der Asche von Pompeji, während durch die Kajüte die Bier- und Whiskyflaschen kegelten. Ein paar Abende lang hielt ich mit, trank Becks und Ballantines, grölte mit dem Schreiner, den Decksmännern und Hein, dem Maschinisten, nach einer Beatles-Melodie das Lied vom billigen Branntwein: Eau de vie is love, love, love is Eau de vie. Der Koch spuckte ins Essen, wenn er schlecht gelaunt war. »Pack«, sagte er, »Scheißpack!« Das Leintuch des Maschinisten war so verdreckt, daß das Schmieröl in die Matratze sickerte, und die Teller für die Mannschaft waren aus Aluminium.

In Praia flirrte die Hitze über den Hafenbaracken und die drei Huren hinterm Zaun sahen so erbärmlich aus, daß außer mir keiner an Land ging und der Bootsmann nicht einmal Kondome verteilte. Ich lief eine Sandstraße entlang, kehrte wieder um und als ich an Bord war, dachte ich, ich bin immerhin in Praia gewesen. Während wir durch die Atlantikwüste nordwärts fuhren, wünschte ich mir, ich wäre nicht an Bord, und beschloß, bei der nächsten Gelegenheit das Schiff zu verlassen. Doch der nächste Hafen war Safi mit seinen Sardinenfabriken, den aufgeplatzten Straßenbelägen und den Häusern, die schwarze Ruinen waren. Dann kamen Oran, Algier und Alexandria. Wenn wir Landgang hatten, ging ich mit Hein und dem Bootsmann in Bars und Bordelle und wenn eine Araberhure unter mir lag, stellte ich mir Marianne vor. Ich war froh, als die *Morena* wieder Kurs auf Hamburg nahm.

Es war kalt geworden dort und über die Landungsbrücken fegte der Wind. Aber ich hatte die Heuer in der Tasche und über der Schulter den Seesack. Als ich mit dem Taxi zum Haken fuhr, dachte ich an Marianne und was ich ihr erzählen und wie sie Wurstbrote streichen und sich mit Blick auf den ersoffenen Kapitän auf mich setzen würde. Hinter den Bullaugen brannte Licht, aber sie ließ mich nicht rein, weil ich ohne Abschied verschwunden war. Ich nahm mir ein Zimmer im Seemannsheim und suchte eine Woche lang nach einem Schiff, das nach Südamerika fuhr. Weil ich keines fand, heuerte ich auf der *Atlanta* nach Kapstadt an. Sie hatte 7000 Bruttoregistertonnen, war weiß wie das Schiff in Palermo, meine Kajüte lag mittschiffs, die Mannschaft bekam das Essen in Porzellantellern und als dem Kochsmaat Eiter aus der Harnröhre tropfte, wechselte ich von der Pantry in die Kombüse. Der Koch setzte mir eine weiße Mütze auf und ließ mich Spiegeleier mit Bacon und Tomaten braten. Wir frühstückten um sieben, um neun und um elf. Er hatte einen Schmerbauch und träumte schlecht. Er meinte es gut mit mir und wenn er betrunken war, phantasierte er von einer Kneipe im Schanzenviertel. Er haßte Afrika und warnte mich vor den Negerhuren, denn einmal war er bis auf die Unterhose ausgenommen worden.

»Laß dich mit keiner ein«, sagte er, »du wirst es bereuen.«

Ich ging trotzdem an Land, in Dakar und Conakry, in Freetown und Abidjan. Wir klapperten die Goldküste ab und ich suchte nach einer Stadt, in der ich *achtern raussegeln* würde, aber ich konnte mich nicht entscheiden, kehrte jedes Mal an Bord zurück und wartete auf die nächste. Nach Duala würden wir erst wieder in Kapstadt vor Anker gehen und auf dem Rückweg blieb Takoradi, aber auch in Takoradi wäre ich nicht abgehauen, hätte mich Kwesi nicht mit seinen Versprechungen geködert.

Die *Atlanta* lag zwei Tage auf Reede, bis gelöscht und geladen wurde. Ein Dampfer dümpelte neben dem anderen und zwischen Festland und den Schiffen tuckerten grüne hölzerne Boote hin und her. Im Hafen trieben Flöße aus Urwaldriesen und über dem Wasser lastete die Hitze. Wenn der Wind zwischen die Hügel blies, flogen Staubfahnen über die Zollbaracken. Ich tuckerte mit einem der Boote an Land, während der Himmel einen Blutsturz hatte. Das Meer wurde schwarz und in der Liberation Road brannten schon Feuer, es roch nach Rauch und neben den Hauseingängen lagen in Leintücher gewickelt Schwarze, als wäre die Cholera ausgebrochen. Aus den Häusern drangen Choräle, in den Bars drehten sich die Propeller der Ventilatoren an den Decken und neben mir her lief ein Schwarzer, der mir Masken andrehen wollte.

»Ebony«, sagte er, »very cheap, good business.«

Ich kratzte mit dem Fingernagel darüber und hatte Schuhcreme darunter.

»Five Cidis«, sagte er, »real ebony.«

Er folgte mir in eine Bar und packte mir seinen Schund auf die Theke, bis Kwesi sich ranschob und mir seine Schwester anbot. Er trug einen Wollschal um den Hals und eine Pudelmütze auf dem Kopf. Sein Gesicht war dick und freundlich und die Stimme gurgelte.

»Five Cidis«, sagte er. »Sie ist gut. Du wirst sehen. Alle Männer wollen sie.«

Five Cidis und für ihn ein Bier, dafür, daß er mich zu seiner Schwester bringt.

Ich stieg in sein klappriges Taxi. Er fuhr mich die Sandstraße über den Market Circle und dann hingen Lichtergirlanden zwischen Mangobäumen, auf einem Rost schmurgelten Fleischspieße und Victoria setzte sich auf meinen Schoß. Von ihrem Kopf standen hundert Antennen ab, sie roch gut und ihre Augen waren groß und schwarz. Ich fuhr ihr die Schenkel hoch und wollte weg von hier. Kwesi wartete auf der anderen Straßenseite und zischte aus seiner grünen Kiste.

Er kurvte zwischen Schlaglöchern und Hunden an Wellblechhütten vorbei und ich dachte, wenn ich laufe, brauche ich zwei Tage zurück, und ahnte, daß es bei fünf Cidis nicht bleiben würde. Auf dem Hof der Sahara-Bar brannte Feuer in einer Tonne, aus dem Eingang kamen die Mädchen und johlten, weil Kwesi Beute brachte. Er verscheuchte sie und später hörte ich, wie sie in Ewe redeten, laut, dann leiser, doch als ich mich fragte, ob er noch da war, hörte ich seine Stimme wieder.

Da war ich bei Victoria im Zimmer mit dem kleinen Fenster, dem Propeller an der Decke, der sich nicht drehte, dem Bett, der Nähmaschine und dem Madonnenbild an der Wand. Ich sah zu, wie sie sich auszog, die roten Stöckelschuhe, die sie später an die Wand schleuderte, weil sie so viel gekostet hatten und trotzdem auseinanderbrachen, ihr buntes Kleid, das kunstseidene Höschen. Ihre Scham war rasiert und die Klitoris beschnitten und sie preßte sich fest gegen mich und rieb sich an mir. Nachdem ich gekommen war, nahm sie meine Hand und rieb sich weiter damit, bis sie keuchte und die Beine schloß. Dann tranken wir Wasser und aßen Weißbrot, auf das sie Honig fädelte. Wir lagen nackt auf dem Bett, hielten unsere Arme nebeneinander und schauten, wie weiß meiner und wie schwarz ihrer war.

Ich zahlte ihr fünf Cidis und Kwesi fuhr mich zum Hafen und ich zahlte nochmals fünf, zweieinhalb für die Hinfahrt und zweieinhalb für die Fahrt zurück, obwohl es das Geschäft seiner Schwester war.

»Bring mir Lucky Strike vom Schiff«, sagte er, als ich aussteigen wollte. »Die Männer vom Zoll sind meine Freunde. Ich zahle dir, was sie kosten, und du kannst wieder meine Schwester ficken.«

»Wir fahren morgen ab«, sagte ich.

»Bring mir Zigaretten«, sagte er, »und Whisky. Ich zahle dafür und außerdem kannst du meine Schwester ficken.«

»Wann soll ich sie ficken«, sagte ich, »wir fahren am Abend.«

»Du kannst Whisky kaufen«, sagte er, »und Zigaretten auf den Schiffen. Die Männer vom Zoll sind meine Freunde. Du bist weiß, dir verkaufen sie Zigaretten und Whisky auf den Schiffen. Takoradi ist eine gute Stadt.«

»Ja«, sagte ich.

»Big Bob ist mein Freund«, sagte er. »Willst du Big Bob sehen?«

»Nein«, sagte ich.

»Big Bob ist Boss von der Polizei«, sagte er. »Was Big Bob sagt, wird gemacht. Wenn er sagt, du kannst hierbleiben, kannst du hierbleiben. Ich warte. »

»Wir fahren morgen ab«, sagte ich.

Ich sah ihn am nächsten Mittag, als ich an Deck ging, neben dem Taxi auf dem Hügel hinter der Zollbaracke. Er winkte, aber ich winkte nicht zurück. Ich ging in die Kombüse, dachte an Hamburg und daß ich kein Schiff nach Südamerika gefunden hatte und wieder suchen würde und daß wir wieder die Küste zurückfahren mußten, durch die Biscaya. Ich sah Victoria, wie sie nackt auf dem Bett lag, und die anderen Mädchen neben der Feuertonne. Als ich wieder an Deck ging, stand Kwesi immer noch neben seinem verbeulten Taxi und winkte. Da winkte ich zurück und er schien es als Zeichen zu deuten, denn er schlenderte den Hügel herunter zur Zollbaracke. Auf einmal hatte ich es eilig, von Bord zu kommen. Ich zog mein Khakihemd und die Khakihose an, stopfte die Jeans in den Seesack, zwei Hemden, die Elefantenbrücke aus geschnitztem Elfenbein, die ich in Abidjan gekauft hatte, zwei Flaschen Ballantines und eine Stange Zigaretten. Dann tuckerte ich an Land. An der Zollbaracke wartete Kwesi und die Zöllner wollten zwei Schachteln Zigaretten, um nicht in den Seesack schauen zu müssen.

»Ich hab gewußt, daß du kommst«, sagte er. »Es ist gut in Takoradi.«

Er brachte mich zum Bordell. Ein paar Engländer standen an der Bar und tranken. Die Mädchen freuten sich, als sie mich wiedersahen, und ein paar Stunden später saß ich mit Victoria über dem Hügel am Hafen und sah zu, wie die *Atlanta* den Anker einholte, wendete und auf dem Atlantik verschwand.

Jetzt bin ich in Afrika, dachte ich. Es kam mir vor, als wäre ich einem Plan gefolgt, der mich hier hatte landen lassen. Ich lag auf dem Bett in Victorias Zimmer und sah ihr zu, wie sie auf den Blechstuhl stieg und den Holzpropeller in Gang zu bringen versuchte. Aber sobald sie zu drehen aufhörte, blieb er wieder stehen. Es war heiß und draußen lachten die Mädchen.

»Dein Bruder«, sagte ich, »wird mich zu Big Bob bringen.«

»Kwesi ist nicht mein Bruder«, sagte Victoria.

»Ich werde von den Schiffen Whisky und Zigaretten holen«, sagte ich.

»Big Bob«, sagte Victoria, »gibt Kwesi einen Tritt in den Arsch. Ich hab für die Schuhe zwanzig Cidis bezahlt.«

Sie zeigte mir ihre roten Stöckelschuhe. Die Sohlen waren vor den Absätzen in der Mitte durchgebrochen.

»Ich werde dir Seeleute von den Schiffen holen«, sagte ich. »Wir kaufen neue.«

Sie warf sie in die Ecke, erst den einen, dann den anderen und da wußte ich, daß es schwierig würde. Ich setzte mich aufs Bett, mit einer Flasche Star Brew Bier in der Hand, und während sie vor der Kitschmadonna mit dem Jesulein betete, studierte ich ihren Hintern. Später, als ich eingeschlafen war, tappte mir ein Gecko übers Gesicht. Ich wachte auf, schlug um mich und wünschte mir, ich wäre auf der *Atlanta* geblieben.

Kwesi brachte mich zu Big Bob. Das war am folgenden Tag.

»Du gibst ihm eine Flasche Ballantines«, sagte er, »dann die Elefantenbrücke. Big Bob ist mein Freund.«

Aber Big Bob war nicht sein Freund. Er wohnte in einem Haus am Market Circle und in seinem Büro standen Ebenholzmöbel und der Schreibtisch, hinter dem er residierte, glänzte. Big Bob sah aus wie Idi Amin, sein Hemd war gebügelt und unter den kurzen Ärmeln wölbten sich Muskelpakete. Er schaute die Whiskyflasche nicht an, die ich auf den Tisch stellte, und die Elefantenbrücke ebenfalls nicht. Er stützte die Unterarme auf den Tisch und als Kwesi etwas erklären wollte, wischte er ihn mit einer Handbewegung weg, wie man eine Fliege verscheucht.

Dann nahm er meinen Paß in die Hand, blätterte ihn durch und tippte mit dem Finger auf eine leere Seite.

»Du hast kein Visum«, sagte er.

»Nein«, erwiderte ich und wartete darauf, daß er nach der Brücke oder dem Whisky griff.

»Du brauchst ein Visum für Ghana«, sagte er.

»Er ist mein Freund«, sagte Kwesi.

Doch Big Bob hörte ihn nicht.

»Ich muß dich ins Gefängnis stecken.«

»Er kann im Hafen nach einem Schiff suchen, das ihn mitnimmt«, sagte Kwesi, »ich helf ihm dabei.«

Ich dachte, ich hätte nicht achtern raussegeln sollen.

»Sieh zu, daß du ein Schiff findest«, sagte Big Bob.

Er ließ von der Sekretärin ein Formular ausfüllen, stempelte es und setzte seine Unterschrift darunter. Die Schrift war groß, die Züge waren rund und mächtig wie er selbst und sein Gesicht. Er rührte den Whisky und die Brücke nicht an, aber als ich vor dem Haus die Treppe herunterstieg und durch das Fenster sah, war beides vom Tisch verschwunden.

»Mit dem Formular kannst du in den Hafen«, sagte Kwesi.

Es dauerte eine Weile, bis ich verstand, wie das Spiel lief. Ein paar Stunden später tuckerte ich mit einem der Boote zu einem Schiff hinüber, das auf Reede lag.

Ich tuckerte jeden Tag hinüber und wenn mich die Zöllner sahen, lachten sie und wenn ich zurückkam, stellte ich die Tasche mit den Zigaretten und den Flaschen in die Baracke und rauchte mit ihnen und Kwesi Embassy-Zigaretten. Wenn ich die Tasche wieder herausholte, war sie leichter als vorher. Dann fuhren wir zum Dorado und wenn Kwesi aus dem Club kam, war die Tasche meist leer und in der Hand hatte er Cidischeine. Er gab mir, was ich für den nächsten Einkauf brauchte und den Gewinn, von dem er angeblich nur ein wenig für sich abzog.

Ich ging mit Victoria auf den Markt und wir kauften Fleisch, Brot und Bier. Ich brachte den Ventilator in Schwung und wußte selbst nicht warum, aber plötzlich drehte er sich wieder und Victoria freute sich. Ich kaufte ihr Stöckelschuhe und sie schleuderte die alten über den Hof, einen nach dem anderen. Es ging mir gut und ich war froh, daß ich die *Atlanta* verlassen hatte. Ich trank Bier, rauchte und fing an, in ganzen Sätzen zu sprechen, weich und rollend, wie die Schwarzen redeten, mit Wörtern dazwischen, die nach Ewe oder Ashanti klangen. Am Abend saß ich unter den Mangobäumen des Dorado und die Leute kannten und grüßten mich. Ich trug Khakihemden und kam mir vor wie in einem Buch von Hemingway. Manchmal begann ich Geschichten zu schreiben, die von einer Eisenbahnfahrt von Abidjan nach Ouagadugu handelten, nur weil mir der Name der Stadt gefiel, von Takoradi, von Victoria und den anderen Mädchen, zu denen ich nun manchmal ging, wenn Victoria nicht da war. Ich angelte Seeleute aus dem Dorado und anderen Bars und ließ sie von Kwesi zur Sahara chauffieren.

»Die Mädchen sind gut«, sagte ich, »they fuck the hell out of you. Ihr könnt mit Whisky und Zigaretten bezahlen.«

Dann fuhr ich zu ihren Schiffen und kaufte zollfreie Waren ein, Schnaps, Zigaretten und manchmal Parfüm, um das sich die Mädchen stritten, auch wenn es für Männer war. Ich schenkte den Seeleuten kaltes Bier in die Gläser, wenn sie aus den Zimmern kamen. Sie stammten aus England, Frankreich, Norwegen und Kanada. Sie Sie nannten mich son of a bitch, stiegen ins Taxi und johlten aus den Fenstern, wenn sie betrunken waren.

Ich fühlte mich geehrt und schrieb eine Geschichte, in der ich verschlagener als alle anderen war, stellte mich vor den Spiegel und zählte die grünen, schmierigen Cidischeine. Es waren nicht viele, aber Kwesi kaufte sich davon eine Uhr und einen Ring aus Ashantigold.

»Er verdient viel mehr als wir«, sagte Victoria.

Wir legten das Geld zusammen und gingen ins Kino. Es war eine Wellblechbaracke, in die man Blechstühle mitnehmen mußte. Sie klapperten und die Schwarzen schrien und johlten, wenn sich die Schauspieler auf die Köpfe schlugen. Nach dem Kino sagte mir Victoria, daß sie einen Pelzmantel haben wollte.

»Ein Pelzmantel ist teuer und zu warm für Afrika«, sagte ich.

»Kwesi nimmt das Geld«, heulte sie, »und gibt dir zuwenig. Dann kommt Big Bob und fickt mich und bezahlt nicht und du gibst ihm zwei Flaschen Whisky.«

Er kam einmal die Woche mit zwei seiner Bullen, suchte sich eines der Mädchen aus und riet mir, bald ein Schiff zu finden, da er mich sonst in den Knast stecken würde. Er ließ sich meinen Paß zeigen, bevor er in die Sahara ging, und wenn er wieder herauskam, wusch er seine Muskelpakete im Flur, während einer seiner Bullen die Flaschen zum Auto trug. Er nahm mir den gestempelten Schein ab und fuhr damit weg, aber Kwesi holte ihn wieder. Von da an nahm Big Bob drei Flaschen mit und eine Stange Lucky Strike und das Geld, das mir Kwesi gab, war noch weniger als sonst.

»Die Zöllner wollen mehr«, sagte Kwesi.

Aber ich brachte nicht mehr so viel von den Schiffen, weil ich keine Lust mehr hatte. Die Zöllner stritten mit Kwesi und als er aus dem Dorado kam, zählte er dreimal die Scheine, bevor er mir ein paar Cidis gab.

»Du hast mehr verdient«, sagte ich.

»Ich muß von meinem Geld die Zöllner zahlen«, erwiderte er.

Ich wußte nicht, ob er log. Als wir zur Sahara fuhren, redete er nicht, doch ich sah seine Uhr und den goldenen Ring und dachte, das hat er von meinem Geld bezahlt. Ich warf die wenigen Scheine auf den Tisch und Victoria wurde wütend und fing an, mit Kwesi zu streiten. Sie versuchte ihm die Uhr vom Arm zu reißen und beschimpfte mich, weil ich mich bestehlen ließ, die anderen Mädchen fickte und sie mehr verdiente als ich. Ich wußte nicht, was ich erwidern sollte. Sie stellte sich vor ihre Kitschmadonna und betete mir und Kwesi die Krätze an den Leib, bis ich ging und mich an die Bar setzte und Whisky trank. Ich trank, bis ich umfiel. Als ich aufwachte, angezogen auf dem Bett, mit pochendem Schädel, fiel mir ein, wie ich es machen mußte. Ich suchte einen Plastikmüllsack, steckte ihn in die Tasche, mit der ich die Ware holte, und wartete, bis Kwesi kam und mich zum Hafen brachte.

Hundert Schritte neben der Zollbaracke lag eine Anlegestelle, von wo aus die Boote zu den Schiffen fuhren. Ich tuckerte von einem zum nächsten und auf dem letzten Schiff blieb ich, bis es dunkel war. Dann erst kehrte ich an Land zurück, duckte mich hinter gestapelten Baumstämmen, bis die letzten Passagiere zwischen den Lagerhütten verschwunden waren, packte einen Teil meiner Einkäufe in den Plastiksack und versteckte sie unter dem Boden der Lagerhütte.

Ich hatte mehr als sonst auf den Schiffen gekauft. Es machte Spaß, Kwesi und die Zöllner übers Ohr zu hauen. Ich stelle Big Bob drei Flaschen auf den Tisch und legte eine Stange Lucky Strike dazu. Ein paar Wochen lang erinnerte er mich nicht mehr daran, daß ich verschwinden mußte.

Wenn mein Plastiksack voll war, zwängte ich mich im Dunkeln durch den Maschendrahtzaun, packte die Sachen in Taschen um und verschwand, wie ich gekommen war. Es war einfach. Ich hätte es schon längst so machen sollen. Ich hätte für Big Bob fünf statt drei Flaschen Whisky auf den Tisch stellen und Kwesi ausbooten können. Ich hätte die Schorre im Dorado und in den Bars anbieten können und wenn Kwesi mit dem Taxi gekommen wäre, hätte ich fragen können, was kostet die Fahrt zum Hafen und zurück, Kwesi? Fünf Cidis? Das sind drei Cidis zuviel. Aber hier hast du sie. Ich hätte mit den Zöllnern einen Deal machen und Big Bob sagen können, ich brauch ein Visum, damit ich eine Bar aufmachen kann.

Aber ich schickte Victoria, um Whisky und Zigaretten zu verscheuern, und achtete nicht darauf, daß Kwesi mürrisch wurde und mir einer der Zöllner entgegenkam, nachdem ich vom letzten Schiff an Land zurückgegangen war. Ich hatte gut eingekauft, aber sie lachten nicht, als sie ihren Anteil aus der Tasche nahmen, und als Kwesi die Tasche auf den Rücksitz stellte, schaute er nicht nach, wieviel sie herausgenommen hatten.

An dem Abend, an dem sie mich schnappten, hätte ich mich auf den Hügel setzen und warten müssen, dann hätte ich im Scheinwerferlicht gesehen, wieviele auf Posten waren. Aber es war leicht, im Schutz der Nacht durch den Zaun zu kriechen und umzupacken. Eine Angelegenheit von zehn Minuten, mehr nicht, völlig sicher. Niemand konnte sehen, wie ich am Rand der Flöße den Draht hob und drunter durch kroch. Das Wasser schwappte schwarz zwischen den Stämmen und die Lücken zwischen den Lagerschuppen waren wie mit Tusche gefüllt. Nur über den Zollbaracken stand Licht und auf den Schiffen, die auf Reede lagen. Als ich wieder zum Zaun ging, klirrten die Flaschen. Es waren nur hundert Schritte und dahinter war es so dunkel wie davor. Ich war mir zu sicher. Ich sah sie nicht und spürte sie nicht. Ich wußte erst, daß sie da waren, als mich der Schlag eines Gewehrkolbens traf und mir einer gegen die Schulter trat. Dann hörte ich, wie die anderen am Zaun entlanggelaufen kamen, ihre Karabiner repetierten und sie mich umstellten. Ich hielt die Taschen fest. Ich wollte lachen, aber ich bekam keine Luft mehr und japste, während sie mich durch den Hafen stießen zu dem Auto, in dem Big Bobs Bullen saßen. Sie steckten mich in eine Hütte, die kein Fenster hatte und alle Stunde sperrte einer auf und verschloß sie wieder. Ich hätte geheult, wenn es geholfen hätte. Als endlich Licht durch die Ritzen drang, sah ich, daß in der Ecke noch ein anderer lag. Er rührte sich nicht. Seine Beine waren verdreht und das Gesicht unter den Armen vergraben.

»He«, sagte ich.

Auf dem Boden war Blut und das Hemd war ihm hochgerutscht. Ich setzte mich neben ihn und wartete, bis sie mich aus der Hütte holten.

»Ist er tot?« fragte ich, doch die Bullen antworteteten nicht und fuhren mich zum Market Circle. Als ich ins Büro von Big Bob kam, rückte er mir einen Stuhl zurecht. Er hatte die Taschen auf den Tisch gestellt und fragte, ob das alles war.

»Nein«, sagte ich.

Er schraubte eine Flasche Ballantines auf, wischte zwei Gläser aus, hielt sie gegen das Licht und schenkte sie voll. Dann zählte er die Cidischeine, die er Victoria abgenommen hatte, gab mir meinen Paß und zerriß die Hafenerlaubnis mit dem Stempel und seiner Unterschrift.

»Du hast kein Visum«, sagte er.

»Ich weiß«, sagte ich.

Er zählte ein paar Cidischeine ab und schob sie über den Schreibtisch.

»Du nimmst den Bus nach Accra«, sagte er, »und gehst zur Botschaft.«

»Ja«, sagte ich.

»Du nimmt den Bus nach Accra«, sagte er nochmal. »Er geht in einer Stunde. Verpaß ihn nicht.«

»Nein«, sagte ich.

Dann tranken wir die Gläser leer, ich nahm die Tasche und lief die Liberation Road hinunter.

Ich hatte Dimitri von Takoradi aus einen Brief geschrieben, den ersten nach der Karte aus Berlin. Er war lang, auf blauem Lufpostpapier, Seiten über Seiten, auf denen ich ihm von Afrika berichtete, vom Elfenbeinmarkt in Abidjan, von meiner Brücke aus Elefanten, den Frauen in den Hafenstädten und daß ich nun in Takoradi war. Ich hatte ihm von Victoria berichtet, von Big Bob und Kwesi und daß auf dem Hof ein Kawabaum wuchs. Ich hatte eine große bunte Marke gekauft, den Brief zur Post gebracht und mir wieder vorgestellt, wie er ihn erhalten und lesen würde.

Als ich ein halbes Jahr danach den nächsten schrieb, saß ich im Pudding Shop in Stambul und die Reise, die ich schilderte, war voller Namen fernöstlicher Städte, in die es mich verschlagen hatte, Kalkutta, Bangkok … Wir sind von Indien aus zum Suezkanal und jetzt sitz ich in Stambul, schrieb ich, und an der Theke hängen ein paar Tramps und Dealer und Hippies. Vielleicht zieh ich mit.

Ich wollte ihn beeindrucken. Er sollte nicht wissen, daß mir die Botschaft ein Ticket nach München bezahlt und ich vier Monate in der Werkhalle von MAN in Karlsfeld gestanden und die Bohrflüssigkeit mir die Finger zerfressen hatte. Ich wollte ihm nicht erzählen, daß ich in einem Zimmer mit vier Pendlern aus dem Umland geschlafen hatte, morgens um fünf durch das Fabrikgelände getrabt war. Er sollte mich nicht sehen, wie ich in einem Blaumann Leberwurstbrote strich.

Als mir Fredrik über den Weg lief, mit gelbem Seidenschal und Stoffschuhen und Smoking und sagte, daß er mit dem Bulli nach Istanbul fahren würde, hob ich mein Geld ab und kam mit. Vor Zagreb krepierte der Wagen, aber wir fuhren mit dem Bus weiter und als ich durch Stambul lief, durch den Bazar, über die Brücke am Goldenen Horn und im Pudding Shop saß, da wußte ich, daß ich Dimitri wieder schreiben konnte, einen Brief mit bunter Marke, und ihm meine Geschichte nur ein wenig anders erzählen mußte, damit sie Eindruck machte.

»Bangkok, Kalkutta und Istanbul. Fredrik aus Ebrach ist auch hier, mit gelbem Seidenschal um den Hals, und das Gulhane Old Hotel ist ziemlich im Arsch, aber es kostet nur ein paar Lira pro Nacht.«

Ein paar Tage blieb ich mit Fredrik zusammen. Er hatte Haare bis zu den Schultern, zwei Jahre wegen Kunstdiebstahl in Ebrach gesessen, las Gedichte von Enzensberger und malte Kreidebilder auf den Bügersteig der Yeniceriler Caddesi. Er sprach Französisch und Englisch und am Abend saß er im ersten Stock des Pudding Shop und rauchte Tüten mit schwarzen GIs, die keine Lust hatten, sich in Vietnam erschießen zu lassen. Der Stoff roch bis auf die Straße hinaus und wenn ich unten an der Theke saß, sah ich die Schwaden hochsteigen, während aus den Lautsprechern die Gitarre von Jimi Hendrix jaulte.

Im Gulhane Old stapelten sich die Rucksäcke, die Matratzen lagen nebeneinander und die, die aus Indien und Afghanistan zurückkamen, berichteten von Goa, der Kabuler Chickenstreet und den Haschisch- und Opiumlöchern in Herat und Kandahar. Ich lief durch die Moscheen, fuhr nach Üsküdar und hatte nach München endlich wieder das Gefühl, mich bewegen zu können. Ich hatte 2500 Mark und mochte die Stadt mit dem Lärm und den Fähren, den Türmen und Fremden. Es war billig und neben der Galatabrücke wurde aus Booten gebratener Fisch verkauft. Ich zog mit Engländern durch die Gassen und nachts saßen wir auf dem Friedhof, drehten Joints und tranken Bier dazu. Ich traf Fredrik auf dem Großen Bazar, da trug er Schnabelschuhe und ein weißes Hemd, das bis zu den Knien reichte. Er erzählte von Schildkröten, die unter Autos lebten und überfahren würden, wenn er sie nicht rettete.

»Du nimmst Junk«, sagte ich.

»Ich muß weg«, meinte er. »Ich muß die Schildkröten retten.«

»Ich fahr nach Afghanistan«, sagte ich.

»Ich hab keine Zeit«, sagte er und lief davon, vorbei an den Souks im großen Bazar.

Als ich Sonntag begegnete, saß er an einem der weißgedeckten Tische vor einem Restaurant unter der Galatabrücke, trank Bier und sah den Booten und Schiffen zu, die zum Bosporus fuhren. Er war riesig, zwei Meter, ein Hüne mit schwarzem Bart, wie Fidel Castro sah er aus. Auf dem Stuhl neben ihm stand sein Armeerucksack, doch weil ich alleine war, nahm er ihn weg und ich setzte mich zu ihm an den Tisch.

»Sag Sonntag zu mir«, meinte er, »das sagen alle, ich bin an einem Sonntag geboren.«

Er war zehn Jahre älter als ich, stammte aus Bamberg, war im fernen Osten gewesen, dreimal, fünfmal? Ich fand es nicht heraus, denn er redete nicht viel. Wir tranken Bier und dann nahm er den Rucksack, als wäre er mit Watte gefüllt, und ging. Ich sah ihn wieder vor einem Straßencafe in Beyolu und wir redeten und beobachteten Passanten. Er zeigte mir einen, der Stoff zu verkaufen versuchte. Der Typ lief die Straße entlang, hielt kurz inne, kehrte wieder zurück und sprach Leute an.

»Bei mir hat er's auch versucht«, sagte er. »Er will wissen, was du machst. Wenn du ihm ein paarmal was abgekauft hast, schnappen sie dich. Er sucht nach welchen, die neu sind.«

Sonntag war vor ein paar Tagen aus Afghanistan gekommen und wollte wieder nach Kabul fahren. Und weil es ihm egal war, ob ich mitkam, vertraute ich ihm. Aber vielleicht vertraute ich ihm auch, weil er groß war und älter und weil er mich zu nichts überreden wollte.

»Ich kann dir zeigen, wo du am besten einkaufst«, sagte er, »aber zurückbringen mußt du den Stoff selbst.«

»Wie bringe ich ihn über die Grenzen?« fragte ich.

»Ich zeig's dir.«

»Zweitausend hab ich noch«, sagte ich.

»Ich hab mit weniger angefangen«, erwiderte er.

Er erzählte mir, wie sie bei seinem ersten Trip die Tasche gefunden hatten und er wieder Geld hatte zusammenkratzen müssen in Bamberg und erneut losgefahren war. Er zahlte mein Bier und ich sah, daß die Brieftasche gepolstert war.

»Beim ersten Mal«, sagte er, »fallen die meisten auf die Schnauze.«

Ich war froh, daß ich ihn an meiner Seite hatte. Er kannte sich aus. Ich lief mit ihm durch die Stadt und sah, wie er mit Deutschen verhandelte und daß er danach noch mehr Geld besaß. Ich werde auch Geld haben, dachte ich, nach dem ersten Trip, dem zweiten, dem dritten, wie er, und er würde wissen, wie ich den Stoff über die Grenzen bringen könnte. Im Bus nach Erzurum rechnete Sonntag aus, was am Ende der Reise herausspringen würde.

»Du kaufst für 700 Dollar ein«, sagte er »und wenn du das Heroin in Zehn-Gramm-Tüten in Istanbul an die GIs verkaufst, bleiben dir 3000. Für 3000 bekommst du schon ein halbes Kilo. Du mußt nur einmal ein Kilo nach Deutschland bringen.«

»Wie werd ich's los?«

»Vielleicht fällt mir was ein«, sagte er und sah mich an aus seinem Bartgesicht und ich hoffte ihm beweisen zu können, daß auf mich Verlaß war. Ich erzählte von Takoradi, daß ich aus dem Knast abgehauen war und garantiert Geld machen würde, wenn er mir half, den Stoff loszuwerden.

Es hatte angefangen zu regnen, als wir Istanbul verließen. Die

Türkei war verwaschen, braun und öde, in den Raststätten brannten Kohleöfen und die Straßen waren voller Schlaglöcher, die Dörfer und Städte sahen grau und dreckig aus. Es war kein Land, in dem ich sein wollte. Nach Ankara fing der Bus zu spucken an. Stundenlang warteten wir, bis er wieder ansprang und weiterfuhr, schliefen irgendwo und aßen Reis und Fleisch und Bohnen. In den Bergen von Anatolien lag Schnee und die Straße wurde zur Schotterpiste. Es war kalt und dunkel, als wir in Erzurum ankamen. Im Hotel Kent lief ein Fernsehgerät und davor saßen Männer und tranken Tee. Im Zimmer im ersten Stock war es warm. Wir blieben drei Tage, aber es gab nichts zu sehen außer gefrorenen Straßen, kahlen Bergen im Osten und ein paar Geschäften, in denen Werkzeuge, Ketten und Motorsägen lagen. Ich wartete auf Sonntag, der zweimal am Tag ins Gefängnis ging und einen Freund besuchte, den sie geschnappt hatten, als er schon über der Grenze war.

»Dem geht's dreckig«, sagte Sonntag. »Der Knast ist beschissen und das Essen schlecht.«

Er ging los und kaufte ein, Wurst und Konserven und was er bekommen konnte, schleppte die Sachen zum Knast und als wir weiterfuhren, hatte er zwei graue Stofftaschen besorgt.

»Paß auf, daß du nicht auch in Erzurum landest. Ich hab keine Lust, mich um zwei zu kümmern«, lachte er.

Ich wußte, daß er auch mich im Knast besuchen und Tüten voller Konserven und Wurst anschleppen würde. Ich war froh, ihn getroffen zu haben, und stolz darauf, sein Partner zu sein. Mit ihm als Freund wär es auch in Afrika anders verlaufen. Er kannte sich aus, wußte, wo wir übernachten konnten, und er kannte Leute, in Teheran, in Mesched. Dort machten wir Halt, zwei Tage lang, bevor ein Bus weiterfuhr. Es lag Schnee und wir stapften die Avenida Schah Reza Pahlewi zur Moschee mit der türkisfarbenen Kuppel und ich sah einen Bettler mit drei Beinen, von denen das dritte nackt, verkrüppelt und blaugefroren war. Er streckte es den Pilgern hin und Sonntag legte ihm einen Schein auf den Teller.

»Wir verdienen genug«, sagte er.

Auch ich legte Geld dazu.

»Ich kann nicht garantieren, daß es klappt«, sagte er. »Aber ich hab den Trip schon ein paarmal gemacht. Nie ist was schiefgegangen. Du kannst den Stoff am Körper tragen, aber wenn sie dich kontrollieren, haben sie dich. Besser du packst ihn in eine der Taschen. Manchmal machen sie Stichproben. Wenn sie was finden, wollen sie wissen, wem die Gepäckstücke gehören. Dann nimmst du die andere und die mit dem Stoff läßt du stehen.«

»Ich mach's«, sagte ich. »Wohin gehst du danach?«

»Nach Goa«, sagte er, »aber vorher fahr ich nochmal.«

Ich sah mich schon mit ihm nach Goa reisen.

Er stapfte neben mir die Straße entlang über die Grenze, stellte seinen Rucksack auf den Tisch und bot den afghanischen Zöllnern Zigaretten an. Sie steckten in schweren braunen Mänteln und trugen braune Mützen. Einer schlug Stempel in die Pässe. Neben Verkaufsständen warteten Lastwagen, motorisierte Schmuckschatullen, daneben Männer mit Turbanen und Bärten, Kamele. Der Schnee lag hoch und als wir nach Herat kamen, hockte die Nacht in den Gassen zwischen Lehmhäusern. Sonntag kannte den Weg, die Stiege, das Café mit dem Ofen, den Teppichen und den Bänken, der griechische Besitzer begrüßte ihn.

»Wo fährst du hin?« fragte er.

»Kabul«, sagte Sonntag, »und das ist mein Freund.«

»Du hast einen guten Freund«, sagte der Grieche.

Ich wußte, daß es klappen würde mit ihm, daß wir Heroin bekämen, es über die Grenzen brächten und ich Geld haben würde. Sonntag setzte sich neben den Ofen, trank Tee und aß mit den Fingern. Der Grieche klimperte auf seiner Sitar und ich rauchte Afghan. Der Stoff war stark und mit Opium getränkt. Manchmal sah Sonntag zu mir herüber und dann legten sich Schatten über ihn, während die Sitar zirpte und mein Körper immer schwerer wurde.

Der Stoff wirkte noch, während wir auf Schotterstraßen nach

Kandahar fuhren, über Pässe zwischen kahlen weißen Bergen, die kein Ende nahmen. Manchmal tauchten Soldaten auf, Zelte im Schnee, aus denen Rauch aufstieg, Kinder, die dem Bus nachstarrten, und bärtige Männer in Pluderhosen. In den Tälern wuchs der Mohn und die Fremden, die einfielen, rauchten Afghan und wohnten im Khorason Hotel in der Chickenstreet.

Es waren nur wenige zu dieser Jahreszeit. Die meisten Zimmer standen leer, doch in den Läden mit den Felljacken rüsteten sich die Händler schon für die bunten Rucksackkarawanen aus England, Deutschland und Frankreich. In einer Straße hinter dem Hotel hatte ein Italiener ein Restaurant eröffnet. Es gab Spaghetti, Schnitzel und Wein. Wir aßen und warteten auf Sonntags Kontaktmann. Er stammte aus Holland, hatte ein fades Gesicht und farblose Augen. Sonntag nannte ihn Cor. Er aß nichts, trank nichts und obwohl er Deutsch sprach, redete er kaum mit mir. Er blieb nur ein paar Minuten und Sonntag ging hinaus mit ihm. Als er zurückkam, aß er den Teller leer.

»Er kennt dich nicht«, sagte Sonntag. »Er ist vorsichtig. Aber das Heroin hat neunzig Prozent. In einer Stunde hol ich es.«

Ich gab ihm 700 Dollar.

»Bleibt dir genug für die Rückfahrt?« fragte er.

»Ja«, sagte ich.

»Du brauchst noch Geld für Istanbul«, sagte er.

»Ich weiß einen, dem ich was verkaufen kann.«

»Gut«, sagte er.

Dann knöpfte er die Felljacke zu und ging.

Ich wartete eine Stunde, zwei, doch als ich ins Hotel ging, war die Rechnung bezahlt und Sonntags Rucksack verschwunden.

Ich hatte Dimitri wieder schreiben wollen und in Erzurum einen Brief angefangen, doch dann hatte ich an Kabul und Goa gedacht und ihn liegenlassen. Als ich wieder nach Istanbul kam, hatte ich kaum noch das Geld, um eine Briefmarke zu kaufen. Und weshalb hätte ich ihm von meinem Reinfall erzählen sollen?

Es war leer in mir. Istanbul war kalt, die Straßen waren dreckig und im Hotel Stop grassierten Läuse. Ich kaufte eine Flasche Spiritus und wusch mir die Haare damit.

Ich suchte nach Fredrik, aber als ich ihn fand, ging es ihm noch dreckiger als mir. Seine Schnabelschuhe hatten sich aufgelöst und seine Armbeugen waren voller Einstiche. Auf den nassen Bürgersteigen konnte er keine Bilder mehr malen und aus dem Bazar hatten sie ihn vertrieben. Er trottete mit Australiern von Moschee zu Moschee und referierte über die Geschichte der Stadt. Ich sah, daß sie ihn gerne losgeworden wären, denn sie unterhielten sich, während er erklärte, und gingen weiter, bevor er fertig war.

»Laß uns was essen«, sagte ich, »so viel Geld hab ich noch.«

Wir setzten uns in ein Kellerlokal, wo es billig war, aber er stocherte nur im Teller und erzählte, daß er sich als Fremdenführer durchschlug.

»Ich geh nach München zurück«, sagte ich, »ich werde wieder arbeiten.«

»Ich hab den Topkapi studiert«, sagte er.

»Du gehst hier vor die Hunde«, sagte ich. »Ich fahr wieder nach Hamburg und fang auf einem Schiff an.«

»Ich hab eine Gruppe Franzosen«, sagte er.

»Aus deinen Latschen schauen die Zehen raus«, sagte ich. »Wenn ich nach Penzberg komm, futter ich Eier mit Speck und schlaf eine Woche.«

»Ich kenn Walter Sedlmayer«, sagte er.

»Wer ist das?« fragte ich.

»Er hat für Fassbinder gespielt.«

»Wer ist Fassbinder?« fragte ich.

»Er kauft geklaute Madonnen«, sagte er.

»Fassbinder?«

»Sedlmayer.«

»Laß uns nach München gehen«, sagte ich. »Du kennst dich aus mit dem Mist.«

»Ich wollte mal auf die Kunstakademie«, sagte er und heulte.

Er sah aus wie eine Marionette mit seiner langen Nase und wenn er plapperte, war es, als hätte er Schnürchen am Kinn. Aber als er zu heulen begann, tat er mir leid. Wir waren in Ebrach im Hofgang gelaufen. Er hatte mir Gedichte vorgetragen von Rilke und Conrad Ferdinand Meyer, über römische Brunnen, die ich nie gesehen hatte. Wenn ich was nicht wußte, hatte ich ihn gefragt. Er war meistens allein gelaufen, hatte in Auktionskatalogen gelesen und mit Kohle Bilder gezeichnet. Er hatte mir ein Buch von Sartre gegeben und erklärt, warum das seiende Sein das nichtende Nichts nichtet. Ich war trotzdem nie über die erste Seite hinausgekommen.

»Ich klau eine Madonna und du verscheuerst sie diesem Sedlmayer«, sagte ich. »Dann fahren wir wieder nach Istanbul oder anderswohin.«

Wir trampten bis Patras und spendeten Blut, um die Fähre nach Bari zu bezahlen. Dann schlugen wir uns durch Italien, wie ich es schon einmal getan hatte, schliefen in Bauarbeiterhütten und Hauseingängen. Ich hörte, wie er mit den Zähnen klapperte und kotzte, und als er zurück nach Istanbul wollte, hielt ich ihn fest, bis ein Auto anhielt, weil ich keine Lust hatte, ihm über die Felder nachzulaufen. Ich schleppte ihn durch Italien und Österreich und die Fernfahrer, die vorbeirollten, kratzten sich bei unserem Anblick die Köpfe und machten den Affen. In Penzberg bei Gregor kotzte Fredrik zum ersten Mal nicht mehr aus, was er aß. Er schlief ein am Tisch, kugelte sich auf den Boden und Gregor legte eine Decke über ihn.

»Er hat das Abitur gemacht«, sagte ich, »aber dann ist er in den Knast gekommen.«

»Laß die Finger von ihm«, sagte Gregor.

»Der versteht was von Kunst«, sagte ich. »Er kann hundert Gedichte auswendig oder mehr.«

»Such dir Arbeit«, sagte Gregor.

Ich such mir Arbeit, dachte ich, als ich mit Fredrik nach München fuhr, aber am Abend stand ich vor den Schwulenbars am Gärtnerplatz, während er nach dem Schauspieler suchte. Er fand ihn nicht und so machten wir uns ohne Auftrag auf den Weg zu einer Kirche bei Wolfratshausen, über die er einmal für eine Kirchenzeitung etwas geschrieben hatte. Er blieb draußen, aber ich fand die Madonna auch ohne ihn. Sie trug einen blauen Mantel, das Holz war wurmstichig und ihr Gesicht sah aus wie das der Gretl aus dem Kasperltheater. Ich brach die Verankerung aus der Wand und als ich die Madonna in eine der Taschen packte, die Sonntag in Erzurum gekauft hatte, dachte ich, so ist sie wenigstens für etwas gut.

Am Abend sahen wir Sedlmayer. Er kam aus dem Mosquito, schwankte ein wenig und über dem Arm trug er seinen Mantel, während Fredrik ihm voran über die Straße lief.

»Dann zeigt mal, was ihr habt!« sagte er und da ahnte ich schon, daß er sie nicht kaufen würde. Ich stellte mich unter eine Straßenlaterne, öffnete die Tasche und er hob die Madonna ein wenig heraus und drehte sie.

»Schöner Faltenwurf«, sagte er, »aber den Wurm hat sie und das Gesicht – von wem soll die sein? Von einem unbekannten Meister? Aha! Von einem unbekannten Meister. Ja, wenn die von Ignaz Günther wär! Die müßt ihr euch anschaun, in Blutenburg, das ist ein Meister gewesen, aber darum ist er auch nicht unbekannt. Besser ihr gehts weiter, damit ich keine Probleme krieg.«

Ich bot die Madonna einem Antiquitätenhändler am Viktualienmarkt an. Es war am folgenden Vormittag, der Himmel war bewölkt und die Gesichter der Leute sahen aus, als hätte man sie mit Bindfäden zugenäht. Im Fenster hingen hölzerne Engel, darunter standen Kerzenleuchter aus Messing und über der Ladentür schlug eine Klingel an. Der Antiquitätenhändler kam aus einem Hinterraum, er trug eine graue Hose und eine Golduhr am Handgelenk, wischte sich die Hände ab und wickelte die Figur aus der Decke.

»Echt ist sie«, sagte er, »denn so eine Madonna fälscht keiner. Das Gesicht könnte man nachschnitzen lassen, der Faltenwurf ist schön, aber was bringt sie noch?«

»Fünfhundert?« fragte ich.

Er bot hundert. Ich handelte auf dreihundert hoch.

»Da müssen's in einer Stunde nochmal kommen«, sagte er. Doch als ich eine Stunde später wieder den Laden betrat, folgten mir zwei. Der Händler nickte und einer der beiden zückte die Polizeimarke, die an einem Kettchen hing: »Im Namen des Gesetzes, Sie sind verhaftet.«

sieben

Als ich in den Bau kam, wußte ich schon, daß Dimitri in einer der Entlassungszellen parterre saß. Ich wartete, bis der Aufseher von einem Kalfaktor abgelenkt wurde, dann lief ich hin. Ich schaute durch den Spion und sah ihn auf dem Bett liegen. Er hatte eine dunkle Hose an. Vielleicht wußte er bereits, daß ich wieder da war, denn als ich klopfte, stand er auf und fragte: »Bist du's?«

»Ja«, flüsterte ich, »ich hab zwei Jahre gekriegt.«

»Ich geh morgen raus«, sagte er.

»Ich hab fast die Hälfte rum.«

»Eigenartig«, sagte er, »ich geh und du kommst.«

»Wenn ich draußen bin«, flüsterte ich, »brauch ich eine Waffe.«

Der Aufseher hatte mich bemerkt. Er war ein Männchen in abgetragener Uniform, dem die Mütze auf den Ohren saß.

»Weg von der Tür«, kläffte er.

Ich hatte gehofft, nochmal mit Dimitri Hofgang zu haben.

»Kannst du mir eine Waffe besorgen, wenn ich rauskomm?« fragte ich.

»Ja«, sagte er.

Ich wollte noch viel sagen. Wie es gewesen war in Takoradi und Kabul, wie es gekommen war, daß ich die Madonna aus der Wandverankerung gebrochen hatte und der Schauspieler sie nicht hatte haben wollen. Wenn du wartest, hätte ich gerne gesagt, kannst mit mir rechnen.

Aber da kam der Zwerg und kläffte wieder: »Weg von der Tür!«

Ein paar Stunden später sah ich Dimitri nochmal, aber wir hatten keine Gelegenheit zu reden. Es war im Verwaltungsbau. Er trug einen schwarzen Anzug und sah aus, als wäre er auf dem Weg zu einer Beerdigung. Am andern Morgen wurde ihm das Entlassungsgeld hingeblättert.

Als ich das nächste Mal von ihm hörte, war ich nicht mehr in Ebrach. Ich war volljährig geworden. Man hatte mich gefragt, ob ich einverstanden sei, in ein Gefängnis für Erwachsene verlegt zu werden.

»Welches?« hatte ich gefragt.

»Bamberg.«

»Ja«, hatte ich erwidert.

Es war ein Familienknast mit Fernsehraum und Fenstern zur Pegnitz, über die im Sommer der Geruch von Bratwürsten wehte. Das Essen war gut und ich arbeitete in einem Betrieb, in dem Ledertaschen hergestellt wurden. Da neben mir ein Amerikaner saß, konnte ich mich auf Englisch unterhalten. Er hieß Bernard und hatte als Pater in amerikanischen Kasernen Geld gesammelt. Wenn ich etwas verkehrt aussprach, korrigierte er mich und während der Pausen und des Hofgangs fragte er mich spanische Vokabeln ab.

Bernard hatte in Cuernavaca gewohnt und war durch Mexiko gereist. Nun erzählte er von Märkten, dem Fest der Jungfrau von Guadalupe, der Straße an der Pazifikküste und der Stadt, die ich nicht gefunden hatte: Chequetan.

»So hieß sie früher«, sagte er. »Jetzt heißt sie Zihuatenejo. Ein Schmugglernest. Wenn du mal hinkommst, frag nach Gloria und grüß sie von mir. Sie hat eine Bar am Hafen.«

Als er mir ein Buch von Juan Rulfo gab, wollte ich nach Comala suchen, diesem Ort der Toten, den man sieht, wenn man über den Paß Los Colimotes kommt. Ich las ein Buch von Richard Friedenthal über die Eroberung von Tenochtitlan und die Bücher von B. Traven, klebte eine Karte von Mexiko mit Zahnpasta an die Wand und markierte die Städte und Orte, die ich besuchen wollte.

Ich hatte schon befürchtet, Dimitri hätte mich vergessen. Doch er schickte mir eine Karte mit den Türmen der Frauenkirche. Wir sitzen am Flaucher, schrieb er. Darunter: Dimitri, Holger und Hans Georg. Unruhig lief ich in der Zelle auf und ab. »Am sichersten ist ein Überfall«, hörte ich ihn wieder, »du hinterläßt keine Spuren. Wenn man die Flucht richtig plant, ist man nach einer halben Stunde in Sicherheit.« Ob er gerade einen Überfall auf eine Bank vorbereitete, Fluchtwege plante, Fahrzeiten stoppte? Ich wünschte mir, ich säße mit am Flaucher.

Nach meiner Entlassung, als ich mit Holger auf jenem Parkplatz an der Isar stand, wo sich früher das Cornelius-Gefängnis befunden hatte, fanden wir heraus, daß sich unsere Wege schon einmal gekreuzt hatten.

»Ich bin hier im Hofgang gelaufen«, sagte er.

»Ich auch«, erwiderte ich. »Ich saß im dritten Stock. Vom Fenster aus konnte ich über die Mauer zur Isar sehen.«

»Manchmal kam abends ein Falke und setzte sich aufs Barackendach.«

»An den erinnere ich mich auch«, sagte ich, »wann warst du hier?«

»1965.«

»Ich auch«, sagte ich.

Nach seiner Freilassung hatte er wieder in der Firma seines Vaters gearbeitet, dann die kaufmännische Lehre abgebrochen und Büchsenmacher gelernt. Dimitri kannte er aus der Schule. Sie hatten Waffen gesammelt, Autos gestohlen und Touren ins Dachauer Moos gemacht. Später hatten sie einen Überfall auf eine Bank geplant. Der Überfall mißlang, auch ein zweiter klappte nicht, Dimitri wurde verhaftet und zu vier Jahren Jugendknast verurteilt, während Holger auf freiem Fuß blieb.

Während dieser Zeit fing im Elektrogroßhandel von Holgers Vater Hans Georg Rammelmayr als Verkäufer an. Er war dreißig, hatte Priester werden wollen, sich dann anders entschieden und Grafiker gelernt. In seinem Kleiderschrank hingen auf der einen Seite fischgrätgemusterte Anzüge, auf der anderen schwarze Lederklamotten. Die Anzüge trug er, wenn er zur Arbeit ging, die Lederklamotten, wenn er die Bars am Gärtnerplatz besuchte.

Holger verkaufte ihm eine Pistole. Weihnachten 1970 zog er Nikolauskleidung an und überfiel das Kaufhof-Abrechnungsbüro. Aber er war zu aufgeregt, steckte nur 180 000 Mark ein und ließ die restlichen zwei Millionen liegen.

Mit Holger, der bei der Vorbereitung des ersten Überfalls geholfen hatte, plante er einen weiteren auf einen Geldtransport. Dann wurde Dimitri entlassen und stieg ein. Im Transport sollten sich zwei Millionen Mark befinden, doch während sie warteten, fielen sie Schulkindern auf, die die Polizei verständigten. Sie kamen gerade noch weg.

Nun begann Hans Georg einen neuen Coup zu planen. Er wollte eine Bank besetzen, die Angestellten als Geiseln nehmen und zwei Millionen Mark Lösegeld fordern. Ansonsten würden sie die Bank in die Luft jagen.

Er entwarf ein Schreiben an die Polizei, in dem er sich, Dimitri und Holger als schwerbewaffnete Gruppe der Roten Front ausgab, mit Anschlägen in der Stadt drohte und zur Warnung einen Sprengstoffanschlag ankündigte. Für die Zeit der Besetzung verlangte er eine Nachrichtensperre und daß die Polizei keine Fahrzeuge anhalten dürfe. Holger hatte Bedenken, aber Hans Georg arbeitete immer verbissener an seinem Plan, besorgte Uniformjacken und schneiderte Kapuzen aus dem Stoff von Kardinalssoutanen. Er feilte die Nummern aus den Revolvern und überschlug sie mit anderen. Er wählte eine russische Maschinenpistole mit einem Trommelmagazin aus und besorgte Nitropenta-Sprengstoff. Für die Verbindung nach draußen kaufte er zwei Funkgeräte. Dimitri sollte mit ihm die Bank besetzen, Holger im Englischen Garten einen Mast sprengen. Er machte Einwände, aber als in Toulouse ein ähnlicher Coup erfolgreich gedreht wurde, gab er nach. Am 4. August 1972 zogen sich Dimitri und Hans Georg unter den Gebüschen am Friedensengel um, setzten Motorradhelme auf, klappten die Visiere herunter und marschierten mit Taschen voller Waffen die Prinzregentenstraße entlang, Richtung Deutsche Bank, Ecke Trogerstraße.

Sie überfielen die Bank, nahmen Geiseln und ließen dem Polizeipräsidenten durch den Kassierer ihre Forderungen übermitteln. Ein paar Stunden später verstopften Menschenmassen die Straßen von Bogenhausen. Als im Englischen Garten die Sprengladung detonierte, wurden in einer Kiesgrube Polizisten zu Scharfschützen ausgebildet. Danach legten sie sich auf die Dächer der Häuser gegenüber der Bank.

Der Tag war heiß. Als ich vom Ledertaschenbetrieb in den Hof ging, mußte der Überfall gerade gemeldet worden sein. Jemand sagte: »In München haben welche eine Bank besetzt.« Im Hof stand die Hitze und Bernard erzählte von einem Freund, der in L.A. an einem Tag fünf Banken ausgeraubt hatte.

»Wenn die Cops zu einer kamen, war er schon in der nächsten«, sagte er.

Ich sagte: »Ich werde auch eine überfallen.«

Er versuchte mich zu überreden, Lateinisch zu lernen und ihn nach Griechenland zu begleiten. Er hatte Beziehungen zum Vatikan und konnte sich Empfehlungen ausstellen lassen.

»Ich mag keine Christen«, sagte ich.

»Umso besser«, sagte er.

Er war zwanzig Jahre älter als ich und hatte eine Jesuitenschule besucht. Neben Spanisch und Französisch beherrschte er auch die alten Sprachen. Er hatte einen dicken Bauch, rauchte Pfeife und mit seinem Vollbart sah er aus wie Jack Bilbo.

»Wir fahren zusammen in die Klöster und ich lese die Messe. Du müßtest mich sehen!«

»Mal schaun«, sagte ich.

»Laß es dir durch den Kopf gehen! Banken überfallen die, die sich nicht anders zu helfen wissen.«

Wieder sagte einer: »In München halten Anarchisten eine Bank besetzt.«

»Was ist in München?« fragte Bernard.

»Anarchisten haben eine Bank überfallen.«

»Anarchisten verlieren immer«, meinte er.

Ich sah die Front der Bank am nächsten Abend, als ich neben Bernard in der Blechstuhlreihe saß und im Fernsehen eine Sondersendung lief. Die Straße und der Bürgersteig waren erleuchtet. Hinter der Fensterfront der Bank war es dunkel. Ich hörte das Surren der Kameras und die Pfiffe der Zuschauer.

Der Sprecher sagte: »Offenbar kommt jetzt …«

Dann ging die Tür auf. Ein Mann in dunkler Hose und weißem Hemd tauchte auf, dann eine Geisel. Sie trug dunkle Kniestrümpfe, einen dunklen Minirock, helle, offene Schuhe und eine ärmellose gestreifte Jacke. Sie war untersetzt, ihre Beine waren dick und die Knie nach innen gedrückt, als müßte sie zur Toilette. Ihre Hände waren mit einem Strick gefesselt, von dem lose die Enden hingen, und über ihren Kopf war eine schwarze Kapuze gestülpt.

Die Kapuze des Mannes hinter ihr hatte Augenschlitze. Er trug eine geschlossene Militärjacke, in der linken Hand hielt er eine Maschinenpistole mit Trommelmagazin und in der rechten einen Revolver. Für einen Moment tauchte hinter ihm ein zweiter Mann mit Kapuze auf. Dann brachte der im weißen Hemd einen Sack zum Auto, holte die Geisel, führte sie um den BMW herum und half ihr, sich auf den linken Rücksitz zu setzen. Für ein paar Augenblicke schien der Ablauf zu stocken. Die Szene wirkte wie aus einem irren Traum. Der Mann mit der Maschinenpistole stand bewegungslos in der Tür, als wollte er die Augenblicke im Blitzlichtgewitter auskosten. Dann ging er zur offenstehenden linken Vordertür des BMW. Noch bevor er einsteigen konnte, fielen Schüsse. Er brach zusammen, kroch ins Auto und während das Fahrzeug unter dem Einschlägen der Schüsse zu hüpfen begann, schoß er die Trommel seines Revolvers leer. Dann sah man ihn mit aufgerissenem Bauch im Rinnstein liegen, während die Geisel mit einem Krankenwagen weggebracht wurde. Sie starb noch während der Fahrt ins Krankenhaus und der Mann mit der Maschinenpistole war schon tot, als ein Polizist die Scheibe der Bank mit einer Axt zertrümmerte. Polizisten drängten sich gegen die Wand, einer schrie und in der Bank fielen Schüsse. Dann drangen sie ein.

Danach wurde ein Bild des Toten gezeigt. Ein schmales Gesicht, die Augen zu Schlitzen verengt und das dunkle Haar nach hinten gekämmt. Darunter der Name: Hans Georg Rammelmayr. Dann das Bild des Mannes, der in der Bank geblieben war.

»Das ist Dimitri.«

»Kennst du den?« fragte Bernard.

»Ich wollte ihn treffen.«

»Bist du okay?« fragte Bernard.

»Wir waren in Ebrach und als ich wiederkam, ging er raus. Vielleicht hätten wir eine Bank überfallen.«

Ich konnte nicht schlafen. Wenn ich die Augen schloß, sah ich die Bilder vor mir. Dann stand ich auf und lief in der Zelle auf und ab. Seit mir Dimitri von seinem Überfall mit Holger erzählt hatte, hatte ich nicht gezweifelt, daß er wieder zuschlagen würde. Einen Überfall wie diesen hatte ich nicht erwartet.

Ich verfolgte die Nachrichten und las die Zeitungen. Die Journalisten schrieben wochenlang darüber. Die Verantwortlichen von Polizei und Justiz standen unter großem Druck. Die Polizei versuchte den dritten Beteiligten zu ermitteln, aber Dimitri weigerte sich, ihn zu nennen. Ich fragte mich, ob es jener Holger war, von dem er gesprochen hatte. Ich setzte mich hin, schrieb einen Brief, zerriß ihn und schrieb einen neuen.

Lieber Dimitri!
Ich hab von dir in den Nachrichten gehört und hoffe, es geht dir den Umständen entsprechend gut. Ich werde bald entlassen und habe gerade eine kleine Erbschaft bekommen, von der ich ein halbes Jahr leben kann. Kannst du dich noch an Holger erinnern? Ich habe seine Adresse verloren. Wenn ich etwas für dich tun kann, laß es mich wissen.
Herzliche Grüße! L.

Drei Wochen später kam seine Antwort. Er schrieb, welche Bücher er gerade las und daß das Fenster seiner Zelle mit Glasbausteinen zugemauert war.

»Ich hab Holger von dir erzählt. Er meldet sich. Wann gehst du raus?«

Ich war aufgeregt, teilte ihm das Entlassungsdatum mit und bald darauf erhielt ich eine Karte aus München, auf der als Treffpunkt der McDonalds Goethe-/Ecke Bayerstraße angegeben war.

»Ich habe blonde Haare und trage einen schwarzen Minirock«, stand da. Und: »Veronika«

Als ich entlassen wurde, zählte mir der Aufseher soviel Geld hin, daß ich davon eine Wohnung mieten und etliche Monate leben konnte. Ich war zweiundzwanzig und hatte mir den Erbanteil meiner Mutter auszahlen lassen. Ich besaß zwei Paar Jeans, 6500 Mark und eine blaue Leinentasche von Adidas. Ich hatte vier Jahre im Gefängnis gesessen, war zur See gefahren und in Ghana und Afghanistan gewesen. Ich hatte Englisch gelernt, viele Bücher gelesen und eine Geschichte veröffentlicht. Sie handelte von einem Menschen, der sich in eine Katze verwandelt und die Welt mit anderen Augen sieht.

München hatte sich verändert seit meiner Verhaftung. Die Straßen waren aufgebrochen, in Baugruben röhrten Bagger und Planierraupen und auf dem Marienplatz standen Menschentrauben und diskutierten über Willy Brandt und ob die Olympiade ein Verlustgeschäft würde. Ich lief über Holzbohlen an Baustellen entlang und als ich zum Treffpunkt kam, sah ich Veronika auf der anderen Straßenseite. Sie hatte blonde Haare, blau geschminkte Augen und trug einen Minirock. Ihre Brauen waren nachgezogen, die Wimpern getuscht und als sie lachte, versteckte sie die Zähne unter den Lippen.

»Holger hat gesagt, ich soll dich abholen«, meinte sie.

»Warum kommt er nicht selbst?«

Sie zuckte mit den Achseln und ich lud sie im Wienerwald zum

Essen ein. Während wir das Fleisch von den Knochen nagten, erzählte sie, daß sie Dimitri durch ihren Freund Chico kennengelernt hatte und durch Dimitri Hans Georg und Holger. Nachdem Hans Georg erschossen und Dimitri verhaftet worden war, hatte Holger sie gebeten, Dimitri zu besuchen.

»Ich hab ein Paket für ihn abgegeben«, sagte sie. »Da war ein Kuchen mit einer Feile drin. Sie haben bloß mit einer Nadel reingestochen.«

Sie lachte.

»Hat er sie?«

»Ja.«

»Was will er damit?« fragte ich.

»Raus.«

»Mit einer Feile?«

»Chico«, sagte sie, »der sitzt auch in Stadelheim. Sie sehen sich in der Krankenabteilung. Dimitri steckt ihm Nachrichten zu.«

»Hat Holger den Mast gesprengt?«

»Weiß nicht«, sagte sie.

»Hat er Waffen?«

»In seinem Zimmer hängen Maschinenpistolen. Brauchst du eine?«

»Ich brauch eine Frau«, sagte ich.

Ich rief vom Bahnhof aus an. Holger hatte keine Zeit. Wir machten aus, daß ich ihn am nächsten Tag besuchen würde. Ich schlief in einer Pension am Karlstor. Die Übernachtung war billig und ich wollte mein Geld zusammenhalten. Nach dem Frühstück ging ich zur Deutschen Bank in der Prinzregentenstraße, stellte mich auf die andere Straßenseite, sah die Tür, aus der sie gekommen waren, und die Stelle, wo der Kassierer den Sack genommen hatte. Die Glasfront der Bank war glatt und abweisend, die Wand grau und mit Steinplatten verblendet und es sah aus, als wäre hier nie etwas Besonderes geschehen. Aber einen Moment lang zuckten mir wieder die Bilder durch den Kopf, die rote Kapuze, die Maschinenpistole mit dem Trommelmagazin und wie der Wagen unter den Einschlägen gehüpft war. Dann überquerte ich die Straße, sah die Einschüsse in der Fassade und steckte den kleinen Finger in ein Loch, anschließend bog ich um die Ecke und läutete an der Tür des Bürgerhauses, in dem Holger wohnte.

Die Treppe in den zweiten Stock war breit, das Geländer poliert, über die Stufen führte ein Kokosläufer, an den Türen hingen Namensschilder aus Messing und an der Wand Stiche und Blumenbilder. Holger hatte noch einen Morgenmantel an, als er öffnete.

»Komm rein«, sagte er.

Wir gingen in die Küche und tranken Tee.

»Dimitri hat oft von dir geredet«, sagte ich.

Ich spähte durch die offene Tür. Im Gang hing ein Kristallüster vom Plafond und im Wohnzimmer lag ein blauer Seidenteppich, über einem Piano hing ein Stilleben und in einer Glasvitrine standen Jadefiguren.

»Du wohnst gleich um die Ecke von der Bank.«

»Ich hab im Fernsehen gesehen, wie sie die Bank gestürmt haben«, sagte er. »Gleichzeitig hab ich gehört, wie unten geschossen wurde.«

Er beugte sich über den Tisch und strich Butter aufs Brot. Er hatte blonde Haare, einen Kinnbart, seine Augen waren blau, unter dem Morgenrock trug er geflickte Jeans und als wir mit der Teekanne und den Tassen in sein Zimmer gingen, sah ich neben dem Bett ein Paar Bundeswehrstiefel. Auf einem Jugendstiltisch schauten Rosen aus einer Vase, ein Schachspiel war aufgebaut und an den Wänden hingen Maschinenpistolen.

»Sind die scharf?«

»Die Läufe sind durchbohrt.«

»Dimitri hat gesagt, daß du Waffen hast.«

»Ich weiß, daß du eine brauchst«, sagte er. »Willst du eine Bank überfallen?«

Ich nahm eine Maschinenpistole von der Wand. Es war das erste Mal in meinem Leben, daß ich eine in der Hand hielt. Wäre ich allein gewesen, hätte ich mich damit vor den Spiegel gestellt. Sie war schwer und gab mir Sicherheit. Ich lud sie durch.

Holger stellte sich ans Fenster und schaute hinunter auf die Straße.

»Dimitri wollte auf dich warten.«

»Warum hat er nicht?«

»Vielleicht erzähl ich's dir später mal. Er will raus.«

»Veronika sagt, daß er eine Feile hat.«

»Sie haben mit lebenslänglich gedroht, wenn er nicht sagt, wer noch beteiligt war.«

»Und wenn?«

»Zwölf Jahre.«

»Hat er dich nicht schon mal rausgehalten?«

»Er kommt in den Hof«, sagte er. »Die Feile war für einen Schlüssel. Jemand hilft ihm.«

»Chico?«

»Zwischen dem Südbau und der Mauer ist ein Kanaldeckel. Chico hat versucht, ihn hochzuheben. Er ist von innen angeschweißt. Ich soll ihn losmachen. Aber alleine komm ich nicht rein.«

»Hast du auf mich gewartet?«

»Ich kenn genug Leute«, sagte er.

»Veronika weiß von der Feile.«

»Es ging nicht anders«, sagte er. »Ich fick sie von Zeit zu Zeit.«

»Der Kanal wird vergittert sein.«

»Warum schweißen sie dann die Deckel zu?«

»Wir müßten ihn ins Ausland schaffen«, sagte ich. »Das kostet Geld.«

»Ich weiß einen Coup«, sagte er, »der mehr bringt als eine Bank.«

»Wieviel?«

»Eine Million«, sagte er. »Kommst du mit in die Stadt? Ich hab einen Laden.«

Er zog die Bundeswehrstiefel an und ich dachte: eine Million.

Die ganze Zeit, während wir in die Innenstadt liefen und seine Stiefelabsätze auf das Pflaster hackten: eine Million. Eine Million, eine Million, eine Million.

An der Tür hing ein Schild: *Vorübergehend geschlossen.* Der Laden roch nach Staub und Trödel, im hinteren Bereich standen eine Pendüle und eine Kinderwiege. Ein paar Bauernschränke, ein Samtsofa, ein Tisch, ein Schaukelstuhl und im Fenster alte Bügeleisen und ähnliches Zeug. Er sperrte ab und hängte ein Leintuch vors Fenster. Dann half ich ihm, aus dem Hinterraum eine Armeekiste zu holen. Sie war schwer und voller glänzender Waffen. Er wickelte eine Maschinenpistole in eine Decke. Dann trugen wir die Kiste zurück.

»Wo schläfst du?« fragte er.

»Ich muß mir was suchen.«

»Wenn du willst, kannst du hier schlafen. Ich muß die MP wegbringen. Bier steht im Kühlschrank, Streichwurst ist auch da.«

Er gab mir den Schlüssel und ich machte eine Flasche Bier auf, setzte mich nebenan auf die Waffenkiste und trank. Gestern um diese Zeit, dachte ich, bin ich aus dem Zug gestiegen. Es schien schon lange her. Ich war aufgeregt, lief durch die Stadt. Als es dunkel wurde, kehrte ich zum Laden zurück, legte mich aufs Sofa und zog mir eine Decke über den Kopf. In der Pendüle tickte das Pendel und ich stellte mir vor, wie Dimitri aus einem Kanalloch steigt und wie ich zu ihm sage: Was hältst du von Mexiko?

Wie kommen wir dahin, würde er fragen.

Mit dem Flugzeug, würde ich sagen.

Hast du Geld?

Eine Million. Das reicht doch.

Als ich einschlief, träumte ich, ich hätte im Kesselberghaus Geld unter den Dielen versteckt. Das Haus war verlassen. Als ich die Dielen hochhob, stand meine Großmutter in der Tür. Sie sagte: Ich hab gewußt, daß es klappt.

Nimm auch was, erwiderte ich.

Ich brauch nichts mehr, sagte sie.

Als ich aufwachte, fragte ich mich, ob sie noch lebte. Ich hatte kaum noch an sie gedacht. Am andern Tag hatte ich ein gutes Gefühl.

Kurz nach zwei rollte der Geldtransport auf den Parkplatz. Er war dunkelblau und schwer, die Scheiben waren aus Panzerglas, die Türen grifflos und an der Seite stand: *Armoured Car Service*. Der Fahrer war etwa fünfzig, sein Kopf zu klein und das Gesicht hatte etwas von einem Vogel. Er trug eine schwarze Lederjacke, aus dem Halfter ragte der Griff eines Revolvers und auf dem Kopf saß eine schwarze Mütze. Als er um den Wagen ging, sah ich, daß er ein Bein nachzog. Der andere war jung und schwerfällig und seine Nase war so klein, daß sie aus dem schwammigen Gesicht kaum hervorstach.

»Sie halten immer so nah wie möglich vor dem Eingang«, sagte Holger, »aber hier müßten sie durch die Fußgängerzone. Deshalb nehmen sie die Schreyer-Passage.«

Wir folgten ihnen über den Parkplatz. Sie gingen langsam, betraten die Passage und verschwanden am Ende in einem Seiteneingang. Der Durchgang war lang und mündete in die Fußgängerzone in der Nähe des Marienplatzes. An der einen Seite waren gläserne Schaukästen mit Modeartikeln befestigt, auf der anderen befand sich die Fensterfront des Café Schreyer. Rentner und Frauen tranken Kaffee, lasen Zeitung und verzehrten Tortenstückchen. Der Eingang, in dem die beiden verschwunden waren, stand offen. Dahinter führten Stufen zum Personaleingang der Deutschen Bank und eine Treppe hinunter zu einer Kellertür.

Wir warteten in der Fußgängerzone, bis sie herauskamen. Ich sah, daß sie Angst hatten. Der Hinker vergewisserte sich, daß die Passage frei war, und als sich unsere Blicke trafen, merkte ich, wie er zögerte, bevor er dem Jungen, der die Geldsäcke trug, den Vortritt ließ. Es waren zwei und durch das Leinen zeichneten sich die Banknotenbündel ab.

»Eine Million«, dachte ich und wieder war es wie eine magische Zahl, nur daß ich nun spürte, wie nahe ich dran war, bloß ein paar Schritte.

»Paß auf den Hinker auf«, sagte Holger. »Was auf dem Parkplatz geschieht, ist unwichtig. Von dort kommen wir nicht weg. Der Verkehr ist zäh und zum Polizeipräsidium ist's ein Katzensprung.«

»Und durch die Fußgängerzone?«

»Den Weg können wir uns aussuchen. Angreifen müssen wir sie hier. Das ist die einzige Stelle, wo uns keiner sieht.«

Ich lief zum Eingang, die Stufen hoch und die Treppe zur Kellertür hinunter. Sie war abgeschlossen. Ich war aufgeregt, sah die Säcke, den Hinker, den Dicken und versuchte mir vorzustellen, wie wir sie bedrohen würden.

»Komm«, sagte Holger, »bevor uns wer sieht!«

Hier, dachte ich, hier hier hier!

»Komm schon! Ich hab den Schlüssel zur Kellertür.«

Wir setzten uns ins Café.

»Wir waren unten«, sagte er. »Ein Gang, links und rechts Türen. Da kann man sie reinsperren.«

»Warum habt ihr nicht?«

»Hans Georg war es zu unsicher, aber ich glaube, im Grunde wollte er draufgehen. Wenn jemand den Überfall bemerkt, kommen wir nicht weg. Einer muß in der Passage stehen und ein Zeichen geben, wenn sie frei ist. Dann die Treppe hoch, entwaffnen, einer die Säcke wegbringen, zwei sie in den Keller bugsieren. Es muß schnell und leise gehen. In der Bank darf keiner was merken. Wenn wer aus der Fußgängerzone einbiegt, bleiben zehn bis fünfzehn Sekunden. Wir haben es gestoppt.«

»Wir brauchen einen Dritten.«

»Weißt du einen?«

»Er sitzt noch.«

»Wie lange?«

»Ein paar Wochen.«

»Das ist viel Zeit.«

»Wieviel fängst du, wenn Dimitri dich auffliegen läßt?«

Ich merkte, daß ich getroffen hatte. Er antwortete nicht und rührte in der Kaffeetasse.

Ich schlief eine Woche lang im Laden. Tagsüber stromerte ich durch die Stadt, las Zeitungen und suchte eine Wohnung. Es war warm und ging auf den Sommer zu. Vor den Cafés standen Tische und Stühle. Manchmal saß ich im Café Schreyer und beobachtete durch die Scheiben, wie sie mit den Geldsäcken vorbeigingen, und einmal stellte ich mich auf den Parkplatz und sah zu, wie sie sie in den Panzerwagen reichten. Im hinteren Abteil befand sich ein Dritter, der die Tür öffnete.

Ich fand eine möblierte Wohnung in der Schleißheimer Straße. Sie lag im dritten Stock, ein großes Bett stand darin, Sofa, Stühle, Schrank und an der Wand hing Dalís *Brennende Giraffe*. Nachdem ich eingezogen war, besuchte ich Veronika. Im Hauseingang hingen aufgebrochene Briefkästen, im Treppenhaus roch es nach Essen, ein altes Weib öffnete die Tür, im Flur standen alte Luft und Zuckersäcke.

»Ist die Veronika da?« fragte ich.

»Liegt im Bett«, sagte die Alte, »den ganzen Tag liegt sie im Bett. Wenn's dunkel wird, geht sie aus dem Haus.«

»Veronika!« rief sie.

»Kommen Sie«, sagte sie. »Wie man nur den ganzen Tag im Bett liegen kann!«

Sie machte die Tür auf. Die Gardinen waren zugezogen, es roch nach Bier und auf dem Tisch lagen vertrocknete Käsebrote. Sie stand auf, war nackt und im Kopfkissen blieb ein schwarzhaariger Männerschädel.

»Was gibt's?« fragte sie.

»Hast du Chico besucht?«

»Wer ist Chico?« fragte der Männerschädel.

Sie zog einen Bademantel an und wir gingen in den Flur.

»Den ganzen Tag im Bett«, sagte die Alte und wühlte in Zuckersäcken.

»Ich war bei ihm«, sagte Veronika. »Dimitri wartet. Holst du ihn raus?«

»Vielleicht«, sagte ich.

Ihr Gesicht war ungeschminkt und blaß. Sie sah aus, als hätte sie was Schlechtes gegessen.

»Fährst du nach Barackenstadt?« fragte ich. »Im Knast sitzt ein Freund von Dimitri. Er wird bald entlassen. Sag, er soll kommen.«

»Warum fährst du nicht selbst?«

»Sie kennen mich.«

»Macht er mit?« fragte sie.

»Vielleicht«, sagte ich.

»Ich hab kein Geld«, sagte sie.

Ich gab ihr das Fahrgeld, von dem ich ein paar Tage hätte leben können, und zählte, was blieb. Es war nicht mehr viel. Eine Million, dachte ich da wieder und wollte an diesem Tag nicht in die Passage. Es gab keinen Grund hinzugehen, ich wußte, was in den Säcken war. Irgendwann würden sie merken, daß ich sie beobachtete. Ich lief in die entgegengesetzte Richtung, aber dann stand ich doch auf dem Parkplatz und wollte den Hinker sehen, wie er aus dem Wagen steigt, das Bein schleppt, wie sie die Geldsäcke bringen. Ich wollte Abstand halten, doch als sie im Durchgang verschwanden, folgte ich ihnen. Sie kamen gerade aus der Bank und der Hinker sah nach, ob die Passage frei war. Ich zuckte zurück und da kniff er die Augen zusammen. Wir sahen uns an, zwei, drei Sekunden lang.

Vielleicht kaufte ich deswegen eine Flasche Wein und fuhr nach Penzberg. Als aus dem Dunkeln die Bahnhöfe auftauchten und die Schilder mit den Ortsnamen – Staltach, Tutzing, Feldafing, Seeshaupt –, dachte ich, du landest in dieser Gegend, als hätte man dir einen Gummi ans Bein gebunden. Am Bahnhof las ich mein spiegelverkehrtes Initial im Glas. Dann ging ich am Kino vorbei, in dem ich Max kennengelernt hatte. Ich freute mich, Gregor zu sehen. Wie Long John Silver stand er wieder da, den Krückengriff unter dem Stumpf, und fummelte das Bowiemesser aus der Scheide.

»Willst du küssen das blanke Schwert?«

»Schneidet es noch?«

»Komm hoch, Zapauke!«

Ich stellte den Wein auf den Tisch, aber er trank nur Graf Eberhardt. Da waren die roten Tapeten, die Lampe aus den Hirschgeweihenden und zwischen Karl May und Ludwig Ganghofer stand Heinrich Heine. Gregor warf den Stumpf über die Polsterstuhllehne, schenkte die Römer voll und trank seinen auf einen Zug leer.

»Max hockt wieder im Knast«, lachte er. »Als ihn die Bullen suchten, hat er sich in einem Taubenschlag versteckt und gegurrt.«

Er schlug auf die Lehne.

Ich zeigte ihm das Geld und er sagte: »Damit kannst du dir eine Wohnung nehmen und Arbeit suchen.«

»Ich überfalle einen Geldtransport«, prahlte ich.

Seine Augen wurden schmal, als hätte man sie eingeschlitzt.

»Hab's mir gedacht«, sagte er.

»Diesmal reiß ich ihnen den Arsch auf«, behauptete ich.

»Oder die Rübe kommt ab!«

»Das klappt«, sagte ich, »ich hab ein gutes Gefühl, seit ich von meiner Großmutter geträumt hab. Ich glaub, sie ist tot. Aber dann steck ich ihr einen Hunderter ins Grab.«

»Den gib besser mir«, sagte er.

»Ich geb dir was«, sagte ich, »aber den Hunderter steck ich ihr trotzdem ins Grab.«

Auf dem Weg nach München dachte ich, der Hinker trifft viele. Wahrscheinlich erinnert er sich nicht mehr an mich. Aber ich nahm mir vor, auf Karo zu warten und erst dann wieder in die Passage zu gehen.

Drei Wochen dauerte es, drei lange Wochen. Drei Wochen, in denen ich mein Geld zählte und an die Säcke dachte. München war heiß, die Olympiade rückte immer näher, und auf den Gehsteigen der Leopoldstraße drängten sich abends die Menschen.

Endlich war es soweit. Karo stieg aus dem Zug, er schleppte eine Tasche, hatte einen Bart und sah immer noch aus, als käme er aus einem Italowestern. Veronika war bei ihm, sie trug einen schwarzen Hut und im Europasaal im Hauptbahnhof legte er ihr den Arm um die Schulter.

»Ich hab ihm von euch erzählt«, sagte Veronika.

»Wir wollen Dimitri helfen«, sagte ich.

»Ich weiß«, sagte er. »Ich hab in Barackenstadt sechzig Mark verdient. Ich bin auf den Kamin geklettert. Zwei Tage hab ich oben gesessen, aber raus haben sie mich trotzdem nicht gelassen.«

»Holger wartet im Laden«, sagte ich. »Kannst bei mir auf dem Sofa schlafen.«

»Wir treffen uns besser morgen«, sagte er. »Ich zieh jetzt erst mal zu Veronika. Leih mir fünfhundert.«

Ich gab ihm das Geld am folgenden Tag. Holger erklärte den Plan.

»Du wartest in der Passage. Wenn die Tür zur Bank aufgeht, gibst du ein Zeichen.«

»Um diese Zeit«, sagte ich, »kommt selten wer.«

»Wieviel holen sie?«

»Eine Million«, sagte ich.

»Reicht«, sagte Karo. »Wann steigt die Sache?«

»Nächste Woche«, sagte ich. »Wir brauchen noch einen Wagen.«

Wir kauften Schlüsselrohlinge und am nächsten Abend machten wir uns auf die Suche nach einem Porsche Targa.

Wir suchten bis vier, fuhren die Straßen von Grünwald und Solln ab, von Haidhausen, Bogenhausen und Schwabing. Und als es hell zu werden begann und wir die Suche abbrechen wollten, stand er da. Die Tür war offen, der Schlüssel steckte, der Motor lief und als Karo einstieg und ihn wegfuhr, sagte ich: »Ich weiß, daß es klappt.«

Aber in diesem Sommer klappte nichts. Plötzlich stellte sich alles gegen mich. Als wir beobachteten, wie der Hinker und sein Kollege die Geldsäcke holten, kam ein Angestellter aus der Bank und sah nach, ob Treppe und Passage frei waren. Dann erst folgten sie. Wir warteten eine Woche, dann noch eine und noch eine, aber die neue Sicherheitsmaßnahme blieb. Der Hinker hatte Verdacht geschöpft.

Ich stieg trotzdem noch in einen Kanal von Stadelheim – nachts, innerhalb der Mauer hörte man die Schritte der Wachen und das Pfeifen der Funkgeräte. Als die letzten Fernseher in den Häusern erloschen, hoben wir den Kanaldeckel hoch. Er war zweihundert Meter von der Gefängnismauer entfernt, der Schacht führte drei Meter in die Tiefe und der Kanal selbst war nur einen hoch. Ich stapfte durch Abwasser bis zur Mauer, wo er im rechten Winkel abbog und weiterlief. Als ich zu der Stelle kam, wo er ins Anstaltsgelände mündete, sah ich, daß er zubetoniert war, aus dem Betonpfropf ragten armdicke Röhren und als irgendwo ein Auto über einen Deckel fuhr, so daß es sich anhörte, als explodierten Schüsse, richtete ich mich auf und sagte: »Es klappt nichts. Es klappt einfach nichts!«

Kurze Zeit später wurden Feile und Schlüssel bei Dimitri entdeckt. Es stand in der Zeitung. Als ich zu Holger kam, lag sie aufgeschlagen auf dem Tisch und im Fernsehen schnalzte zur Eröffnung der Olympiade eine Trachtentruppe aus Gaissach mit Geißeln, aber die Olympiade war mir so egal wie ein Fußballspiel.

»Wir müssen uns was Neues einfallen lassen«, sagte ich.

»Ich muß weg«, sagte Holger da zum ersten Mal. »Dimitri weiß, daß er nicht mehr rauskommt.«

»Gib ihm Bescheid, daß wir was Neues vorbereiten«, sagte ich und wußte, daß er Angst hatte, Dimitri könnte ihn verpfeifen.

Bald darauf wurde der Porsche entdeckt. Es war am 5. September und als ich es Holger erzählen wollte, lief der Fernseher. Um fünf Uhr morgens hatte im Olympiadorf eine Gruppe Palästinenser die israelische Mannschaft als Geiseln genommen und einen Sportler erschossen. Auf dem Flughafen von Fürstenfeldbruck explodierte eine Handgranate, ein Helikopter ging in Flammen auf und Schüsse peitschten über das Flugfeld.

»Ich muss weg«, sagte er wieder.

»Das hat nichts mit uns zu tun«, erwiderte ich.

Aber er stand auf und fing an zu packen. Zögerlich zuerst, als müßte er genau überlegen, was er brauchte, dann immer hektischer. Zuletzt riß er Hemden und Unterwäsche aus dem Schrank, stopfte sie in die Tasche und lief ins Badezimmer.

»Wo willst du hin?« fragte ich, während über den Flugplatz Panzerwagen und Feuerwehr fuhren und der zweite Helikopter explodierte. Als der Nachrichtensprecher verkündete, daß die israelischen Geiseln gerettet waren, hatte Holger schon seine Bundeswehrstiefel an.

»Er lügt«, sagte er.

Ich sah, daß er in Panik war.

»Das hat nichts mit uns zu tun«, versuchte ich ihn zu beschwören.

»Morgen stehen sie hier«, sagte er und drehte den Kasten ab.

Unten am Auto fragte ich: »Wo willst du hin?«

Er zuckte mit den Achseln.

»Ich komm wieder, wenn alles ruhig ist.«

»Ruf an«, sagte ich.

Dann sah ich ihm nach. Es war still in der Stadt. Die Nacht war warm und auf der Prinzregentenstraße rollte ein Bus vorbei.

Es klappte nichts in diesem Sommer und er dauerte lange. Die Stadt war öde, das Geld schmolz dahin und als Holger wiederkam, war es Oktober. Im Justizpalast begann der Prozeß gegen Dimitri. Ich sah, wie sie ihn in den Gerichtssaal brachten. Er war in Handschellen, sah blaß aus und als er sich auf die Anklagebank setzte, wirkte er zwischen den Wachmännern schmal und niedergeschlagen. Meist starrte er vor sich hin auf den Boden, zu Holger und mir blickte er nur einmal und nickte kurz. Vor dem Gebäude waren Mannschaftswagen aufgefahren und vor der Treppe Absperrgitter aufgebaut. Die Besucher drängten sich und bei Prozeßeröffnung war der Saal überfüllt. Auf dem Richtertisch lagen die russische Maschinenpistole mit dem Trommelmagazin, die roten Kapuzen, die Revolver und an der Wand hing ein Kruzifix. Der Vorsitzende hatte einen kantigen Altmännerschädel.

Ich ging jeden Tag hin, hörte die Gutachter, die Zeugen und wie der Richter die Maschinenpistole durchlud und von den Zeugen wissen wollte, ob sie das Geräusch gehört hatten, bevor Dimitri sie Rammelmayr gab. Ich wußte, daß er einen Grund suchte, um ihn zu lebenslänglich verurteilen zu können. Als er Dimitri fragte, ob er bereit sei, den dritten Mittäter zu nennen, schüttelte Dimitri den Kopf.

»Dann nehmen Sie in Kauf«, sagte der Richter, »daß Ihr Mittäter weitere Verbrechen begeht.«

»Dem reicht's auch so«, sagte Dimitri.

»Wollen Sie uns sagen, ob er sich hier im Gerichtssaal befindet?«

»Ich hab keine Brille dabei«, sagte Dimitri.

»Sollen wir Ihnen eine holen lassen?« fragte der Richter.

Dimitri schüttelte den Kopf.

»Haben Sie gehört«, fragte der Richter eine Zeugin, »ob der Angeklagte die Maschinenpistole durchlud, bevor er sie seinem Mittäter reichte?«

Holger schaute ins Leere. Seine Wangen waren fahl und leblos und als wir das Gebäude verließen, redete er kaum, stieg ins Auto und fuhr davon.

Zur Urteilsverkündung ging ich nicht in den Gerichtssaal. Ich las in den Zeitungen, daß Dimitri lebenslänglich und zwölf Jahre bekommen hatte. Ein paar Wochen darauf versuchte er auf dem Transport ins Hochsicherheitsgefängnis von Straubing zu fliehen, aber es gelang nicht. Auch das entnahm ich den Zeitungen.

In der Zwischenzeit hatte ich angefangen, nach einer Bank zu suchen, denn von meinem Geld waren nur noch ein paar Scheine geblieben. Als ich Holger im Laden antraf, verkaufte er mir eine Pistole und wünschte mir Glück. Sie stammte aus Beständen der Wehrmacht, der Griff war geriffelt und die scharf gezogene Seele des Laufs war makellos. Es war die erste Pistole, die ich besaß. Ich legte sie unter das Kopfkissen und wenn ich nachts aufwachte, lud ich sie durch, hörte das Klacken und stellte mir vor, wie ich eine Bank betrat, die Waffe aus dem Gürtel zog und sagte: »Hände hoch! Das ist ein Überfall.« Ich steckte sie ein, wenn ich losging und wenn ich durch die Straßen lief, spürte ich, wie sie gegen meine Hüfte drückte.

Der erste Schnee war gefallen und die Pfützen waren gefroren. Auf dem Marienplatz stand schon ein Weihnachtsbaum und vor den Kaufhäusern lockten Nikoläuse. Ich hatte Angst, als ich die erste Bank betrat. Meine Hände waren kalt und die Kehle eng. Vor der Kasse warteten Kunden und ich dachte an den Zirkus und wie ich zum ersten Mal in die Manege mußte. Ich sah, wie die Kassiererin einer Kundin Geldscheine hinblätterte, so schnell und sicher, als könnte sie ununterbrochen aus dem Nichts fischen.

»Der Nächste!«

Ihr Gesicht war freundlich und nichtssagend und während sie mir hundert Mark in Kleingeld wechselte, war es, als befände sie sich auf der anderen Seite der Welt. Ich warf einen Blick in die Schublade, sah Geldbündel, schätzte, wieviel es sein könnte, aber als ich die Bank verließ, wußte ich es schon nicht mehr. Ich war froh, raus zu sein. Es schneite und ich schwitzte und irgendwo aus einem Kaufhaus dingelte Weihnachtsmusik.

Ich lief von Bank zu Bank, durch die Innenstadt und nach Schwabing, wechselte das Kleingeld in einen Hundertmarkschein und wieder zurück, schätzte das Geld in den Kassen und studierte die Gesichter der Angestellten. Ich stand vor Glasfassaden und wenn mir die Angst in den Leib kroch, preßte ich die Pistole gegen die Hüfte. Ich werde mir eine Bank aussuchen, dachte ich, morgen überfalle ich sie.

Ich suchte zwei Wochen, bis ich mich endlich für eine in Schwabing entschied. Der Schalterraum war übersichtlich, der Kassierer jung und blaß und die Schublade voller Geld, 20 000 Mark vielleicht oder mehr. Ich würde nach dem Überfall im U-Bahnschacht verschwinden, auf der anderen Seite herauskommen, in einem Kaufhaus abtauchen, den Parka ausziehen, ihn in die Tasche packen, das Kaufhaus durch die Tiefgarage verlassen und mich in ein Café setzen.

Das war mein Plan und ich schlief schlecht in der Nacht, bevor ich losging. Wenn ich die Augen schloß, sah ich den Schalterraum und das blasse Kassierergesicht und manchmal stürzte sich ein Kunde auf mich oder verfolgte mich in den U-Bahnschacht. Als es hell wurde, zog ich den Parka an, wickelte mir den Schal um den Hals, steckte Pistole und Sonnenbrille ein, nahm die Adidastasche und machte mich auf den Weg. Es schneite immer noch und ich war angespannt, als ich an der Bank vorbeilief, mir noch eine Stunde gab und einen Bogen zurück zur Leopoldstraße schlug. Und da sah ich den Hinker wieder. Er saß nur ein paar Schritte von mir entfernt im Führerhaus des Panzerwagens und kaum hatte ich ihn erkannt, sprang die Ampel auf grün und er fuhr los.

Eine Weile stand ich da und wußte nicht, was tun. Ich wollte schon weitergehen, aber als der Panzerwagen an der nächsten Ampel hielt, stiefelte ich los und dachte, ich hab ihn wieder. Ich kam nicht hinterher, begann zu laufen. Zwei Ampeln nacheinander sprangen auf grün und ich verlor ihn aus den Augen, aber auf dem Kundenparkplatz des Großmarktes Hurler entdeckte ich ihn wieder.

Er stand an der Verladerampe. Es war jetzt neun Uhr dreißig und das Führerhaus war leer. Kunden schoben Einkaufswagen übers Gelände, Lagerarbeiter packten Kisten auf einen Lieferwagen und auf der Rampe rangierte ein Gabelstapler. Ich stellte mich neben die Einfahrt, bohrte die Hände in die Taschen und wartete. Zehn Minuten später kamen sie aus einer Tür am Ende der Rampe. Wie in der Passage lief auch jetzt der junge Dicke vorneweg, während ihn der Hinker sicherte. Die zwei Aluminiumkoffer waren schwer und machten ihm einen Buckel. Beim Panzerwagen stellte er sie ab und stieg von der Rampe, während der Hinker wartete. Als ich sah, wie der Junge die Koffer in den Panzerwagen schob und die Eisentür schloß, wußte ich, daß wir sie an der Rampe kriegen würden. Ich lief zu Holger.

Als er sah, wie aufgeregt ich war, glaubte er, ich hätte eine Bank überfallen. Er war beim Frühstücken, strich Butter aufs Brot und löffelte Marmelade aus dem Glas. Ich erzählte ihm, daß ich den Hinker wiederentdeckt hatte und wußte, wo wir sie überfallen könnten. Er reagierte nicht und ich hatte Angst, er würde kneifen.

»Wir können sie auf der Rampe schnappen«, sagte ich. »Sie holen die Tageseinnahmen vom Hurler ab. Das ist einfach, wirklich! Mit dem Geld können wir Dimitri befreien.«

Da trank er die Teetasse leer, ging in sein Zimmer und zog die Stiefel an.

»Es ist wirklich einfach«, sagte ich. »Ich wollte gerade in die Bank, da hab ich ihn an der Ampel stehen sehen.«

Auf der Fahrt zum Großmarkt schwieg er. Doch als ich ihm die Rampe und die Tür zeigte, aus der sie gekommen waren und wo der Panzerwagen gestanden hatte, schnappte er einen Einkaufswagen. Wir schoben an den Kassen vorbei, stellten uns vor ein Regal, sahen die Kundenschlangen und lasen: *Mindesteinkauf 200 DM*

»Laß uns schauen, ob wir wegkommen«, meinte er.

Wir legten die Stelle für den Überfall fest und suchten einen Fluchtweg. Eine Stunde später hatten wir ihn und in den folgenden Tagen begann die Vorbereitung. Wir besorgten Nummernschilder, Schlüsselrohlinge, TÜV- und Zulassungsstempel und machten uns auf die Suche nach einem Targa. Auch den fanden wir in der ersten Nacht. Er stand in einer Tiefgarage, deren Tor halb offen war. Wir brachen die Box auf, schnitten das Schloß aus dem Handschuhkastendeckel und eine Stunde später hatte Holger den Schlüssel gefeilt. Wir fuhren den Porsche weg und besuchten Karo.

»Meinst du, er macht mit?« fragte Holger.

»Ja«, sagte ich und war mir sicher, daß er keine Fragen stellen würde.

Er saß in Veronikas Zimmer am Ende des Flurs mit den Zuckersäcken, in dem wieder die Alte den Kopf schüttelte. Auf dem Tisch stand ein Karton Zigaretten, in einer Schüssel lagen schwarze Bananen und Kleingeld, auf dem Fußboden Orangenschalen und über einer Stuhllehne hing Veronikas Bademantel.

»Wir bringen dir was zu Weihnachten«, sagte ich. »Etwa eine Million.«

Er brauchte nur eine halbe Minute, um sich zu entscheiden, aber vielleicht brauchte er nicht einmal die. Er nickte nur und fragte: »Wann?«

»Übermorgen«, antwortete ich. Dann zog er eine Jacke über und ging mit uns Kaffee trinken. Wie immer löffelte er die halbe Tasse mit Zucker voll.

»Sag Veronika nichts«, meinte Holger.

Karo rührte in der Tasse und schüttelte den Kopf.

An diesem Abend sagte mir Holger, daß er seit dem Überfall in der Prinzregentenstraße die Nase voll hatte.

»Ich wollte mir ein Geschäft aufbauen und Geld haben, wenn Dimitri entlassen wird. Früher hat's Spaß gemacht. Wenn Dimitri erschossen worden wäre, hätte ich dich nie kennengelernt.«

»Willst du ihn nicht mehr rausholen?« fragte ich.

Er antwortete lange nicht.

»Laß uns den Überfall durchziehen«, sagte er, »dann sehen wir weiter. Das ist endgültig das letzte Mal.«

Wir saßen in der Alten Burg in Schwabing, die Tische waren voll besetzt, wir tranken Bier und die Kapelle spielte Dixieland. Wir saßen bis zwei in dem Jazzlokal mit den rot-weiß gestreiften Läden vor den Fenstern, bis die Musiker ihre Instrumente einpackten, die Gäste bezahlten und die Kellner die Kerzen ausbliesen.

»Unser Plan ist gut«, sagte ich, bevor wir aufstanden.

»Wir sehen uns übermorgen«, sagte Holger.

»Morgen«, sagte ich, denn es war schon der 20. Dezember.

Als er am 21. Dezember um fünf Uhr morgens klingelte, war ich gerade eingeschlafen. Ich hatte in der Nacht kaum ein Auge zugemacht, denn immer wenn ich eingedöst war, hatte ich an die Rampe gedacht, an den Hinker, wie er aus der Lagerhalle kommt und ich mich bücke und in die Tasche mit der englischen Maschinenpistole greife. Jetzt, da es endlich soweit war, kroch die verdammte Angst wieder hoch und der kommende Tag schien mir unüberbrückbar. Holger trug eine Pelzmütze auf dem Kopf, als er in die Wohnung kam. Wir redeten kaum an diesem Morgen, es gab nicht viel zu sagen.

Wir fuhren zu Karo, die Stadt war noch dunkel, die Straßen waren vereist, von den Oberleitungen der Trambahnen platzten Funken, während an den Haltestellen Mumien standen und mit den Füßen stampften. Der Verkehr lief noch dünn um diese Zeit und die

Ampeln schalteten so schnell, als hätten sie Angst, ich könnte es mir anders überlegen und aus dem Wagen springen.

Wir fuhren den Fluchtweg ab, es begann Tag zu werden. Der Himmel war aprikosenfarben und im Studentenwohnheim an der Osterwaldstraße brannte Licht in den Fenstern. Auf halbem Weg führte ein Mann einen Hund spazieren, vielleicht lief er den ganzen Tag auf und ab, denn später sah ich ihn wieder. Die Erde der Baustelle am Ende der Straße war gefroren und der Verkehr auf dem Mittleren Ring floß dichter.

»Der Mini steht hinterm Tunnel«, sagte Holger. »Wenn uns einer verfolgt, steigen wir nicht um.«

Wir parkten den Porsche auf dem Gelände des Großmarkts und erklärten Karo, was er zu tun hatte. Dann gingen wir in die Leopoldstraße und tranken vor dem Kaufhaus Hertie Kaffee. Es war noch nicht einmal acht, als das Warten begann. Während die Zeit mit den Vorbereitungen zu schnell vergangen war, schleppte sie sich nun immer mühsamer voran.

Der Geldtransport kam später als sonst.

Ich wartete vor dem Einfahrtstor auf der gegenüberliegenden Straßenseite, während an der Rampe wieder Lieferautos entladen wurden, erste Kunden Einkaufswagen zu den Autos schoben und die Kofferräume vollpackten. Ich sah Holger im Porsche und Karo neben der Einfahrt von einem Bein auf das andere treten und die Leopoldstraße hinunterspähen. Er trug eine Sonnenbrille, eine Winterjacke mit Kapuze und um den Mund hatte er einen Schal gewickelt. Ich spürte, wie mir die Kälte die Beine hochkroch und als Schweißtropfen an den Seiten hinunterliefen, da wußte ich, daß man einen Überfall immer alleine macht und die Zeit ein Feind ist, der sich nicht fassen läßt.

Ich sah den Panzerwagen die Leopoldstraße entlangkommen und wollte weglaufen. Ich sah auch, wie Karo erschrak und Holger nach dem Steuer griff. Dann erstarrte das Gelände zu einem Bild, in dem seltsamerweise Lagerarbeiter Kisten schleppten, während der Panzerwagen von Ampel zu Ampel rollte, stehenblieb, weiterfuhr und immer größer wurde. Als er auf das Gelände einbog, war er doppelt so groß wie sonst. Wieder sah ich den Vogelkopf des Hinkers hinter dem Steuer, der den Arsch des Gefährts an die Rampe rangierte. Dann stiegen sie aus, rückten die Ledermützen zurecht und marschierten am Gebäude entlang. Da wuchs ich wieder, bückte mich nach der Kunstledertasche, überquerte die Fahrbahn und postierte mich am Ende der Rampe.

Ich stellte mir vor, wie sie den Großmarkt betraten, durch die Kassen gingen und im Büro verschwanden. Ich sah die fünf vereisten Stufen, die auf die Rampe führten, und sagte zu Karo: »Paß auf, daß du nicht ausrutschst!« Dann öffnete ich den Reißverschluß der Tasche und dachte: Kommt schon, kommt endlich! Und da kamen sie.

Der Panzerwagen stand in der Mitte der Rampe, so daß ihr Weg kürzer war als sonst. Als ich mich bückte und die Maschinenpistole aus der Tasche nehmen wollte, klemmte sie, das Kunstleder war in der Kälte steif geworden. Einen Moment lang schoß Panik hoch, doch als Karo »Mach!« zischte, riß ich sie endlich heraus und rannte die Stufen hoch. Der Dicke und der Hinker waren bereits von der Rampe gestiegen. Sie bemerkten mich erst, als ich heruntersprang und keuchte: »Nehmt die Pfoten hoch!«

Auf einmal steckte Wut in mir, weil sie, statt die Hände zu heben, zu torkeln begannen und der Dicke sich auf den Boden setzte. Sein Gesicht war bleich, als hätte man ihm das Blut abgezapft, die Augen rollten und seine Mütze kullerte unter den Panzerwagen. Ich stieß dem Hinker den Lauf in den Rücken und zog seinen Revolver aus dem Halfter. Er versuchte davonzulaufen, aber Karo kam von der anderen Seite des Wagens, setzte ihm die P 38 an den Kopf und sagte: »Beweg dich nicht!«

Auf einmal stand ich im Mittelpunkt des Ablaufs. Während ich die Maschinenpistole im Anschlag hielt, spürte ich, wie Ruhe in mich kam. Wenn ich den Lauf schwenkte, tauchten die Köpfe der

Lagerarbeiter hinter Obstkisten weg und auf dem Parkplatz duckten sich die Kunden hinter die Autos. Nur der Dicke begann mit sich selbst zu reden und rutschte auf dem Hosenboden hin und her und eine Kundin packte weiter ihre Weihnachtseinkäufe ein, als bemerkte sie nichts. Ich sah, wie Karo die Koffer zum Porsche trug und auf den Rücksitz stellte. Nachdem er eingestiegen war und Holger »Komm!« gerufen hatte, fiel es mir schwer, mich aus der Szenerie zu lösen. Dann senkte ich die Waffe und ging so langsam zum Auto, als gehörte der Parkplatz für alle Ewigkeit mir.

Später flogen Häuser, Autos, Menschen vorbei, wir bogen in die Osterwaldstraße ein und mir kam es vor, als hätte ich etwas vergessen. Holger fuhr scharf und konzentriert bis ans Ende der Straße. Dann schleppten wir Koffer, Kleidung und Waffen durch den Schnee zu einer Fußgängerunterführung des Mittleren Rings und packten auf der anderen Seite die Sachen in Holgers Mini. Weit und breit war keiner zu sehen, nur beim Studentenwohnheim war wieder der Mann mit dem Hund unterwegs. Von der Leopoldstraße her waren bereits Sirenen zu hören und kaum waren wir im Laden, wurde im Rundfunk die erste Fahndungsmeldung gebracht.

acht

An diesem Tag glaubte ich, von nun an würde mein Leben leicht und unbeschränkt. Als Holger die Koffer öffnete, die erste ovale, stählerne Bombe aufbrach, ein dickes Banknotenbündel herausholte und der Geldhaufen auf dem Tisch immer größer wurde, spürte ich Erleichterung.

Da liegt, was ich will, dachte ich. Da liegt es, Reisen, Frauen, Meer.

Ich trank Whisky und rauchte. In der Standuhr tickte das Pendel, im Rundfunk liefen die Nachrichten von unserem Überfall und während aus der Ferne noch das Geschrei der Sirenen zu hören war, begann ich zu reden, viel und schnell, von Rom, Madrid und Mexiko und den Weinen, die ich trinken würde.

»Ich kauf mir eine Flasche Brunello«, sagte ich. »Habt ihr schon mal einen Brunello getrunken? Nein? Ich auch nicht. Er soll nach Tabak und Vanille schmecken.«

Sie zählten die Scheine und teilten sie.

»Wir dürfen nicht auffallen«, sagte Holger.

Aber da stopfte ich schon meinen Anteil in die Tasche, 160 000 Mark, und sagte: »Ich fahr nach Rom und melde mich wieder.«

Das Geld war so leicht, so gar nicht schwer war die Tasche. Ich schüttete es auf mein Bett, packte die Brieftasche mit Fünfhundertern und Tausendern voll, bis sie zu platzen drohte. Ich kaufte mir Anzüge, Hemden, Mantel und Schuhe, die doppelt genäht waren. Einen Plastikkanister kaufte ich, eine Flasche Brunello, einen Spaten, ein Pfund Bärenschinken frisch aus Alaska, eine große Ledertasche, Bücher, Wachteleier, Schnepfendreck und ein Ticket nach Penzberg für den folgenden Tag.

Gregor erwartete mich schon und kniff seine Augen zusammen

wie an dem Abend, als ich gesagt hatte, daß ich einen Geldtransport überfallen würde. Auf dem Tisch lagen die Zeitungen mit den roten Balken unter den Schlagzeilen. Vorne drauf war der Panzerwagen, der nun ausgeraubt an der Rampe stand – ein blauer, schwerer Kasten, vor dem ich Angst gehabt hatte.

»Du warst das!« sagte er, zog den Schädel zwischen die Schultern und rührte sich nicht. Erst als ich das Geld auf den Tisch kippte, sprang er auf Krücken herbei und wühlte darin.

»Ich hab's gewußt«, sagte er immer wieder.

Ich war sicher, daß ich ihm vertrauen konnte. Wir fuhren zum Friedhof nach Benediktbeuern und ich wischte den Schnee von den Steinen, bis ich das Grab meiner Großmutter fand. Sie lag allein, aber das war ihr sicher am liebsten so. Ein frommer Spruch stand darauf, aber der konnte ihr auch nicht mehr schaden. Die Erde war gefroren. Ich bohrte mit einem Messer ein Loch, steckte den Geldschein hinein, warf Schnee drüber und legte Blumen drauf. Dann fuhren wir weiter ins Moor. In der Dunkelheit vergrub ich den Plastikkanister mit dem Geld neben dem Bach, wo einmal das Lager gestanden hatte.

Zwischen Weihnachten und Neujahr setzte ich mich in einen Nachtzug und fuhr nach Italien. Es war kalt in München und ich dachte, es wäre warm in Rom, aber auch dort war es nicht anders. Jetzt, da ich Geld besaß, hatte ich es nicht eilig wegzukommen.

Das Hotel war vornehm, teuer und muffig, die Bilder und Spiegel in den Fluren hatten goldene Rahmen und die Teppiche waren dick und weich. In der Via Veneto kaufte ich mir eine Uhr, die so teuer war, daß mich der Juwelier noch auf die Straße begleitete.

»Arrivederci«, sagte er, »Arrivederci, signore, und ein gutes neues Jahr in Rom!«

Doch als das neue Jahr begann, ging ich schon durch die Ruinen von Pompeij, betrachtete Menschen und Hunde, die vor zweitausend Jahren in der Vulkanasche erstickt waren, und saß abends im Foyer eines Hotels, wo im Kamin ein Feuer prasselte.

Das neue Jahr kam mir riesig vor, offen und weit. Wenn ich mich im Spiegel sah, wunderte ich mich, daß ich es war, der aus dem Glas schaute. Wie fern nun München schien und die Tage, als ich mit einer Pistole durch Schwabing gegangen war! Überhaupt kam mir das vergangene Leben schäbig und billig vor, die Diebereien, die Nächte im Freien und in den Zellen der Gefängnisse. Auch Dimitri war fern. Ich dachte nicht gern daran, daß ich ihn befreien sollte. Was ging er mich an, ich war ein anderer geworden. Der Hotelboy trug mir die Koffer nach und zog die Mütze, als ich ihm ein Trinkgeld gab. Dann rief er ein Taxi.

»Arrivederci, signore«, sagte er, »und kommen Sie gut nach Florenz!«

Ich fuhr nach Florenz, Venedig und Mailand. Es gefiel mir, wie draußen das Land vorbeizog, die Bahnhöfe, Ebenen, Lichter und Städte mit schiefen Türmen. Wenn ich in eine neue Stadt kam, wußte ich schon, daß ich weiter wollte. Nach Genua, Ferrara und wieder nach Rom. Und weil Rom immer noch kalt war, nahm ich ein Flugzeug nach Madrid und war enttäuscht, daß die Corridas erst im April beginnen. Manchmal kaufte ich deutsche Zeitungen und suchte nach Nachrichten über den Stand der Ermittlungen. Aber nach den Schlagzeilen im Dezember war es ruhig geworden.

Dann rief ich Holger an.

»Es ist warm hier und ruhig«, sagte ich.

»Hier ist es ruhig und kalt«, erwiderte er.

»Gibt's was Neues?«

»Karo hat sich ein Auto gekauft.«

»Ist er noch mit Veronika zusammen?«

»Sie haben sich eine Wohnung genommen.«

»Ich fahr nach Barcelona«, sagte ich »und schau mir die Kirche von Gaudí an.«

»Ich flieg nach Las Palmas, da ist es wärmer.«

»Wir sehen uns in Las Palmas«, sagte ich.

Ich war beunruhigt, denn ich wußte, daß Karo keinen Führerschein besaß. Aber dann zog die Mancha vorbei, braun und karg, und als ich zu den Türmen der Kathedrale hochsah, tickte leise eine Uhr. Ich hörte sie kaum und wußte nicht, daß sie golden, teuer und klotzig war.

Ich traf Holger am Strand, sah zu, wie er sich auszog, ins Wasser ging, hinaus zum Riff schwamm, und folgte ihm. Er saß mit dem Rücken zu mir und schaute auf die Atlantikwellen, die grün heranrollten und sich überschlugen, wo sie auf Felsen trafen. Einen Moment spürte ich wieder die Angst und wünschte mir, ich wäre nicht hergekommen. Dann pfiff ich und winkte.

»Sie haben eine Sonderkommission gebildet«, sagte er. »Sie gehen die Liste mit den Leuten durch, die in Frage kommen. Einmal ist mir einer gefolgt. Wir dürfen nicht auffallen, sonst bohren sie.«

Ich gehe weg, dachte ich, weg aus Europa. Ich flieg in die Karibik oder nach Mexiko.

»Karo hat sich ein Auto gekauft«, sagte er wieder. »Und Veronika trägt eine Uhr, golden und klotzig. Er hört nicht auf mich. Du solltest mit ihm reden.«

Ich flieg nach München, dachte ich. Ich sag Karo, weißt du noch, wie du Ziege damals den Tabak zertreten hast? Wenn du nicht geholfen hättest, wären mir die Zehen verkohlt. Wir haben's geschafft. Geh weg, bevor was passiert.

Was soll passieren, würde er fragen, sein Banditengesicht verbeißen und ins Leere starren.

Wir können auf die Bahamas fliegen, würde ich sagen, nach New Providence und weiter nach Mexiko …

Ich stand auf dem Balkon und sah in den Hafen hinunter, wo ich einmal mit der *Morena* gelegen hatte. Das Hotel war teuer, die Möbel aus Leder und edlem Holz und das Frühstück wurde aufs Zimmer gebracht. Aber es hielt mich nicht dort. Ich war unruhig, lief hin und her, rauchte und trank Cognac zum Kaffee. Wenn ich mich vor den Spiegel stellte, kam es mir vor, als hätte ich den Leinenanzug in einer Boutique geklaut.

Noch ist alles ruhig, sagte ich mir.

Wir mieteten ein Auto und kurvten über die Insel. Wir schwammen hinaus aufs Meer, lagen in den Dünen von Las Palmas und fanden zwei Frauen, die alleine waren. Wir gingen mit ihnen essen und nahmen sie mit ins Hotel. Aber wenn ich Holger ansah, wußte ich, daß er an München dachte, und ich hörte die Uhr ticken. Ich war froh, als er Anfang März abflog.

»Ich warte in München auf dich«, sagte er.

»Ich komme nach.«

»Du mußt ihn dazu bringen, daß er ins Ausland geht. Sonst fliegen wir auf.«

»Ja«, sagte ich.

»Du hast ihn dazugenommen«, sagte er, »und er baut Scheiße.«

Ich wollte nach München zurück, aber am Schalter verlangte ich ein Ticket nach Madrid. Plötzlich graute mir vor der Stadt, über der noch die Schatten der Gefängnisse hingen. Konnte es nicht warten, bis ich mit Karo geredet hatte? Ich sah ihn noch in Ebrach am Fenster stehen und in den Hof schauen oder auf dem Bett liegen und rauchen. Er hatte noch nie getan, was man erwartete. Er war auf Dächer und Kamine geklettert. Und die Käfigzellen hatten ihn verbissen und zäh gemacht.

Mit dem Ticket nach Madrid in der Tasche fuhr ich mit dem Zug gen Norden, nach Frankreich und von dort in die Schweiz. Von Zürich aus wollte ich nach München zurück, aber ich löste eine Karte nach Rom. Nur für ein paar Tage, dachte ich und wollte im Café Greco sitzen, Zeitung lesen, Cognac trinken und auf den weichen alten Teppichen des Hotels stehen. Ich wollte sehen, daß ich mit der Uhr am Handgelenk, die zehntausend Mark gekostet hatte, ein anderer war. Aber ich blieb nicht einmal einen Tag, nahm den Zug nach Brindisi, von dort die Fähre nach Patras und ein Schiff nach Heraklion.

Es war Frühjahr geworden. Auf dem Ida lag Schnee, aber im Garten hinter dem Hotel hingen schon Zitronen in den Bäumen. Ich stiefelte durch Knossos, aber ich sah nichts außer Ruinen und Steinen. Ich hörte die Uhr ticken, leise, laut, leise. Vierzehn Tage lang, bis ich mich endlich entschloß anzurufen.

»Wo bist du?« fragte Holger.

»Auf Kreta«, sagte ich.

Er schwieg ins Telefon.

»Nimm das nächste Flugzeug«, sagte er dann und legte auf.

Als ich vom Flugfeld kam, wartete er hinter der Absperrung und machte ein Gesicht, als bisse er auf Leder, sah an mir vorbei und sagte nur: »Komm!«

München war kalt und verregnet. Die Wohnung in Schwabing sah aus, als hätte ich sie in Panik verlassen. In der Spüle stand Geschirr, auf dem Tisch lag verschimmeltes Brot und auf dem Boden die Wäsche. Das Bett war zerwühlt und unter dem Kopfkissen zog ich die Pistole hervor.

»Karo hat einen Führerschein«, sagte er. Ich verstand nicht.

»Er hat ihn mir gezeigt«, sagte er. »Er ist gefälscht.«

»Scheiße!«

»Ich hab ihn überredet, auf Elba tauchen zu lernen.«

»Gut«, sagte ich.

»Er kommt am Wochenende in die Marconi-Bucht«, sagte er.

»Wo ist er?« fragte ich.

»Ich weiß nicht«, erwiderte er. »Er ist seit Tagen verschwunden.«

Ich ließ das verschimmelte Brot auf dem Tisch liegen und wusch das Geschirr nicht ab. Ich legte mich aufs Bett und wußte, ich hätte früher zurückkommen und mit Karo reden müssen. Im Zimmer stand noch die Nacht vor dem Überfall. An der Wand brannte Dalís Giraffe, unter mir fuhr die Straßenbahn vorbei und die Angst und das Warten waren alt und sauer geworden.

Am nächsten Morgen hängte ich Mantel und Anzüge in den Schrank, zog meine Lederjacke an und steckte die Pistole in die Tasche. Wir fuhren los.

»Wir müssen ihm klarmachen, daß er uns in Gefahr bringt«, sagte Holger. »Er ist ja nicht blöd. Aber du bist verantwortlich dafür, wenn er Scheiße baut.«

Wir redeten kaum, während wir über den Brenner nach Italien fuhren. Von Piombino aus setzten wir nach Portoferraio über und kamen am Abend in der Marconi-Bucht an. Es war kühl und die Häuser am Strand standen leer. Nur ein paar Taucher aus Berlin waren da, die am andern Tag mit dem Schlauchboot zum Affenfelsen fuhren. Am Abend hörte ich, wie sie in der Mandelbar grölten. Am Strand lagen Treibgut und Teer, das Wasser war kalt und am Horizont zeichnete sich wie ein Brett die Gefängnisinsel Pianoso ab.

Es war Freitag und die letzte Fähre kam abends um acht. Wir fuhren nach Portoferraio zurück, aber Karo tauchte nicht auf. Wir setzten uns in ein Restaurant und aßen Dorados und tranken Verdicchio. Als wir zurückfuhren, war es dunkel, aus der Mandelbar dröhnte Musik und neben der Gefängnisinsel stieg der Mond aus dem Meer. Er war voll und das Wasser schwappte schwarz an den Strand, das Zimmer war kalt und ich war müde.

»Er wird morgen kommen«, sagte ich, legte mich ins Bett, zog die Decke über den Kopf und schlief.

Ich weiß nicht, wovon ich träumte, vielleicht vom Mond über dem Meer oder daß Holger aufstand, sich anzog und das Zimmer verließ. Ich schlief tief und merkte nicht, wie er zurückkam. Ich wachte erst auf, als er mich an der Schulter rüttelte und sagte: »Sie suchen uns!« Und plötzlich sah ich die Uhr an Veronikas Handgelenk, golden und klotzig, die Feder zersprang. Ich schreckte aus dem Bett, zog mich an und lief hinunter zum Strand. Dort erst merkte ich, daß ich keine Schuhe anhatte.

»Sie haben unsere Bilder in den Nachrichten gebracht«, sagte Holger wieder. »Karo und Veronika sind vor drei Tagen verhaftet worden. Sie haben weitergemacht. Sie haben Juweliere beklaut und aus einem Landratsamt Führerscheine geholt. Veronika hat ausgepackt. Er muß ihr alles erzählt haben.«

Ich sah wieder die Gefängniszellen und hörte die Kalfaktoren Wagen mit Kübeln durch die Gänge schieben. Die vergangenen Monate waren gelöscht. Vor mir taten sich Gefängnistore auf, durch die der Bus mit den handbreiten Fenstern rollte. Wir saßen auf der Insel fest. Sie würden sie abriegeln, unsere Bilder in den Zeitungen bringen und in den Häfen und an der Fähre auf uns warten. Ich grübelte, wo wir uns verstecken könnten, doch mir fiel nichts ein. Über dem Meer stand der Mond, rund und voll wie damals, als ich mit Tschoko auf Tour gewesen war. Der Strand war erleuchtet und von der Bar drang Musik herunter. Holger grinste. Doch als wir zur Bar hochstiegen, wurde mir klar, daß sein Gesicht so verzerrt war, als hätte es einen Sprung bekommen.

An der Theke saßen die Taucher und vor dem Kaminfeuer stand eine Berlinerin und rief: »Tanzt denn keener mit mir?« Ihr Gesicht war voller Sommersprossen und unter dem T-Shirt waberten riesige Brüste. Sie lachte wütend, bis Holger mit ihr tanzte. Er bewegte sich steif und unwirklich wie ein Gespenst.

»Wir müssen zurück nach München«, sagte er, »Papiere besorgen und mit dem Anwalt reden. Ich weiß, daß er Kontakte hat. Vielleicht schaffen wir's mit der Fähre um sechs.«

Um fünf brachen wir auf. Über dem Meer hing noch die Nacht, der Mond war abgesoffen, Dörfer huschten vorbei. Holger fuhr schnell und nach langer Zeit begann ich wieder einmal mit meiner alten Beschwörung: Wir kommen nicht durch, wir kommen ganz sicher nicht durch. Als wir nach Portoferraio kamen, war in den Straßen schon die Polizei unterwegs. Erst war es nur ein Carabiniere, dann zwei, doch je näher wir zur Fähre kamen, desto mehr wurden es. Zwei gingen die Autoschlange ab und sahen in die Fenster, vor dem Schalter stand eine Traube, neben der Auffahrt eine andere. Sie formierten sich zu einem Spalier, schlossen hinter uns auf, drängten nach und folgten uns über die Eisentreppe in die Cafeteria. Dort bestellten sie Espresso, während die Fähre den Hafen verließ.

»Die müssen nach Piombino zum Dienst«, sagte Holger. »Die wissen noch gar nichts von uns.«

Man muß das Gegenteil dessen wünschen, was man hofft, dachte ich und während wir nach Norden fuhren, beschwor ich weiter, daß wir nicht über die Grenze kämen. Dort hielten wir unsere Pässe hin und die Zöllner winkten uns durch. Wir bogen nach Brixen ab und warteten in einem Restaurant, bis es dunkel wurde. Es regnete und die Stadt hockte zwischen Bergen, die in Wolken steckten. Während wir Gänsebraten, Rotkohl und Klöße aßen, zog ein Klepper einen Wagen vorbei, auf dem ein Fuhrmann saß, dann rutschte der Gaul auf dem Kopfsteinpflaster aus, stürzte, verhedderte sich im Geschirr und schlug mit den Beinen um sich. Ich begann auf Zeichen zu achten. Stand nun nicht alles in Verbindung mit mir, der Abend, der sich in die Straßen setzte, der Regen, der immer stärker fiel? Sie werden uns rauswinken, wenn wir über die Grenze wollen, dachte ich, ganz sicher.

Die Scheibenwischer kamen kaum nach.

»Wenn sie uns rauswinken«, sagte Holger, »ziehst du den Kopf ein, dann durchbrech ich die Schranke. Wir fahren noch ein paar Kilometer, verstecken den Wagen und schlagen uns zu Fuß durch.«

Von der Überdachung staubte der Regen, der Zöllner trug einen Mantel über der Uniform und nahm die Pässe mit in die Zollstation. Der Motor brummte im ersten Gang. Ich sah durch das Fenster, wie der Beamte im Fahndungsbuch blätterte, und wartete auf den Moment, in dem er uns erkennen und seine Kollegen alarmieren würde. Aber dann kam er heraus und reichte uns die Pässe ins Auto. In Holgers Paß hatte er als Beruf »Büchsenmacher« gelesen.

»Wo sind die Büchsen?« fragte er.

»Schwanger in Italien«, sagte ich.

Er lachte.

»Gute Weiterfahrt!«

Es goß bis wir nach München kamen. In einer Schneise im Forstenrieder Park warteten wir auf den Morgen, später in der Stadt fegte der Regen über die Dächer. An diesem Tag verwandelte ich mich zum ersten Mal. Als ich aus dem Auto stieg, die Straße überquerte und den Kiosk betrat, rechnete ich nicht damit, daß mir unsere Bilder bereits von den Titelseiten entgegenspringen würden. Ich sah sie im Zeitungsständer und auf dem Verkaufstisch. Mein Foto war erst ein paar Monate alt und darüber war rot ein Fadenkreuz gedruckt. Die Verkäuferin fixierte mich und lutschte an einem Schokoriegel. Sie war groß wie Bavaria und ihr Busen bebte im Ausschnitt. Der Schreck dauerte nur eine Sekunde, dann stand ich neben mir und schickte einen anderen vor. Er kam aus dem Regen wie ich, hielt mit der linken Hand den Kragen zu, schüttelte sich, schaute sich im Kiosk um, nahm Zeitungen aus dem Ständer und legte sie auf den Ladentisch.

»Dreckswetter«, sagte er.

Die Verkäuferin legte den angelutschten Riegel weg und tippte den Betrag in die Kasse.

»Sechs achtzig«, sagte sie. »Es hört überhaupt nicht mehr auf.«

»Urlaub bräuchte man«, sagte der andere und zog die Börse aus der Hintertasche.

»Haben Sie's nicht kleiner?« fragte Bavaria.

Er gab ihr einen Zehnmarkschein, drehte sich um und während er im Regen verschwand, wußte ich, daß die Verkäuferin weiter am Riegel lutschte.

Wir blieben den ganzen Tag in der Stadt. Holger rief aus einer Telefonzelle den Anwalt an, dann besuchte er einen Freund, während ich im Auto blieb und die Stunden im Schneckentempo über den Parkplatz krochen. Erst am Abend kam Holger mit einem Paß und einem Ausweis zurück. Das Foto darin hatte keine Ähnlichkeit mit meinem Gesicht, die Augen saßen eng beieinander, die Lippen waren schmal und die Haare schwarz, während das Bild in Holgers Paß dem seinen glich.

An der Grenze nach Holland, zeigte ich lieber meinen echten her und in Rotterdam und Harwich wieder, denn hier suchten sie uns noch nicht.

Der Anwalt hatte Holger geraten, nach London zu gehen.

»Die Stadt ist ein Schmelztiegel«, sagte Holger, »es gibt keine Anmelde- und Ausweispflicht. Der Anwalt kann uns Paßduplikate der deutschen Botschaft in Paris besorgen, aber das dauert und wird teuer.«

Als der Zug in die Liverpool Street Station einfuhr, kam es mir vor, als hätte ich die längste und schwierigste Reise meines Lebens hinter mir und ahnte nicht, daß sie erst begonnen hatte. Wir mieteten ein Haus in Bayswater. Es war alt, die Spiegel waren fleckig und die Möbel hatten zwei Kriege überdauert. Ich versteckte meine Pistole und während Holger in einer Schule Englisch lernte, wanderte ich von morgens bis abends durch die Stadt. Von Kensington Gardens durch den Hyde Park bis Marble Arch, die Oxford Street entlang, dann bog ich nach Chinatown und Piccadilly ab. Ich lief über Hammersmith nach Kew Gardens und weiter zum Richmond Park. Manchmal trieb ich mich auf den überwucherten Pfaden des Highgate Cemetery umher und las die Inschriften vermooster Grabsteine. Wie groß die Stadt war! Sie verschluckte mich und ich begann mich sicherer zu fühlen. Konnte ich hier nicht jahrelang bleiben ohne entdeckt zu werden? Ich würde einen anderen Namen annehmen und das Geld aus Deutschland holen. Ich lief an den Hotels der Park Lane vorbei und rechnete nach, wieviel mir blieb. Ich hatte nicht nachgezählt, wieviel ich eingesteckt hatte. Waren es vierzigtausend gewesen oder mehr? Was hatte ich für die Hotels, die Flüge und die Uhr bezahlt? Wieviel für die Fahrten mit der Bahn? Und was hatte ich Gregor gegeben? Waren es dreitausend oder fünftausend?

Vor dem Dorchester Hotel parkten Rolls Royces, Bentleys und

Jaguars und die Portiers trugen Fracks und Zylinderhüte. Meine Brieftasche war dünn geworden, ich hatte nicht mal mehr zwanzigtausend Mark bei mir.

Holger wußte genau, was er hatte.

»Ich hab bisher nur fünftausendachthundert Mark verbraucht«, sagte er.

Er trug immer noch seine Bundeswehrstiefel und die geflickten Jeans, nur wenn er zur Schule ging, zog er einen Anzug an. Er paukte Vokabeln und lernte das Humpty-Dumpty-Gedicht, und wenn ich nachts auf die Straße ging, sah ich im ersten Stock den Fernseher flimmern. Nach einem Anruf in München kam der Anwalt nach London, doch da er Holger alleine sprechen wollte, wartete ich im Café an der Serpentine.

»Karo hält dicht«, erzählte mir Holger später. »Sie haben sein Geld gefunden. Er hatte es im Kühlschrank versteckt. Wir sollen hier bleiben und uns ruhig verhalten.«

»Wie lange müssen wir auf die Pässe warten?«

»Wir kriegen die Duplikate aus der Pariser Botschaft, aber die wollen Kohle«, sagte er. »Ich mußte ihm zehntausend geben und das war nur für meinen. Er wartet im Hotel auf das Geld von dir.«

Ich zählte ihm zehn Scheine auf den Tisch.

»Das ist bloß der Vorschuß«, sagte er. »Die wollen dreißigtausend von jedem, weil sie wissen, wer wir sind. Der Anwalt kassiert zehntausend für die Vermittlung und zehntausend für Karos Verteidigung.«

Ich schaute ihm nach, als er durch den Hyde Park lief, und bestellte Cognac gegen die aufsteigende Übelkeit. Zurück in Bayswater ließ ich mich aufs Sofa fallen und trank weiter. Noch lag das Geld neben dem Leinbach vergraben und ich würde zurück nach Deutschland müssen, um es zu holen und die Papiere bezahlen zu können. Ich wartete sechs Wochen lang, lief durch die Stadt und betrank mich an den Abenden. Oft schlief ich bis spät in den Nachmittag und wachte erst auf, wenn Holger aus der Schule kam und ins Zimmer trat.

»Ich geh zur Wäscherei«, sagte er. »Hast du was?«

»Im Schrank«, sagte ich.

Drei Tage später standen zwei Polizisten von der Metropolitan im Flur. Erst sah ich sie nicht, doch dann tauchten sie im Spiegel am Ende des Gangs auf. Sie hatten in einem der Zimmer auf mich gewartet. Ich erschrak, aber der Schreck ging nach innen los, leise wie ein Schuß, der aus einem Schalldämpfer kommt. Der Boden senkte sich nach vorn, kippte zurück und ich sah die Mützen mit den schwarzweiß karierten Streifen und die Gesichter, freundlich, vorsichtig, vorbereitet. Einer hielt meinen Paß in der Hand.

»Can I help you?« hörte ich mich fragen.

»Do you mind coming to the police station?« fragte er.

»Not at all«, hörte ich mich. »What's the matter?«

»We'll let you know later on«, sagte er.

Zum zweiten Mal verwandelte ich mich im Fond des Polizeiwagens. Ich sah, wie mich der Fahrer von Zeit zu Zeit im Rückspiegel musterte. Die Leute und Häuser an der Bayswater Road zogen vorbei und waren schon so fern, als wäre ich in einem anderen Leben hier gewesen. Obwohl ich wußte, daß das Zitronenbonbon in der rechten Jackentasche war, griff ich in die linke. Dann fischte ich es aus der rechten, drehte das Papierchen auf, steckte das Bonbon in den Mund und begann zu lutschen. Im Vernehmungszimmer, wo Holgers Englischlehrbuch mit dem Humpty-Dumpty-Gedicht, sein Paß auf den Namen Gerstenbach und meine Pistole auf dem Tisch lagen, schluckte ich es. Im selben Moment wußte ich, daß ich die Waffe in der Schmutzwäsche versteckt hatte und sie Holger verhaftet hatten, als er die Wäsche wieder abholen wollte. Mir war klar, daß ich nun das Gegenteil dessen tun mußte, was sie erwarteten und nicht hoffen durfte.

Das Fenster war vergittert und auf der Earl's Court Road rollte der Verkehr vorbei. Hinter dem Schreibtisch hing das Bild der Königin. Das Gesicht des Kommissars war rot und voll, die Haare schwarz und auf der großporigen Nase wuchsen ein paar Borsten.

»Oh, das ist ja meine Pistole«, sagte ich und griff danach.

Er legte die Hand darauf.

»Vorsicht, sie ist geladen«, sagte ich.

»Wissen Sie nicht, daß in England Waffen verboten sind?«

»Of course«, sagte ich, »aber ich habe vergessen, sie zu Hause zu lassen.«

»Mr. Gerstenbach hat sie in die Wäscherei gebracht.«

»Wenn ich das gewußt hätte, hätte ich sie herausgenommen.«

»Tatsächlich«, sagte er.

»Ja«, sagte ich. »Ich hätte sie bestimmt herausgenommen.«

»Wofür brauchen Sie denn eine Pistole?«

»Die hat mir meine Mutter geschenkt«, sagte ich, »weil ich gut gespielt habe.«

Er schaute mich an, wartete und da wußte ich, daß an meiner Stelle bereits ein anderer saß. Er war mit ein paar Sätzen aus mir hervorgekrochen. Er hatte Angst und verstand nicht, was geschehen war. Auch begriff er die Ironie des Kommissars nicht und daß er einer Straftat wegen auf einem Polizeirevier saß. Schließlich hatte er seine Pistole nur versehentlich in der Schmutzwäsche versteckt und sein Freund sie dummerweise in die Wäscherei gebracht. Nun wußte er nicht, wie er das dem Kommissar erklären sollte. Ich stand neben ihm und fing an eine Geschichte zu schreiben, ein Theaterstück. Auf der Bühne stand ein Schreibtisch, auf dem eine Pistole lag, und dahinter hing ein Bild ihrer Majestät.

»Schubert«, sagte der andere, weil der Kommissar begreifen wollte.

Aber der sah ihn nur an.

»Mit meiner Schwester.«

Aber der Kommissar begriff immer noch nicht.

»Die Winterreise. Meine Schwester hat schon einmal in der Prince Albert Hall gesungen. Hier in London. Meine Schwester singt sehr schön.«

Aber das wollte der Kommissar sicher nicht wissen.

Deshalb wußte der andere nicht mehr, was er noch sagen sollte.

»Und da hat Ihnen Ihre Mutter eine Pistole geschenkt?«

»Mein Vater hatte zwei«, sagte der andere. »Aber er kriegt jedes Jahr eine neue, weil er viel schießt.«

»Ja«, fragte der Kommissar.

»Er schießt besser als ich«, sagte der andere. »Wir schießen zusammen. Aber er schießt schon deshalb besser als ich, weil er viel öfter schießt.«

»Worauf?« fragte der Kommissar.

»Auf Zielscheiben«, sagte der andere, »aber einmal hat er auch auf einen Mann geschossen.«

Der Kommissar sah ihn an, rieb sich die Nase und versuchte immer noch zu verstehen, aber er verstand immer weniger.

»Er hat nicht getroffen«, sagte der andere. »Es war dunkel. Aber gekriegt hat er ihn trotzdem. In Deutschland gibt's viele Kriminelle.«

Nun begann der Kommissar zu begreifen und mit jeder Frage, die er stellte, wurde das Bild des Puzzles deutlicher. Nur wußte er nicht, daß er auf einer Bühne saß und seine Aufgabe darin bestand, die Geschichte vom Sohn des Münchner Polizeidirektors Lugmeier aufzulösen. Dabei war sie einfach. Lugmeier hatte seine Schwester auf dem Klavier begleitet, als sie zum 25jährigen Dienstjubiläum ihres Vaters die Winterreise von Schubert sang und Polizeipräsident Schreiber dem Vater die goldene Verdienstmedaille überreichte. Dann schenkte die Mutter dem Sohn die alte Pistole des Vaters, er jedoch vergaß sie aus dem Handschuhfach zu nehmen, als er mit seinem Bekannten nach England fuhr, um ihm in London zur Seite zu stehen, während dieser zur Schule ging und das Humpty-Dumpty-Gedicht lernte. Der Kommissar brauchte lange bis er die Zusammenhänge erkannte. Nur der andere begriff am Ende immer noch nicht, weshalb er die Pistole in der Wäsche vergessen hatte.

»Ich hätte sie einfach wieder mit nach Deutschland genommen«, sagte er.

Sie lag auf dem Tisch, schwarz, handlich, ein Mordinstrument, auch wenn sie zum Schutz vor deutschen Kriminellen diente. Und daneben das Buch mit dem Humpty-Dumpty-Gedicht und der Paß auf den Namen Gerstenbach.

»Ist das Mr. Gerstenbach?« fragte der Kommissar.

»Ja«, sagte der andere und warf nur einen Blick in den Paß.

»Ist er ein wenig dumm?« fragte der Kommissar.

»Ich versuch ihm zu helfen«, sagte der klavierspielende Trottel seines Münchner Kollegen.

»Deswegen sitzt er in einer Zelle«, sagte der Kommissar.

»Wenn mein Vater das erfährt!« entfuhr es dem Trottel.

Der Kommissar mußte keine Angst haben, belogen zu werden, denn wenn die Geschichte erfunden war, würde er es herausfinden. Er hatte an die deutsche Botschaft und Interpol telegraphiert. Es war längst dunkel draußen und der Verkehr auf der Earl's Court Road hatte nachgelassen. Der Kommissar ging nach nebenan und ein Beamter stellte dem anderen eine Tasse Kaffee auf den Tisch. Der rührte darin, trank kleine Schlückchen und studierte das Bild der Königin. Er war ein unglücklicher Jammerlappen.

Ich hoffte den ganzen Abend nicht. Es gab keinen Grund. Auch nicht als die deutsche Botschaft die Gültigkeit der Pässe bestätigte. Die Interpol-Zentrale wußte zwar nicht, wer Gerstenbach war, aber meinen Namen kannten sie. Sie ließen sich Zeit in Paris. Um zwölf, eine Viertelstunde vor Dienstschluß, war noch immer keine Nachricht eingetroffen. Nun mußte mich der Kommissar bis zur Klärung am nächsten Morgen in eine Zelle stecken.

»The bloody French«, sagte er zu einem Kollegen und führte mich die Treppe in den Keller hinunter. Es roch nach Kalk und Desinfektionsmittel. Die Zellentüren waren grau gestrichen und im Vorraum stand ein Tisch, auf dem Holgers Gürtel und Schnürsenkel lagen. Sein Gesicht war blaß, als ihn der Kommissar aus der Zelle ließ.

»Du kannst nach Hause gehen«, sagte er.

Dann sperrte er mich in die Zelle. Auf dem Boden befand sich eine Matratze und die Wände waren mit dunkelgrüner Ölfarbe gestrichen. Der Kommissar warf noch einen Blick durch den Spion, bevor er mit Holger die Treppe hochstieg, aber dann kam er wieder herunter und schloß die Tür auf. Er wollte es nicht. Er war wütend, weil er es tat, aber ich bin sicher, daß er zufrieden nach Hause fuhr.

»Du bist morgen um zehn auf dem Gericht«, sagte er.

»Yes, Sir«, sagte der Trottel.

»Ich behalte deinen Paß. Die Pistole ist eingezogen.«

»Of course, Sir«, sagte er.

»And don't be late!«

»No, Sir«, antwortete der andere, »certainly not. Thank you, Sir.«

Auf dem Weg nach Bayswater sprachen wir kein einziges Wort. Erst als wir die Taschen packten, schrie er los.

»Du baust Scheiße! Du hast die Tüte in den Schrank gestellt. Du säufst dich voll, weil du kein Geld mehr hast. Du hast Karo mit reingenommen! Ich hätte mich nicht mit dir einlassen sollen!«

Mir fiel keine Antwort ein. Er zerrte Taschen und Koffer in den Flur und riß die Haustür auf, dann liefen wir zur Bayswater Road und nahmen ein Taxi.

»Morgen sind unsere Fotos in der Zeitung«, sagte er. »Dein Paß ist weg und der von Gerstenbach taugt nichts mehr. Wir müssen zurück und neue besorgen.«

Ich trennte das Futter der Tasche auf und steckte den Ausweis mit dem Bild ein, das keine Ähnlichkeit mit mir hatte. Wir warteten in Heathrow, bis es Morgen wurde, und weil das erste Flugzeug nach Frankfurt ging, lösten wir Tickets dorthin. Während des Flugs redeten wir nicht. Holgers Gesicht war hart geworden nach zwölf Stunden Zelle und in dem Café neben der Katharinenkirche legte er los, als hätte er die einzelnen Punkte auf einem Zettel notiert.

»Ich hab keine Lust, wie ein Hase übers Feld zu rennen«, sagte er. »Ich besorg Papiere und geh nach Australien. Ich trenn mich von dir.«

»Die Pässe werden teuer.«

»Ich mach eine Tauchstation auf. Wenn die Sache verjährt ist…«

»Das dauert«, sagte ich.

»Laß uns das klarkriegen«, sagte er. »Ich kann mich verstecken, so daß mich keiner findet. Ich fall nicht auf, denn ich bin nicht wie du. Ich will endlich normal leben. Frau, Haus, basta. Ich wollte schon mit Dimitri und Hans-Georg nicht mehr. Mir reicht das Geld, das ich hab.«

»Biggs haben sie auch in Australien aufgestöbert«, sagte ich.

Er ging zum Angriff über.

»Wieviel bleibt dir, wenn die Pässe bezahlt sind?«

»50 000«, sagte ich.

»Das reicht kein Jahr, so wie du lebst.«

»Wenn du nur eine Frau und eine Tauchstation willst«, sagte ich, »hättest du keinen Transport überfallen müssen.«

»Du hast mich zweimal in die Scheiße geritten«, sagte er, »mit Karo und gestern wieder.«

»Ich hab dich auch wieder rausgeholt«, sagte ich.

Er lachte, aber es klang nicht gut.

»Hier rollt das Geld durch die Straßen«, sagte ich. »Wer weiß, wie lange es dauert, bis die Pässe kommen. Wir können nochmal was drehen, ein letztes Mal.«

»Ich fahr nach München«, sagte er.

Ich sah ihm nach, wie er über die Hauptwache Richtung Bahnhof ging, zügig und ohne sich umzudrehen, als wäre er verabredet im Firmenkontor.

neun

Ich fühlte mich unsicher in Frankfurt. Da ich befürchtete, erkannt zu werden, kaufte ich eine große Sonnenbrille, hinter der ich mich verstecken konnte. Es war Sommer, in den Straßen drückte die Hitze und die Zeil mit ihren Geschäften wirkte wie ausgestorben. Aus den Unterführungsgängen der Hauptwache schrammelte eine Gitarre und auf dem Main kämpfte ein Binnenschiff gegen die Strömung an. Vom Eisernen Steg wanderte ich zur Kaiserstraße, die Fenster der Bars und Nachtclubs waren verstaubt und die Plastikherzen ausgeblichen. Ich mochte die Stadt nicht. In der Taunusanlage setzte ich mich auf eine Bank und sah zu, wie ein Parkwächter mit einer Latte Tauben erschlug. Am Taunustor toste der Verkehr. Ich dachte an mein Geld, die Pässe und fühlte mich elend. Gestern hatte ich versucht, Holger zu einem Coup zu überreden, aber ich glaubte selbst nicht dran.

Die gläsernen Türme der Banken standen wie Titanen da, nur die Commerzbank duckte sich. Dort oben, dachte ich, sitzen Direktoren, und stellte mir kühle Büros mit glänzenden Schreibtischen vor, wie ich sie in einem Film gesehen hatte. Aufzüge, die hinauf- und herunterfahren, einen Mann im Anzug, der ans Fenster tritt, runterschaut und einen sieht, der auf einer Parkbank sitzt.

Ein Mercedes rollte vor die Einfahrt der Dresdner Bank. Der Chauffeur hielt die Türen auf. Obwohl es heiß war, trug er ein schwarzes Jackett und eine Mütze. Zwei Herren stiegen ein. Dann fuhr die Limousine um den Block, hielt an der Ampel und verschwand um die Ecke.

Wenig später stoppte ein Geldtransporter. Blau, eckig und schwer, glich er jenem, den ich überfallen hatte. Gleich darauf kam der nächste und dann wieder einer. Ich begann mitzuzählen. Als der fünfte an der Ampel hielt, ging ich in die Richtung, aus der sie kamen.

Das Gebäude an der Ecke war grau und mächtig und dahinter ragten die Türme der Deutschen Bank in den Himmel. Auf dem Parkplatz standen Geldtransporter und auf der Treppe zum Portal zwei Polizisten. Ich beobachtete sie und merkte, daß sie nicht darauf achteten, wer das Gebäude betrat.

An den Polizisten vorbei stieg ich die Stufen hoch. In der Vorhalle sah es aus wie in einem Bahnhof um Mitternacht, nur daß die Männer, die aus einer Seitenhalle kamen, Geldkoffer trugen. Andere saßen auf einer hölzernen Bank und warteten, bis sie an die Reihe kamen. Hinter den Schaltern standen Angestellte in grauen Kitteln und packten die Banknotenziegel auf den Tresen, als wären es Konservendosen. Hinter ihnen türmte sich eine Mauer aus Geld auf. Sobald eine Lücke entstand, schoben andere Wägelchen heran und schlossen sie mit frischen Packen.

Ich setzte mich ans Ende der Bank und es kam mir vor, als trüge ich eine Tarnkappe. Doch während ich langsam aufrückte, bekam ich Angst, einer könnte bemerken, daß ein falscher Fuffziger zwischen den Männern mit den Koffern sitzt. Ich stand auf, verließ die Landeszentralbank und lief zum Bahnhof, wo ich auf den Zug aus München wartete, mit dem Holger kam. Ich wußte, was ich ihm sagen mußte.

Hoffentlich, dachte ich, bringt er schon Pässe mit, aber als er aus dem Zug stieg und den Kopf schüttelte, war mir klar, daß er mit leeren Händen kam.

»Gerstenbach ist verhaftet worden«, sagte er. »Er behauptet, er hätte den Paß nicht vermißt, sie mußten ihn wieder laufen lassen. Jetzt haben sie alle Angst, uns zu helfen, und die aus der Botschaft wollen nochmal zehntausend Vorschuß.«

Er wirkte niedergeschlagen.

»Über kurz oder lang zeigen sie unsere Gesichter in XY«, sagte er. »Vielleicht krieg ich in ein paar Wochen Pässe von Bekannten. Sie überlegen sich's noch.«

»Ich war in der Landeszentralbank«, sagte ich. »Von da wird das Geld geholt. Wir müssen ihnen nur folgen und einen finden, den wir überfallen können. Dann ist es egal, ob die Pässe dreißig- oder sechzigtausend kosten.«

»Verfluchter Mist«, sagte er.

»Sieh's dir an«, sagte ich. »In der Scheiße sitzen wir eh.«

Holger ging alleine zur Landeszentralbank und tauschte dort einen zerrissenen Hundertmarkschein um, während ich im Café Nizza am Main saß und die vorbeifahrenden Schiffe verfolgte. Es war heiß und drückend und das Wasser, in dem die Schiffsschrauben wühlten, dreckig und braun. Ich befürchtete, Holger würde wieder den Kopf schütteln und sagen: »Dort geht es nicht.« Doch als er kam, hatte er den Grauen bereits entdeckt.

»Ich wollte schon gehen, da hab ich ihn gesehen«, sagte er. »Sie sind die Neue Mainzer entlanggekommen, haben nicht vorm Portal gehalten, sondern auf der Rückseite der Bank. Ich hab sie von der Straßenbahnhaltestelle aus beobachtet. Zwanzig Minuten später sind sie wieder rausgekommen. Du erkennst sie nicht. Der Ford ist grau. Sie fahren zur Dresdner Bank.«

Ich konnte mich nicht an die Einfahrt erinnern, aber von der Straßenbahnhaltestelle aus sah ich sie. Auf der Rückseite des Gebäudes befand sich eine Rampe, an der ein paar Autos standen. Zur Taunusanlage hin waren an einem Maschendrahtzaun Sichtblenden aus Strohmatten befestigt. Wir gingen zur Dresdner Bank. Und von der Neckarstraße aus entdeckte auch ich den Grauen. Er parkte im Innenhof.

»Die Geldkoffer haben im Fond gestanden«, sagte Holger.

»Wieviele?«

»Vier.«

»Fünf Millionen?«

»Mehr. Sechs bis acht.«

»Glaub ich nicht.«

»Hier ist die Zentrale«, sagte er. »Sie holen das Geld für die anderen Bankfilialen. Morgen ist Zahltag. Am Monatsende der nächste. Wir schauen uns an, wie's läuft.«

Er hatte angebissen.

Noch konnte ich nicht glauben, daß sie die Millionen einfach so durch die Straßen karrten, aber Ende Juli sah ich, wie der Ford mit vier Männern besetzt zur Landeszentralbank fuhr. Um neun Uhr morgens kam er aus dem Hof der Dresdner Bank, umrundete das Gebäude und tauchte kurz darauf in der Neuen Mainzer auf. Ein Stück mußte er wieder zurück, bevor er in der Hintereinfahrt verschwand. Als der Wagen an einer Ampel wartete, überquerte ich die Straße und prägte mir die Gesichter der Männer ein.

Der Fahrer hatte einen kahlen Kopf und ein kantiges Kinn. Ein anderer hatte das Haar so gekämmt, daß es die Glatze verdeckte. Der hinter ihm saß vornübergebeugt und stierte zur Ampel. Er war dürr und sein Gesicht zerfurcht, während der daneben zusammengekauert ins Leere schaute. Ihre Anzüge waren grau wie das Auto und die gesprenkelten Koffer aus Pappe im Fond des Wagens. Hinter ihrer Tarnung spürte ich die Anspannung und daß sie weiter wollten. Ich sah, wie sie in der Hintereinfahrt der Bank verschwanden, und als sie zwanzig Minuten später wieder herauskamen, mußte ich mich beherrschen, nicht zur Ampel zu gehen.

»Ich zeig dir, wo wir sie schnappen können«, sagte Holger.

Von da an sah ich mich wieder warten, mit der Maschinenpistole in der Tasche. Ich war gerade vierundzwanzig geworden. Wenn es klappt, dachte ich, bin ich bald Millionär.

Holger hatte bereits die Stelle herausgefunden, wo wir sie angreifen konnten. Sie lag in der Neckarstraße kurz vor der Einfahrt in den Innenhof der Dresdner Bank. Daneben ragte das Gebäude auf, ein gläserner Turm mit unendlich vielen Stockwerken, während auf der anderen Straßenseite ein Verwaltungsgebäude stand. Hinter den hohen Fenstern im ersten Stock bewegten sich Angestellte, vor einer zweiten Einfahrt saß ein Portier in einer gläsernen Loge und am Ende der Neckarstraße wühlten Baumaschinen.

»Ich stell mich mit dem Porsche in die zweite Reihe«, sagte Holger. »Wenn sie einbiegen, stoß ich zurück und blockier die Einfahrt. Dann greifst du an.«

Ich sah am Bankgebäude hoch. Es kam mir wie ein Riese vor, der nur einen Schritt zur Seite tun mußte, um mich zu zertreten. Der Bürgersteig war mit Betonplatten gepflastert.

»Der Pförtner wird sofort die Polizei alarmieren«, sagte ich.

Holger schwieg. Wir gingen an den Baumaschinen vorbei ans Ende der Straße und bogen nach rechts in die Weserstrasse ein, die eine Einbahnstraße war. Der erste Teil des Fluchtwegs war vorgegeben. Neckarstraße. Weserstraße. Dann kam auf der Gegenfahrbahn Verkehr, dicht und zäh, bis die Ampel auf Grün sprang. Holger schaute auf die Uhr und stoppte die Rotlichtphase.

Holger drückte wieder die Stoppuhr, als die Ampel auf Grün sprang. Dann gingen wir zur Einfahrt in den Innenhof der Dresdner Bank zurück.

»Zwanzig Sekunden bis hierhin«, sagte er.

Zwei, drei, vier, zählte ich lautlos.

»Jetzt springt die Ampel auf Rot.«

Neunundreißig, vierzig.

»Jetzt auf Grün.«

»Wir haben für den Überfall und den Weg zur Ampel zwischen vierzig Sekunden und einer Minute fünfunddreißig Zeit.«

»Das ist enger als mein Schuh«, sagte ich.

Er studierte den Stadtplan und so sah verbissen aus, als feilte er einen Schlüsselrohling zurecht. Der Graue hatte ihn scharf gemacht.

»Die Säcke denken, man kriegt sie nicht«, sagte er.

Wir gingen weiter zur Mainzer Straße. Der Verkehr floß wieder dicht von beiden Seiten. Wir könnten nur rechts abbiegen und von Ampel zu Ampel fahren, während vom Platz der Republik die Polizeiwagen kämen.

»Wir müssen über die Mainzer«, sagte er. »Und im Westend eine Finte schlagen. Fangen wir an?«

Ich schluckte.

»Ja«, sagte ich und sah die Stelle vor mir, an der ich mit der Maschinenpistole warten würde.

Seit der Ankunft in Frankfurt hatten wir in einer Pension gewohnt. Jetzt mieteten wir eine Wohnung in Niederrad in der Goldsteinstraße. Sie hatte zwei Zimmer und einen Balkon, der auf einen Hinterhof ging, in dem die Mülltonnen standen. Als wir einzogen, bewegten sich in den Fenstern des Nachbarhauses die Tüllgardinen und neugierige Nasen spitzten hervor.

»Die wollen wissen, wer wir sind«, sagte Holger. »Wahrscheinlich halten sie uns für Terroristen.«

Am nächsten Tag kauften wir einen Capri mit zerschlissenen Sitzen. Auf dem Weg in die Stadt sah ich an einer Baustelle Männer mit Messlatten und Justiergerät. In der Nacht brachen wir den Bauwagen auf und stahlen die Ausrüstung der Vermesser. Wir stellten uns damit in die Goldsteinstraße und probierten sie aus. Bald darauf fragte mich die Verkäuferin in der Bäckerei: »Was vermessen Sie denn?«

»Grundstücke«, antwortete ich. »Wir sind auf Montage.«

»Ach ja, Grundstücke«, erwiderte sie.

Damit uns das ZDF mit *Aktenzeichen XY* keinen Strich durch die Rechnung machen konnte, besorgten wir ein tragbares Fernsehgerät, mit dem wir von da an einmal im Monat auf einer Waldlichtung saßen und die Sendung verfolgten. Dann stand auf dem Rücksitz das Notgepäck und ein Zelt.

»Wenn's hart auf hart kommt, verstecken wir uns vier Wochen in einem Naturschutzgebiet und suchen dann einen neuen Standort.«

Einen Nachmittag lang suchten wir die Straßen im Westend ab. Aber mit seinen Häusern und Garagenhöfen schloß es sich wie eine Falle an den Bankenbereich. Es war, als hätten Städtebauer zu verhindern versucht, daß wir den Grauen überfallen. Keinem von uns fiel eine Finte ein. Am Abend standen wir vor der Karte, die Holger an die Wand geheftet hatte.

»Bis wir die Koffer umgeladen und den Wagen gewechselt haben, ist das Viertel umstellt«, sagte ich. »Dort suchen sie zuerst.«

»Mir fällt bestimmt noch was ein«, erwiderte er. »Oder willst du nicht mehr?«

»Doch«, sagte ich.

»Dann laß uns den Überfall vorbereiten. In vier Wochen kommt wieder XY.«

Um die Millionen für lange Zeit vergraben zu können, kauften wir sechs große verschraubbare Plastikbehälter. In der Nacht darauf schnitt ich TÜV- und Zulassungsstempel aus den Nummernschildern abgestellter Autos, während Holger Schmiere stand. Mit einer Rasierklinge trennte er sie mit dem Lack ab, ohne daß sie in die vorgestanzten Einzelteile zerfielen. Dann begannen wir, Porsches zu suchen. Wir entdeckten erst einen grünen, dann einen orangefarbenen, knackten die Ausstellfenster, schnitten die Schlösser aus den Handschuhkastendeckeln. Mit einer Schublehre vermaß Holger die Höhen der Sicherungen in den Zylindern und feilte Rohlinge für die Zündschlösser zurecht.

»Komm«, sagte er, »bevor es hell wird«, und lief schon die Treppe hinunter zum Capri. Im Auto sagte er: »Wir können das Geld erst holen, wenn Gras über die Sache gewachsen ist.«

»Mit einem Schiff«, schlug ich vor. »Von Mexiko aus.«

»Wir müssen es noch in der Nacht nach dem Überfall vergraben. Es muß schnell gehen. Acht Millionen sind viel und das Versteck darf nicht so weit weg sein und nicht zu nah an Frankfurt liegen. Die vermuten uns hier. Vielleicht suchen sie den Stadtwald mit Sonden ab. Am besten ist ein Naturschutzgebiet.«

Als wir zwei Tage später Richtung Mainz zum Kloster Eberbach fuhren, war ich froh, aus Frankfurt rauszukommen. Die Hundstage hatten angefangen, die Spitzen der Bäume waren schon gelb und der August flimmerte über den Schieferdächern der Klostergebäude. In der Gaststätte gab es frische Forellen und Wein. Wir aßen dort, dann marschierten wir über einen Schotterweg durch die Wälder des Maingaugebirges. Gegen Abend kehrten wir auf einem Pfad zurück, den seit langem niemand gegangen war. Er verschwand im Gestrüpp und ich entdeckte einen Pfeiler und ein Eisentor, das verrostet nur noch an einer Angel hing. Dahinter lagen überwachsen die Gräber eines aufgegebenen Friedhofs. Die Steine waren umgestürzt, die Inschriften verwittert, aber die der Elisabeth Geiger konnte ich lesen. Sie war 1919 gestorben. Ich hob den Stein hoch und ließ ihn wieder ins Bett plumpsen. Dann kehrten wir zum Auto zurück, holten Schaufel und Spaten und versteckten sie hinter einem Gebüsch.

»Wir müssen zwei- oder dreimal gehen mit dem Geld«, sagte Holger.

»Erst müssen wir einen Weg finden, um wegzukommen«, sagte ich.

»Ich find einen«, sagte er.

Aber wir fanden keinen Weg.

Nachdem wir eine Woche lang das Westend abgefahren waren, standen wir wieder vor dem Stadtplan an der Wand.

»Wir kommen nicht raus«, sagte er und kreuzte das Westend auf der Karte durch. Aber so blieb nur noch der Bankenbereich.

»Laß uns nochmal hinfahren«, sagte er.

Wozu, dachte ich. Ohne Westend war der Bereich auf wenige Straßen beschränkt. Ich kannte sie auswendig. Die Weserstraße bis zur Mainzer Landstraße, die Querstraßen Taunus- und Niddastraße, von denen die erste zum Bahnhof führte, während die andere den Kreis noch enger zog. Holger fuhr über das Lenkrad gebeugt von der Einfahrt zur Dresdner Bank und später durch den Haken der Marienstraße zur Einfahrt zurück. Es war schon dunkel und der Verkehr dünn. Hoffte er, daß die Ampeln plötzlich anders sprangen? Eine Einbahnstraße in die andere Richtung verlief oder er eine neue Toreinfahrt entdeckte? Er kam nicht los von den Koffern. Um nicht aufgeben zu müssen, fuhr er weiter im Kreis. Schließlich hielt er an und starrte vor sich hin. Im selben Moment wußte ich, daß wir den Fluchtweg schon hatten. Auf einmal war die Hütte im Torfareal wieder da, der Zug, die Diesellok, wie sie kamen, ausschwärmten und die Wälder und Berghänge absuchten, während ich in der Hütte saß.

»Es geht ganz einfach«, sagte ich. »Wir müssen zum Tatort zurück. Dort suchen sie nicht.«

Es waren vier Wochen vergangen, bis wir das Schlupfloch entdeckt hatten. Am selben Abend stand der Plan fest. Wir würden im Haken der Marienstraße den Wagen wechseln, die Koffer umladen und zurückfahren, vorbei am Ort des Überfalls, in die entgegengesetzte Richtung zum Parkhaus am Main.

»Ich hab das schon mal gemacht«, sagte ich.

»Den nächsten Transport greifen wir an« sagte er.

Ich wußte, daß er gern selbst drauf gekommen wäre.

Es war Ende August, als er mit dem Zug nach München fuhr und von dort die Waffen brachte. Eine russische PPSH aus dem Weltkrieg, mit Bananenmagazin und Holzgriff, eine 45.er Government und eine 357er Magnum. Sie sahen wie neu aus und die scharfgezogenen Seelen der Läufe waren makellos. Aus Paris waren noch immer keine Pässe gekommen. Aber ein Bekannter hatte Holger zwei andere besorgt. Er gab mir einen. Der Inhaber hieß Karl Putzl, war dreißig Jahre alt und Elektroingenieur. Auf dem Bild trug er einen Kinnbart, unter Augenfarbe stand braun und die Haare waren dunkel.

Mitte September stellten wir im Bankenviertel die Porsches ab. Dann liefen wir zurück am Main entlang und durch Schrebergärten. Es war schon kühl und wie vor dem Überfall in München war auch die Angst wieder da. Ich legte Brille, Jacke und Mütze zurecht und packte die Maschinenpistole in die schwarze Tasche. Nachts lag ich wach und hörte, wie Holger auf und ab ging. Es geht ihm nicht anders als mir, dachte ich und sah die Etappen vor mir, die Einfahrt zur Bank, den Haken, wo wir umladen und das Auto wechseln würden, das Parkhaus am Untermainkai. Ich sah, wie der Graue die Hintereinfahrt der Landeszentralbank verläßt, in den Sitzen des Fonds versunken die Männer und den Fahrer mit dem kahlen Kopf und dem kantigen Kinn. Die Stunden schlichen und ich schwitzte. Als wir ins Bankenviertel fuhren, war es noch dunkel und die Straßen waren leer. Auf dem Main stand Nebel und die ersten Schiffe sahen aus, als hätten sie sich in der Stadt verirrt. Die Türme der Banken steckten in Dunst und Dunkelheit. Noch war die Pförtnerloge unbesetzt und auf der Baustelle träumten eiserne Maschinen. Ich merkte wieder, wie sich die Zeit dehnte, als das Warten begann. Allmählich wurde es hell in der Stadt. Dann setzte der Berufsverkehr ein und aus den U-Bahnschächten quollen die Menschen. Doch um viertel nach acht waren die Straßen wieder leer und nur eine Angestellte tippelte noch über den Bürgersteig. Bald darauf verließ der Graue die Dresdner Bank. Ich sah, wie er die

Schleife zur Landeszentralbank fuhr. Dort kam mir Holger entgegen.

»Sie haben sechs Koffer im Wagen«, sagte er. »Aber greif nur an, wenn er als erster an der Ampel stehenbleibt, sonst reicht die Zeit nicht für den Überfall.«

Ich sah, wie er zum Porsche an der Ecke zur Taunusanlage ging, Mütze und Sonnenbrille aufsetzte, während der Graue in der Einfahrt der Landeszentralbank verschwand. Ich stellte mich an die Ecke zur Neckarstraße und beobachtete, wie die Lichter der Ampel sprangen. Ich hoffte, der Graue bliebe als erster davor stehen. Doch als sich der Verkehr staute, wünschte ich mir, sie kämen gerade jetzt aus der Bank und der Überfall verzögerte sich. Am Ende der Neckarstraße ratterten und quietschten die Baumaschinen und wieder war da grau der Beton vor der Einfahrt, während die Angst sich wie eine Zündschnur durch die Minuten fraß. Dann schob sich der Graue heraus und hielt am Ende der Schlange. Ich war erleichtert, auch wenn ich nun umsonst gewartet hatte.

Wir stellten die Porsches alle vierzehn Tage ins Bankenviertel und warteten darauf, daß der Graue ganz vorne hielt. Manchmal transportierten sie drei, manchmal fünf Koffer voll Geld. Es hing davon ab, wie die Zahltage fielen. Da ich nicht wußte, wie ich das Bild Karl Putzls gegen meines austauschen konnte, kaufte ich braune Kontaktlinsen, die die Iris bedeckten. Ich überredete Holger, nach Mexiko zu gehen.

»Dort findet uns keiner«, sagte ich. »Ich hab viel darüber gelesen. Das Land ist sicherer als Australien. Die Polizei ist korrupt, das erleichtert das Leben und wir können uns tolle Waffen kaufen.«

Als im ZDF gefahndet wurde, warteten wir wieder mit Fernseher, Waffen und Notausrüstung im Stadtwald. Dorthin lief ich auch, wenn ich nicht schlafen konnte. Ich folgte dem Schäfersteinpfad, der von Oberrad aus durch den Forst verlief. Es dauerte Stunden, bis ich ans Ende kam. Dort stand eine Bank, neben der aus dem Boden ein Stempen ragte, in welchen geschnitzt war: WEIHNACHTSMANN. Die Wohnung war eng geworden, oft wartete ich auf den Morgen und daß ich müde würde, doch sobald ich im Bett lag und die Augen schloß, sah ich, wie der Graue vorne an der Ampel hielt. Dann stand ich auf und lief erneut durch den Wald.

Du hast Schiß, sagte ich mir. Du scheißt dir in die Hose. Aber mehr als draufgehen kannst du nicht. Ich steckte die Magnum in den Hosenbund. Sie war schwer und störte beim Gehen. Im Stadtwald war es so dunkel, daß ich manchmal vom Pfad abkam und gegen Bäume stieß. Dann lief ich ein Stück an der Autobahn entlang, bevor ich den Pfad wiederfand. Ich setzte mich auf die Bank neben den Pfosten. Von der Ausfahrtstraße her war das Rauschen des Verkehrs zu hören. Es war kurz vor drei und ich dachte, du mußt die Angst erschießen. Ich nahm den Revolver in die Hand und zielte ins Dunkle. Die Angst steckt in dir, dachte ich und nahm bis auf eine die Patronen aus der Trommel. Dann drehte ich sie. Ich stellte mir den Tod als Knall vor, der ein Loch in die Nacht reißt. Und dahinter einen dunklen Kontinent, durch den meine Großmutter wandelt. Vielleicht, dachte ich, läuft der weiße Hund vor ihr und in der Kanne klappert das Messer. Die Kugel steckt sicher im Lauf, sagte ich mir, ganz sicher. Ich wollte nachsehen, doch stattdessen steckte ich den Lauf in den Mund. Ganz sicher, dachte ich nochmal und drückte ab. Es klackte nur. Aber auf einmal war ich müde, legte mich auf die Bank, schlief und wachte erst auf, als der Morgen graute. Ich fühlte mich ruhig und sicher und als ich zur Wohnung lief, war die Angst verschwunden. Ich bin stärker, dachte ich, doch dann fiel mir ein, daß ich nur eine Patrone aus der Trommel hätte nehmen dürfen. Ich stellte mich vor die Stadtkarte und nun war auch die Angst wieder da.

Inzwischen war es Herbst geworden. Es war kalt, als wir am Abend vor dem 30. Oktober wieder die Porsches stellen wollten. Auch regnete es leicht und durch die Vorstadtstraßen pfiff der

Wind. Ich schlug den Kragen hoch und zog die Mütze in die Stirn, dann überquerte ich die Straße, in der der gelbe Porsche stand. Dabei sah ich, daß am Armaturenbrett eines Wagens dahinter ein rotes Lämpchen brannte, und erkannte auf dem Beifahrersitz schemenhaft einen Mann. Auch Holger bemerkte das Lämpchen, er ging hinter mir her und als ich am Porsche vorbei war, holte er auf. Ich zwang mich, ruhig weiterzugehen, und spähte in Gärten und Seitenstraßen. Hinter den Fenstern der Einfamilienhäuser flimmerten Fernsehgeräte und im Licht der Bogenlampen flog Regen. Die Straße war leer, die Gärten abgeerntet und die Bäume kahl. Irgendwo lauerte die Polizei, ich spürte sie, wie man kommendes Unheil spürt. Kaum glaubte ich, wir wären außer Gefahr, rollte ein mit vier Männern besetzter BMW aus einer Seitenstraße, er fuhr langsam neben uns her, zwanzig, dreißig Schritte weit. Ich atmete nicht. Ich ging. Ich ging weiter. Ich ging und spürte, wie mein rechter Arm schwer und lahm wurde, und wußte, daß sie schießen würden, wenn ich nach dem Revolver griff. Da fuhren sie wieder an und verschwanden im Regen.

Wir bogen in die nächste Straße ab.

»Der Porsche ist verbrannt. Wären wir hingegangen, hätten sie zugeschlagen.«

»Wir müssen einen neuen klauen«, erwiderte Holger.

Die Straße war schmal und links und rechts standen Reihenhäuser. Nach zweihundert Metern machte sie eine Kurve. Dort entdeckte ich eine kleine Lederhandtasche auf dem Dach eines Alfas. Der Wagen war graugrün, hatte vier Türen und in der Tasche befanden sich die Schlüssel. Wir stiegen ein und fuhren davon. In dem Moment wußte ich, daß der Graue am nächsten Tag als erster an der Ampel stehen würde.

Ich hatte die Männer zu hassen begonnen dafür, daß sie mich seit Wochen vergeblich warten ließen. Doch am Morgen des 30. Oktober schob sich der Graue aus der Einfahrt der Landeszentralbank, kurz bevor die Ampel auf Rot sprang. Er hielt als erster davor. Ich erschrak vor dem Moment, auf den ich gehofft hatte. Der Glasturm der Bank schoß in den Himmel, dann sprang die Ampel auf Grün und der Graue fuhr an. Ein wenig zögerte der Fahrer, bevor er Gas gab, und es kam mir vor, als zuckte der Graue und schnupperte die Gefahr. Die Tasche mit der Maschinenpistole stand zwischen meinen Beinen, doch ich bückte mich erst, nachdem mein Schreck abgeklungen war. Auf der Gallusanlage rollte der Verkehr vorbei, als wäre die Stadt durch ein unterirdisches Triebwerk aufgezogen, dann rasselten die Sekunden an einer Kette entlang.

Ich sah Holger mit dem Alfa um die Ecke biegen und neben der Einfahrt zum Hof der Dresdner Bank halten. Da fuhr der Graue schon am Portal vorbei. Kurz bevor er die Neckarstraße erreichte, öffnete ich die Tasche und ging Holger entgegen. Am Ende der Straße standen Bauarbeiter und unterhielten sich, während der Pförtner in der Loge saß. Hinter den Fenstern des Verwaltungsgebäudes bewegten sich wieder Angestellte. Meine Schuhe waren so schwer, als wären sie mit Blei gefüllt. Ich blieb stehen und rührte mich nicht mehr, bis Holger zurückstieß, die Straße blockierte und der Graue nicht weiterkam. Der Fahrer ärgerte sich und die Männer auf den Rücksitzen beugten sich nach vorn und stierten auf ihn. Zwanzig Meter weiter und sie wären in Sicherheit. Sie begriffen erst, als ich die Maschinenpistole aus der Tasche riß, durchlud und mit dem Lauf gegen die Scheibe der Fahrertür stieß.

»Aussteigen!« rief ich.

Der Fahrer sackte über dem Lenkrad zusammen, drei, vier Sekunden lang. Dann sah er sich um, als wollte er aus dem Innenraum des Grauen fliehen oder als könnte ihm einer der Mitfahrer helfen. Doch die fielen in sich zusammen, sodaß sie wie leere graue Anzüge wirkten, aus denen sich Arme zum Autodach streckten. Nun erst öffnete der Fahrer die Tür und stieg aus und da stand auch Holger mit der Pistole in der Hand. Seine Stimme klang gepreßt.

»Den Schlüssel«, sagte er. »Geben Sie mir den Schlüssel!«

Ich stellte mich auf den Bürgersteig, hielt die Maschinenpistole im Anschlag und begann mich in der Hüfte wie von selbst von links nach rechts und von rechts nach links zu drehen. In mir war es kalt und ruhig geworden. Die Arbeiter standen zusammen und sahen her zu uns. Im Glashaus telefonierte der Portier und hinter den Fenstern des Verwaltungsgebäudes zogen Angestellte die Köpfe ein, als ich den Lauf der Waffe hob. Neben der Einfahrt zur Bank blieben Leute stehen. Einer löste sich aus der Gruppe, kam auf mich zu, doch als ich ihn bedrohte, trat er wieder zurück.

»Das gibt's nicht«, rief er und ging wieder auf mich zu, als wollte er sich überzeugen, daß ich da wirklich stand. Er war alt, fuchtelte mit den Armen und einen Moment lang glaubte ich, über seinen Kopf hinweg feuern zu müssen. Dann hielt ihn eine Passantin fest.

Den Polizeiwagen auf der anderen Seite der Gallusanlage entdeckte ich erst während des Angriffs. Er war plötzlich aus dem Boden gewachsen. Zwei Polizisten duckten sich dahinter und spähten herüber. Auch Holger mußte sie bemerkt haben, denn er deutete hin zu ihnen, aber dann kümmerte er sich nicht mehr darum, denn er versuchte die Heckklappe des Grauen aufzuschließen. Seine Hände zitterten, er brachte den Schlüssel nicht ins Schloß. Für ein paar Sekunden steckte die Zeit fest und raste wie ein gefangenes Insekt auf der Stelle.

»Sperren Sie auf«, sagte er zum Fahrer, gab ihm den Schlüssel und der Fahrer schloß die Heckklappe auf. Ich sah, wie Holger zwei Koffer und eine schwarze Ledertasche zum Alfa schleppte.

»Komm«, rief er mir zu. Aber wieder fiel es mir schwer, mich zu lösen von der Stelle, von der aus ich den Platz beherrschte. Ich ging rückwärts und zog etwas in die Länge, eine Blase aus Nichts, die erst platzte, als ich im Alfa saß und die Straße mit den Bauarbeitern vorbeiflog, eng und schmal, während vom Platz der Republik her schon die Sirenen schrien.

Die Mannschaftswagen der Polizei kamen schneller, als wir berechnet hatten. Obwohl mir der Überfall endlos vorgekommen war, hatte er nur fünfundvierzig Sekunden gedauert. An der Kreuzung zur Taunusstraße sprang die Ampel gerade auf Grün. Doch als wir durch die Weserstraße jagten, raste auf der Mainzer schon der erste Mannschaftswagen vorbei. Bevor wir sie erreichten, folgten zwei weitere. Wir waren bereits umzingelt und auf der Mainzer stockte der Verkehr. Eine Weile standen wir hinter einem Mannschaftswagen. Ich sah die Polizisten mit Maschinenpistolen, die auf Bankreihen unter der Plane saßen. Dann fuhr er an. Die Sirenen schrien aus allen Richtungen. Während unser Alfa wie ein Pfropf im Haken in der Marienstraße steckte, begannen hinter mir die Autos zu hupen. Mir war, als sei ich in Morast geraten oder mit einem Mantel ins Wasser gefallen, nun zog er mich hinunter und ich wurde immer schwerer dabei. Ich schrie mir lautlos Befehle zu.

Du mußt die Maschinenpistole in die Tasche packen!

Du mußt den Wagen verlassen!

Du mußt die Koffer zum Porsche tragen!

Sie waren schwerer als alle Koffer, die ich jemals getragen hatte, und während die Autos im Stau immer wilder hupten, vor und hinter mir die Sirenen immer hysterischer kreischten, schleppte ich keuchend die Millionen zum Porsche.

Du mußt die Tasche mit der Maschinenpistole holen!

Ich stieß mich selbst durch den Morast, ein Sack von einem Mann, der nicht weiter wollte. Dann stieg ich in den Porsche und Holger gab Gas. Die Autos bellten wie aufgebrachte Hunde, weil der Alfa zurückblieb und die Straße blockierte. Aber es klang wie durch Watte. Der Sitz saugte mich mit Näpfen fest und ich war schon so müde, als hätte ich Opium geraucht. Ich spürte, wie Holger Gas gab und dann wieder auf die Bremse trat, daß die Reifen quietschten. Der Verkehr kroch dickflüssig voran und staute sich an der Ampel zur Kaiserstraße. Holger starrte auf das Auto und die Ampel vor uns. Sein Gesicht wirkte wie aus Stein geschnitten. Wir waren nur noch zwanzig Schritte vom Tatort entfernt. Auf den Bürgersteigen standen Mannschaftswagen und Bereitschaftspolizisten, die ihre Waffen im Anschlag hielten. Aber sie richteten die Läufe an uns vorbei und schauten ins Leere.

Vor der Einfahrt stand der Graue, die Heckklappe war immer noch offen und der Fahrer zeigte in die Richtung, in die wir geflüchtet waren. Die Bauarbeiter wiesen nach hier und nach dort, eine blaue Rotte, die auf Regieanweisungen hoffte. Der Portier hielt die Mütze in der Hand, obwohl keine Limousine die Bank verließ. Aus der Einfahrt kam ein Anzug geschwankt und umkreiste den Grauen, während der Alte von vorhin noch immer mit den Armen fuchtelte, als jagte er Schmetterlinge.

Vielleicht stand ein Kobold irgendwo, nur sah ich ihn nicht. Vielleicht war er schon zum Main geflitzt, im Parkhaus die Betontreppe hochgesprungen und wartete, bis der Porsche kam, wir im dritten Stock einen Parkplatz fanden und ich die Koffer zum Treppenhaus trug. Wahrscheinlich hatte er einen Heidenspaß mit uns, wie schon in der vergangenen Nacht, als er die Handtasche auf das Dach des Alfas gelegt hatte, und vielleicht hatte er auch deshalb diese Pappkoffer ausgesucht, die bei Neckermann neunzehnneunzig kosteten. Als ich zur Treppe ging, stellte er mir ein Bein, ich stolperte und sah, wie der Koffer aufplatzte und die Banknotenziegel die Treppe hinunterpurzelten. Dann hüpfte ich dem Geld hinterher und während irgendwo Absätze klapperten, raffte ich es schnell wieder zusammen.

Als wir das Parkhaus verließen und über die untere Mainbrücke fuhren, hörte ich den Kobold kichern und verfluchte seine Tricks.

zehn

EINEN GANZEN MONAT NOCH HOFFTEN WIR auf Pässe aus Paris, aber da sie nicht kamen, besorgten wir mit den anderen Visa für Mexiko. Bevor wir abflogen, färbte ich meine Haare dunkel und setzte braune Kontaktlinsen auf die Iris. Meine Augen brannten und die Lider entzündeten sich, aber nun sah ich Karl Putzl immerhin ein bißchen ähnlich. Ich steckte hundert Tausendmarkscheine in die Tasche, doch auf dem Flughafen hatte ich vergessen, wann und wo ich geboren war.

»Du heißt Karl Putzl«, sagte Holger, »und bist Elektroingenieur.«

»Ich weiß«, sagte ich.

Er hatte die Haare hellblond gefärbt und toupiert und seine Augen waren nun so blau wie die einer Siamkatze. Aber anders als ich behielt er seinen Decknamen im Kopf, während sich meiner in Zupl und Lupitz verdrehte.

Putzl, Zupl, Lupitz.

Ich ging durch die Halle zu den Abfertigungsschaltern.

»Putzl«, sagte ich, »Karl Putzl.«

Aber als ich über den Atlantik flog, war schon wieder Lupitz draus geworden. Ich zog den Paß aus der Tasche und studierte ihn. Ich holte ihn immer wieder hervor, über den karibischen Pirateninseln mit den türkisgrünen Schwänzen, über der mexikanischen Küste und zuletzt während das Flugzeug eine Schleife über dem Häusermeer von Mexiko-Stadt flog.

Die Stadt war riesig und ich sah die flachen Gebäude, die Parks und die Straßen, in denen winzige Autos fuhren, Ameisen, die nicht vorwärtskamen.

Endlich in Mexiko! Dann dachte ich wieder: Karl Putzl, sah zur Sicherheit noch einmal nach und prägte mir den Namen ein, Karl Putzl, doch als ich dem Zollbeamten meinen Paß zeigen wollte, war er verschwunden. Ich suchte in allen Taschen und im Gepäck.

»Como se llama, Señor?« fragte der Zöllner.

»Lupitz«, antwortete ich.

Der Zöllner war klein und mit dem schwarzen Haar und dem dicken Schnurrbart sah er wie Emiliano Zapata aus. Hinter der Schranke lag Mexiko, ich sah schon die Straße, die Leute, die Taxis und Holger, der ungeduldig wartete. Mit einer Stewardess ging ich zum Flugzeug zurück, suchte in der Ablage und unter den Sitzen. Die Putzfrauen packten schon den Müll in Säcke. Ich wollte gerade aufgeben, da reichte mir eine von ihnen den Paß.

»Es suyo, Señor?«

Nun wußte ich wieder, daß ich Karl Putzl hieß.

Während wir mit dem Taxi in die Stadt fuhren, setzte Holger wieder jenes Gesicht auf, das ich aus London kannte. Er sah an mir vorbei und redete nicht, aber ich hörte seinen lautlosen Vorwurf: Du baust Scheiße! Ich hätte mich nicht mit dir einlassen sollen.

An den Kreuzungen bellten sich Autos mit heiseren Hupen an und in den Fenstern der Geschäfte und über den Straßen hingen Totengerippe. An den Ampeln sprangen Kinder auf die Kühlerhaube und begannen die Scheiben zu putzen. Auf dem Zocalo tanzte der Tod mit einer Holzmaske im Gesicht. Die großen steinernen Skulpturen der Aztekenkönige zogen vorbei und am Ende des Paseo de la Reforma thronte ein goldener Engel auf einer Säule.

Holger blieb im Taxi, als ich am Sheraton ausstieg und sagte: »Ich such mir ein billigeres Hotel.«

Vier Wochen lang trafen wir uns in der Berlitz School, wo wir Spanisch lernten. Acht Stunden am Tag saß ich unter einem schrubbenden Ventilator und paukte Vokabeln. In den Pausen standen wir auf dem Gehsteig der Reforma und tranken Wasser aus Pappbechern. Dann verliebte er sich in eine Lehrerin. Sie war dunkel und schön und sprach fließend Englisch. Er ließ sich von ihr privat unterrichten. Manchmal setzte ich mich zu ihnen auf die Terrasse des *Pago Pago* und bestellte Bier und Ziegenköpfe. Auf der gegenüberliegenden Straßenseite stieß ein Indio schiefe Töne aus einer zerbeulten Trompete.

»Wir werden in eine andere Stadt ziehen«, sagte Holger.

»Meinetwegen.«

»Ich hab mit dem Anwalt telefoniert«, sagte er. »Die Pässe sind in Arbeit. Er bringt sie nach Mexiko. In XY haben sie unsere Fotos gezeigt. Sie wissen, daß wir in Frankfurt waren. Besser, wir bleiben nicht in derselben Stadt.«

»Wir müssen das Geld nach Mexiko schaffen.«

Die finden mich nicht, dachte ich, nicht in Mexiko.

Ich mietete eine Wohnung mit Kolonialstilmöbeln, großem Bett, Bronzeleuchtern und einem Bild von Cuevas. Auf der Fensterbank saß ein Gerippe, das Gitarre spielte. Bis zum Park von Chapultepec mit dem Castillo war es nur eine Viertelstunde und auf der anderen Seite des Paseo de la Reforma lag die Zona Rosa mit ihren Bars, Nachtclubs und Restaurants. Um durchs Land zu fahren, kaufte ich einen roten Volkswagen Safari. Es war mein erstes Auto. Dann fand ich eine Katze, die so schön war wie eine annamitische Prinzessin. Sie aß Kaviar, Fliegen und Leberpasteten und streckte den Kopf aus meinem Hemd, wenn ich über Land fuhr. Ich ließ sie selten allein. Ich wollte hier bleiben.

Ich bin endlich in Mexiko!

Ich werde zum Pazifik fahren und in Zihuatenejo Gloria besuchen und von Bernard grüßen. Mit neuen Papieren kann ich Mexikaner werden.

Ich zog Stiefel an, setzte einen Panama auf und stellte mich vor den Spiegel. Ich brauch nur noch eine Pistole, dachte ich, dann fühle ich mich gut. Mercedes besorgte mir eine. Die Waffe war schwarz, schwer und lag gut in der Hand. Ich fuhr aus der Stadt hinaus und jagte ein ganzes Magazin in einen Kaktus.

Mercedes hatte ich im Park von Chapultepec kennengelernt, wo sie hinter Sträuchern und Büschen in einer Felsennische saß und aus Lautsprechern Musik von de Falla hörte. Ihr Haar war wild und widerspenstig und manchmal schielte sie ein bißchen.

Auf ihrem Schoß lag ein Buch von Böll.

»Sie lesen Böll?« fragte ich. »Er schreibt gut, aber so sauer wie das Land.«

»Wie ist Deutschland?« fragte sie.

»Da riecht's nach Weihrauch, Moral und KZ«, sagte ich.

»Sie kommen von dort?«

»Ich hoffe, man riecht's nicht.«

Sie studierte Kunstgeschichte. Wir gingen ins Museo del Arte Moderno und sie zeigte mir das Bild einer Ratte von Rufino Tamayo.

»Wenn man lange genug davorsteht, sieht man, daß die Barthaare zittern«, behauptete sie.

»Ich hab nicht gewußt, daß Ratten so schön sind.«

Ein paar Tage später schliefen wir miteinander und ich kaufte ihr seidene Unterwäsche in der Cinco de Mayo und schenkte ihr ein Bild von Cuevas. Ihre Brüste waren klein und fest. Manchmal stellten wir uns vor den Spiegel und ich fesselte ihr die Hände auf den Rücken und steckte mir die Pistole in den Hosenbund.

Wir fuhren nach Guanajuato. Im Museum der Mumien standen die Toten in Holzschränken mit gläsernen Türen. Ihre Schädel waren eingefallen, ihr Fleisch ausgetrocknet und die Haut spannte sich wie Pergament über die Knochen. Aus ihren leeren Augenhöhlen starrten sie Kinder an, die Schokoladenmumien lutschten. Auf der

Rückfahrt steckten wir uns Patronen in die Ohren und ballerten ein paar Magazine leer. Mercedes hielt die Waffe mit beiden Händen und wenn sie nicht traf, feuerte sie wütend in die Luft.

Ich mochte sie. Wir zündeten ein Feuer an, breiteten eine Decke aus und schliefen im Freien.

»Ich will nach Oaxaca, Zihuatenejo und Tampíco. Außerdem nach Vera Cruz, San Cristobal und Cuernavaca. Hast du ›Unter dem Vulkan‹ gelesen? Du mußt Juan Rulfo lesen, hast du schon mal was von ihm gehört? Ich will den Paß Los Colimotes finden! Komm mit! Bitte!«

»Ich muß in die Uni«, lachte sie.

»Ich bezahl alles, ich hab Geld«, sagte ich.

»Trotzdem.«

Wir gingen zur Corrida. Als in der Arena von Mexiko-Stadt der Paso Doble erklang und der Stier einlief, stieg es heiß in mir hoch und Tränen traten mir in die Augen. Die heirate ich, dachte ich, sobald ich Mexikaner bin.

Ich besuchte Holger, er hatte mich nicht erwartet. Auf dem Tisch stand der Koffer, auf dem Stuhl lagen Socken und Unterwäsche und die Lehrerin legte Hemden und Hosen zusammen.

»Gehst du weg?« fragte ich.

»Wir ziehen nach Guadalajara«, sagte er.

»Ich muß dich erreichen können«, erwiderte ich.

»Wir haben noch keine Adresse.«

»Dann gib mir wenigstens deine Telefonnummer.«

»Wir ziehen in ein Hotel«, sagte er, »bis wir ein Haus gefunden haben.«

»Ruf mich an«, sagte ich, »damit ich weiß, wo du bist.«

Ich trug ihm den Koffer zum VW Käfer hinunter, während er und seine Freundin im Treppenhaus redeten. Wenn ich später gekommen wäre, hätte ich an der Tür der geräumten Wohnung geläutet.

»Wann kommen die Pässe?« fragte ich.

»Der Anwalt bringt sie, sobald sie fertig sind.«

»Ich muß dich verständigen können, wenn was passiert«, sagte ich.

»Ich melde mich.«

Für den Notfall schrieb ich ihm die Adresse von Mercedes auf.

Eine Woche lang wartete ich auf seinen Anruf. Abends saß ich mit Mercedes im Café de la Opera oder ging allein in die Bars und Restaurants der Tabacalera. Ich wollte in der Stadt bleiben, bis Holger anrief. Aber die Stadt wurde so eng, als wäre ich darin eingeschlossen. Ich sah ihn wieder vor mir, wie er in Bayswater gebrüllt hatte »Du baust Scheiße!« und in dem Café an der Katharinenkirche an dem Tag, als wir in Frankfurt angekommen waren. Das Gift des Mißtrauens breitete sich in mir aus. Hatte er Angst, ich könnte wieder einen Fehler machen, meine Pistole in der Schmutzwäsche verstecken, meinen Paß verlieren oder meinen Namen vergessen? Oder wollte er allein nach Deutschland zurück und das Geld holen?

»Das dauert ein paar Tage, bis er sich meldet«, sagte Mercedes. Wir aßen in einer Bar und tranken chilenischen Wein. Mariachis gingen von Tisch zu Tisch und spielten. Auf dem Weg nach Cuauhtémoc kroch Gestank aus den Kanälen und auf den Bürgersteigen bettelten Indianerinnen. Die Straßen waren leer und ich dachte an das Geld im Grab der Elisabeth Geiger und daß Holger es gewesen war, der vorgeschlagen hatte, es nicht zu teilen, sondern gemeinsam zu vergraben.

Am Morgen steckte ich mir die Katze unters Hemd, stieg ins Auto und fuhr nach Cuernavaca. Dort besuchte ich das Waffenmuseum. Doch die blauen Säbel und die Maschinengewehre der Revolution sah ich kaum. Nach ein paar Stunden wollte ich schon wieder weg aus der Stadt unter dem Vulkan. Ich fuhr Richtung Süden. Aus der Ebene stieg die Hitze hoch und über dem Land hing der Geruch von Aas. Die Dörfer und Städte schliefen und die Holzkreuze auf den Friedhöfen waren rosa und hellblau. Ich hatte kaum Augen für die Landschaft und hielt nur, um zu tanken oder an Feuerstellen neben der Straße zu essen, wo Indios Leguane verkauften und Frauen Fleisch mit Salsa in Tapas wickelten. Erst in Oaxaca besuchte ich eine Kirche. Sie war so schön, so silbern, so unglaublich, daß ich ruhiger wurde, aber Pequeña, meine Katze, fing zu jammern an und ich mußte gehen. In einem Geschäft kaufte ich einen Engel. Wie Hühner auf dem Markt hingen sie von der Decke. Meiner hatte rote Augen, eine schwarze Zunge und sein Schwanz war steif. Ich sollte nach Oaxaca ziehen, dachte ich und wollte ein Hotelzimmer nehmen und bleiben, aber eine Stunde später saß ich doch wieder im Auto und fuhr zum Pazifik. Endlich war ich auf der Straße, von der ich im Gefängnis geträumt hatte. Manchmal tauchte zwischen Palmenwäldern der Ozean auf, doch ich hielt selten an. Ständig dachte ich an Holger, das Geld im Grab und spürte, wie das Mißtrauen fraß. Bevor wir das Geld vergraben hatten, hatte er darauf gedrängt, daß jeder von uns nur 100 000 Mark mitnehmen sollte.

»Wenn sie uns am Flughafen kriegen, bleiben uns noch 1,8 Millionen.«

Hatte er da schon geplant, das Geld aus dem Grab zu holen, wenn ich irgendwo in Mexiko wäre? Sonntag fiel mir ein und wie ich in Kabul gestanden hatte, nachdem er verschwunden war.

Oder hatte Holger inzwischen schon angerufen? Ich blieb kaum einen Tag in Chequetan, das jetzt Zihuatenejo hieß. In den Rinnen der Gasse floß Abwasser und in Müllhaufen wühlten Schweineschnauzen. Eine Meute gelber Hunde belagerte den Strand und in der Bucht ankerten amerikanische Yachten. Hier hat auch Captain Anson mit seiner verfaulten Fregatte gelegen, dachte ich. Aber ich sah die Bilder von früher nicht mehr. Ich rackerte über ein Bachbett durch die Sierra nach Mexiko-Stadt zurück. Als ich ankam, war ich nirgendwo gewesen. Nur einen Engel hatte ich, der seine schwarze Zunge bleckte.

»Er wird kein Haus finden«, sagte Mercedes. »Aber wenn er dein Freund ist, meldet er sich.«

»Ich kann nicht den ganzen Tag in der Wohnung sitzen und auf seinen Anruf warten«, meinte ich.

»Was ist los mit euch? Sucht euch die Polizei?« fragte sie.

»Wir haben Geschäfte gemacht«, sagte ich.

»Seid ihr bei der Mafia?«

»Quatsch!«

Ich wartete eine Woche lang, ging kaum aus der Wohnung, dann fuhr ich nach Querétaro, aber noch bevor ich in die Stadt kam, kehrte ich um. Warum hatte ich mich bloß überreden lassen, nur 100 000 mitzunehmen? Hätte ich nicht genauso gut dreimal so viel einstecken können? In den Koffern war eine Million in Zehn-, Zwanzig- und Fünfzigmarkscheinen gewesen, aber dann hatten wir in der Ledertasche eine zweite Million in großen Scheinen entdeckt. Ich hätte sie im Futter meines Koffers mitnehmen können. Holger hatte die Kannen zugeschraubt, bevor ich nachdenken konnte.

»Eine Familie kommt mit zweitausend Mark im Monat aus«, hörte ich ihn. »Wahrscheinlich sind die Nummern der Scheine registriert.« Vielleicht, dachte ich, ist er gar nicht in Guadalajara. Vielleicht war der Anwalt schon hier und hat ihm die Pässe gebracht.

»Kauf mir ein Kleid«, sagte Mercedes. »Ich möchte über dem Zocalo essen, sonst futtern uns die Gringos den Hummer weg.«

»Ja«, sagte ich, aber als wir im Restaurant saßen, hatte ich keinen Spaß mehr dran. Vielleicht ruft er in der Zwischenzeit an, dachte ich. Wie öde sie jetzt war, diese Stadt mit den Slums, die sich in die Landschaft fraßen, den Bussen, die schwarze Wolken ausstießen, den Huren, die das Sheraton umlagerten, den Schuhputzern, Chicli-Kindern, Bettlern und Lotterieverkäufern. Ich mußte wieder weg. Ich durfte nicht ständig an Holger denken.

»Wahrscheinlich liegt er in Puerto Vallarta am Strand und leckt Zitroneneis«, sagte Mercedes.

Pequeña jammerte, als ich ihr Futter auf den Teller legte und die Pistole in den Gürtel steckte. Sie fuhr gerne Auto und träumte dabei von Vögeln. Ich hörte sie noch im Treppenhaus maunzen. Es war früh am Tag, der Himmel war klar und blaß und auf der Insurgentes gab es wenig Verkehr. Aus den Bretterhütten am Stadtrand stieg Rauch. Es roch nach Müll und neben der Straße schauten Köter dem Auto nach. Vor den Dörfern warteten Campesinos auf Lastwagen, die sie zu den Maisfeldern fuhren. In einer Raststätte trank ich Kaffee, aß schwarze Bohnen, Eier und Speck. Ich wollte nach Tampíco. Einmal hatte dort B. Traven gelebt. Ich hatte seine Bücher gelesen, aber ich mochte sie nicht besonders. Ich wollte am Abend zurück sein, doch ich unterschätzte die Entfernung. Die Straße war kurvig und steil und über den Regenwäldern der Berge hingen Wolken. Es war Abend, als ich ankam. Ich übernachete in einem Hotel. Als ich aufwachte, dachte ich, Pequeña wartet, und suchte auf der Karte nach einer Abkürzung zurück. In den Bergen war ein Erdrutsch runtergegangen, die Lehmlawine hatte die Straße verschüttet und Fernfahrer zogen Leichen aus Autos. Sie steckten bis zu den Knien im Dreck und brauchten lange, um die Toten zu bergen.

Über der Unglücksstelle kreisten schon Zopilotes und vor der Lawine stauten sich Autos. Von einem Lastwagen stiegen Campesinos und beratschlagten, wie sie weiterkämen. Es würde Tage dauern, bis die Straße wieder befahrbar wäre. Sechs von ihnen nahm ich mit. Vier drängten sich auf dem Rücksitz und zwei neben mir.

Ich konnte kaum schalten. In ihren Pueblos ließ ich sie aussteigen. Sie trugen weiße Anzüge, Strohhüte und Macheten an den Gürteln. Als sie für die Fahrt bezahlen wollten, lehnte ich ab.

»Mala suerte«, sagte einer und winkte.

Der letzte lud mich zu seiner Familie ein, aber ich hatte schon viel Zeit verloren und die Hütten aus Lehm mit den Wellblechdächern stießen mich ab. Auf der Straße lag ein überfahrener Hund, es stank nach Armut und Aas und zwischen den Bananenstauden wühlten schwarze Schweine. Die Augenbrauen des Indios waren über der Nasenwurzel zusammengewachsen.

»Komm mit«, sagte er, »meine Mutter, meine Schwestern und mein Vater freuen sich.«

»Ich hab keine Zeit«, erwiderte ich, »meine Katze wartet.«

»Katze?« fragte er.

»Ich hab eine Katze«, sagte ich, »die wartet seit zwei Tagen. Es ist noch weit nach Mexiko-Stadt.«

»Hombre«, sagte er, »du hast eine Katze in Mexiko?«

»Ja«, sagte ich.

Er huschte in die Hütte, ich hörte ihn kurz mit seiner Mutter reden und schon war er wieder da. Er reichte mir ein Rosinenbrötchen ins Auto.

Ich probierte und sagte: »Das Brot ist gut.«

»Das hat meine Mutter gebacken.«

»Deine Mutter macht gutes Brot.«

Als ich weiterfuhr, spuckte ich das trockene Brot angewidert aus und warf den Rest aus dem Fenster.

Ich fuhr Richtung Vera Cruz und die Straße zurück, die ich gekommen war. Die Raststätte, an der ich hielt, war verlassen. Die Scheiben waren eingeschlagen und in dem Raum dahinter stand ein dreibeiniger Tisch. Ich hatte Durst, aber das Wasser, das ich in einer Tonne fand, war faul. Ich ging um das Haus herum. Neben der Straße lag aufgetrieben ein Pferd und darauf stand ein Zopilote und riß ihm die Bauchdecke auf. In einer Baumgruppe saßen die anderen. Sie sahen wie große, schwarze Früchte aus, mir war, als warteten sie. Ich wollte sie vertreiben, suchte einen Stein, aber dann ging ich zum Auto und holte die Pistole aus dem Handschuhfach. Ich zielte auf einen, der auf einem Ast über der Straße saß. Er bewegte sich nicht. Als ich schoß, fiel er herunter, doch ich hatte schlecht getroffen, denn auf einmal kam Leben in ihn. Eine Wolke von Geiern stob in die Luft und er hüpfte mit gespreizten Flügeln auf mich zu. Panik ergriff mich und ich rannte zum Auto und fuhr davon.

Ich fuhr so schnell ich konnte. Ich fuhr, als wäre der Vogel hinter mir her. Es fing an zu regnen und der Asphalt war schmierig und die Straße voller Kurven. Ich überholte einen der Tankwagen, die von den Erdölfeldern kamen, aber schon war der nächste vor mir. Nun überholte ich auch in den Kurven. Die Scheibenwischer schmierten und es begann dunkel zu werden. Ich sah den Lastwagen erst, als ich nicht mehr ausweichen konnte. Er stand vor einem Mauthäuschen, einer *casetta fiscal*. Es ging zu schnell, als daß ich noch hätte reagieren oder denken können. Aber in jener Sekunde, bevor ich gegen die Windschutzscheibe flog und sich der Safari unter den Aufbau des Lastwagens bohrte, wußte ich, daß ich vierundwanzig werden sollte, zwei Geldtransporte ausgeraubt und eine Geschichte über einen Mann geschrieben hatte, der eine Katze wird. Ich wußte alles zugleich. Auch daß der Tod ein Lastwagen ist, so groß wie ein Zementwerk, und daß er wie ein Christbaum leuchtet. Danach lachte ich wie ein Musikant, der auf dem Zocalo tanzt, und konnte nicht aufhören.

»Glück gehabt«, sagte ein Mann, der mich aus dem Auto zog, zur Seite schleppte und mir Wasser aus einer Flasche ins Gesicht spritzte.

»Buena suerte!«

Indios beugten sich über mich und wunderten sich, daß ich am Leben war. Ich lachte, doch es war, als hustete ich Laute aus Luft durch ein Loch. Erst als der Rotkreuzwagen hielt, schloß es sich, aber noch während ein Arzt mir das Ohr annähte und Krankenschwestern mir Glassplitter aus Augen und Wangen pickten, brach es wieder auf.

Die Stadt hieß Poza Rica, sie war klein und schmutzig. Rundum lagen die Ölfelder, deren Pumpen wie eiserne Pferde aussahen, die mit den Köpfen nickten. Im Krankensaal befanden sich zwanzig Betten mit Männern. Manche schnarchten, andere starrten auf die nackte Glühbirne, die von der Decke hing. Auf einem der Betten saßen vier Krankenschwestern, sie lachten, kicherten und hüpften auf der Matratze, als wäre das Bett ein Trampolin. Sie waren jung und schön und der Geruch von Krankheit und Tod machte sie ausgelassen. Ich blieb bis zum folgenden Tag. Bevor ich aufstand, reichte mir ein Alter eine Flasche mit Pulce, die er unter der Decke versteckt hatte. Sein Gesicht war gelb, die Wangen eingefallen und die Augen orangefarben. Er sah wie eine vertrocknete Apfelsine aus.

»Va con Díos!« sagte er, als ich ging.

Ich kaufte kein neues Auto und verließ kaum noch die Stadt. Holger meldete sich nicht. Fast war ich sicher, daß das Grab schon ausgeräumt war. Vielleicht, dachte ich, ist er sogar schon in Australien, und zählte, wieviel Geld mir blieb. Ich fragte mich, wie lange ich noch warten sollte, und begann ihn zu hassen. Ich nahm mir vor, ihn in Australien zu suchen und umzubringen. Ich würde die Küsten und Städte abfahren, irgendwo, dachte ich, kauft er ein Hotel und eine Tauchstation. Aber dann ging ich doch auf die Straße und hielt wieder Ausschau nach ihm.

»Zwei Herren aus Deutschland waren hier«, sagte der Hausmeister. »Sie haben einen Mann aus der Schweiz gesucht.«

»Ich komm aus Deutschland«, gab ich zurück.

»Sie haben ins Haus gewollt«, sagte er, »aber ich hab sie nicht reingelassen.«

Kurz darauf klingelte es und durch die Gegensprechanlage fragte eine Stimme, ob hier ein Schweizer wohnte.

»Quién habla?«

»Kann ich mit Ihnen sprechen?«

»No comprendo«, antwortete ich.

»I'm looking for a Swiss gentleman«, sagte die Stimme.

»No hablo inglés«, sagte ich.

Ich rührte mich nicht. Die Katze saß auf dem Fensterbrett und grapschte nach Fliegen. Ich spürte die Gefahr, die plötzlich im Zimmer stand.

Ich lauschte auf Stimmen und Schritte im Treppenhaus und ob der Aufzug ruckte. Nebenan quietschte eine Tür, aber es war nur der Nachbar, der zum Müllschlucker ging. Auf der Straße lief der Verkehr normal weiter und ich spürte das Rollen der Busse, die vorüberfuhren.

Sie haben mich gefunden, dachte ich.

Ich hatte der Stimme angehört, daß sie log. Ich mußte das Haus verlassen. Ich steckte Geld und Pistole ein, packte die Tasche und stieg vorsichtig die Treppe hinunter.

»Da vorne laufen sie«, sagte der Hausmeister.

Sie gingen die Calle Rio Tiber entlang. Sie trugen kurzärmelige Hemden und karierte Mützen. Ich mußte herausfinden, was sie wollten, und folgte ihnen, bis sie mich bemerkten und warteten.

»Can I help you?« fragte ich.

»We are looking for a Swiss gentleman«, sagte der eine. »Do you speak German?«

»Ja«, sagte ich.

»Er soll hier wohnen«, sagte der andere.

Wieder spürte ich, daß sie logen.

»Hier wohnt kein Schweizer«, behauptete ich.

»Wir haben nur diese Adresse«, log der andere. »Wir sind Journalisten vom Stern.«

»Haben Sie schon die neueste Ausgabe gelesen?« fragte der eine.

»Nein«, erwiderte ich.

»Kommen Sie mit«, sagte er. »Ich geb Ihnen eine.«

Wir gingen ins Sheraton. In der Halle standen ein paar Polizisten, aber die waren immer da.

Während mich der eine in ein Gespräch zu verwickeln versuchte, fuhr der andere mit dem Aufzug nach oben, um die neueste Ausgabe des *Stern* zu holen. Der Trick war durchsichtig. Vom Zimmer aus würde er die Polizei verständigen. Ich drehte mich um. Einen Moment lang sah ich Wut im Gesicht desjenigen, der mich hinzuhalten versuchte. Ich durchquerte die Halle, ging an den Polizisten vorbei und über den Paseo de la Reforma. Als ich noch einmal zurückschaute, sah ich die zwei aus der Glastür des Hotels treten. Ich begann zu laufen, durch die Gassen der Zona Rosa, schlug einen Haken zurück in die Tabacalera und nahm ein Hotelzimmer. Sie haben mich entdeckt, dachte ich. Ich muß Holger erreichen.

Ich muß nachdenken, ging es mir durch den Kopf. Ich muß Pequeña holen. Sie wissen, wer ich bin. Ich muß Mercedes anrufen. Ich spürte, wie mir übel wurde, beugte mich über die Toilettenschüssel und kotzte. Dann wusch ich mir das Gesicht und sah in den Spiegel. Wie gelb das Licht ist, dachte ich, und wie gelb meine Augen aussehen. Doch auch später im Restaurant sahen mich aus dem Spiegel gelbe Augen an. Ich aß etwas, kehrte ins Zimmer zurück und kotzte alles wieder aus. Am Licht liegt's nicht, dachte ich und erinnerte mich an den Alten mit der Pulceflasche und hörte, wie er »va con Díos« sagte. Er hat mich zum Teufel gewünscht, dachte ich, rief Mercedes an und bat sie, die Katze zu holen.

Sie holte uns beide. Ihre Wohnung war lang und schmal wie ein Schlauch und am Ende stand neben dem Fenster das Bett.

»Du hast Hepatitis«, sagte sie, holte einen Arzt, kaufte Medikamente und fütterte mich mit gezuckerten Erdbeeren.

»Dich werd ich heiraten«, sagte ich.

»Du wirst von der Polizei gesucht«, sagte sie. »Ich hab's gleich gewußt. Aber hier finden sie dich nicht.«

Sie kaufte Katzenfutter, ging jeden Tag in die Uni und schon bald wurden meine Augen wieder weiß. Ich las und spielte mit meiner Katze. Einmal ging Mercedes zur Calle Rio Tiber, aber der Hausmeister erzählte ihr, es hätte niemand mehr nachgefragt.

»Vielleicht haben sie wirklich einen Schweizer gesucht«, sagte sie.

»Die haben mich gesucht«, sagte ich. »Ich hab's gespürt. Ich hab's ihren Gesichtern angesehen.«

»Vielleicht waren sie nur wütend, weil du nicht helfen konntest.«

»Ich hab's gespürt«, sagte ich.

»Du siehst schon viel besser aus«, sagte sie.

Sie nahm ihre Tasche und ging einkaufen. Durch den Spalt im Vorhang sah ich ihr nach, wie sie in der Gasse verschwand. Dann fing ich für Pequeña Fliegen, sie zerbiß sie, verschluckte sie und erzählte mir was in ihrer Katzensprache. Wir unterhielten uns gut. Ich öffnete meine Hand zu einem Fingermaul und sie umklammerte sie. Wenn ich ihren Kopf packte, kratzte und maunzte sie. Mein Handrücken war schon blutig, aber sie steckte den Kopf immer wieder in mein Fingermaul und kratzte und jammerte, als würde sie gefressen werden. Es klingelte und ich dachte, Mercedes hat den Schlüssel vergessen, aber da niemand vor der Tür stand, glaubte ich, es seien Kinder gewesen. Dann klingelte es wieder. Als ich öffnete, stand Mercedes vor mir. Ihr Gesicht war fahl, die Augen waren weit aufgerissen und an ihrer Schläfe saß der Lauf einer 45er-Government. Über ihre Schultern richteten sich die Läufe von Pumpguns auf mich.

»Manos arriba!« sagte ein Mann, der ein schmales Gesicht und eine gebogene Nase hatte.

Während er mir die Hände auf den Rücken fesselte, versuchte mich Pequeña in den großen Zeh zu beißen. Jetzt haben sie mich sogar hier gefunden, dachte ich und verstand es nicht. Die Polizisten führten mich zum Auto und Mercedes lief mir mit einer Flasche Medizin über die Straße nach.

»Die brauch ich nicht mehr«, sagte ich.

Sie küßte mich.

»Nimm das Geld aus der Tasche«, flüsterte ich. »Das brauch ich auch nicht mehr.«

Als ich im Fond eines Amischlittens zum Gefängnis fuhr, war Mexiko weit weg gerückt. Sie saßen zu zweit neben mir und drückten mir Pistolenläufe in die Seiten, während mich im Rückspiegel die Augen einer Frau beobachteten, deren Gesicht voller Pickel war. Ich fragte nicht, wie sie mich gefunden hatten, denn ich wußte, ich würde keine Antwort erhalten. Die Zelle, in die sie mich brachten, war ein Betonkubus mit einem Stück Pappe als Matratze und einem Loch im Boden. In der Tür befand sich ein handbreiter Schlitz, durch den Tortillas und mittags eine Schüssel Nudelsuppe geschoben wurden, auf der ein Stück aufgequollene Schweinehaut schwamm. Ich trug den seidenen Schlafanzug, in dem sie mich verhaftet hatten. Nach ein paar Tagen fing er an zu stinken. Jeden Morgen kam ein Händler mit einem Bauchladen vorbei und bot Tortas, Chiclis und Zigaretten an, aber da er wußte, daß ich kein Geld besaß, blieb er vor meiner Tür nicht stehen. Die Nächte waren kalt und ich lief in dem drei Schritt großen Würfel auf und ab, bis wieder Licht durch den Türspalt drang. Ich wartete und verstand immer noch nicht, wie sie mich gefunden hatten. Holger war der einzige, der die Adresse von Mercedes kannte. Hatte er das Geld aus dem Grab geholt und der Polizei einen Tip gegeben? Hatte er die Presse informiert, bevor er nach Australien geflogen war? Hatte einer die Wohnung beobachtet und Mercedes verfolgt, nachdem sie mit dem Hausmeister gesprochen hatte? Aber woher hatten sie gewußt, daß ich in der Calle Rio Tiber wohnte? Wenn ich aus dem Gefängnis komm, dachte ich, find ich dich und leg dich um.

Sechs Wochen lang grübelte ich, aber ich begriff erst, als ich in einem Kleinbus saß, der mich zum Flughafen brachte. An der

Hecktür hockten zwei Polizisten, tranken Coca-Cola und aßen Tortas. Holger saß mir gegenüber, schmal und nach vorne gebeugt. Er hatte einen blonden Bart, seine Augen lagen tief und die Wangen waren eingefallen. Den Polizisten war es gleichgültig, daß wir uns unterhielten. Sie kauten, beobachteten uns und hielten die Hände am Revolverknauf.

»Wie haben sie dich gekriegt?« fragte ich.

»Der Anwalt hat mich im Hotel hingehalten«, erwiderte er. »Er arbeitet jetzt mit der Polizei zusammen, weil sie ihn in London mit Falschgeld geschnappt haben.«

»Wie haben sie mich gefunden?« fragte ich.

»Sie haben mich gefoltert«, sagte er.

Ich hörte, daß er log. Ich dachte, wenn sie dich gefoltert hätten, wüßten sie auch, wo das Geld vergraben liegt.

»Wissen sie auch, wo das Geld ist?« fragte ich.

»Nein«, erwiderte er.

»In Frankfurt können sie uns nichts nachweisen. Wir müssen die Aussage verweigern.«

Er nickte.

Wenn ich rauskomm, bring ich dich um, dachte ich.

elf

Auf einmal war er wieder da, dieser Geruch nach Lysol, Dampfkost und Schweiß. Ich hatte ihn gleich in der Nase, als ich aus dem vergitterten VW-Bus stieg und über den Hof vor dem Verwaltungstrakt des Gefängnisses schritt. Und wieder waren da die Backsteingebäude mit den vergitterten Fenstern, die Aufseher in ihren grünen Uniformen, rotgesichtige, hessische Bauernschädel. In der Effektenkammer legte mir einer graue Klamotten auf den Tisch, die nach Mottenpulver stanken. Wie früher hörte ich die Schlüssel in den Schlössern ratschen, das Knallen der Riegel, das Trampeln der Schuhe auf den eisernen Umlaufgängen, das Poltern, wenn die Kalfaktoren die Wagen mit den Blechkübeln zu den Zellentüren schoben, und die Stimmen und das Scharren der Gefangenen im Hof. Einmal täglich lief ich beim Hofgang auf und ab, während mich vom viereckigen Wachturm ein Wärter mit Maschinenpistole beobachtete. Ich sah die Mauer, den Stacheldraht, die eisernen Spitzenkrausen an den Dachrinnen. Aus den Zellenfenstern gafften die gelben Gesichter der Lebenslänglichen. Manchmal winkte jemand und einmal hüpfte einer wie ein Frosch vor mir her und quakte, als ich zurück in die Zelle geführt wurde. Ans Revers seiner Jacke hatte er einen verschrumpelten Hering geheftet.

Die Vergangenheit hatte mich eingeholt. Ich dachte, in ein paar Jahren wirst du genauso aus dem Fenster schauen und einen Hering als Orden tragen. Die Tage in Rom und auf Kreta, die Monate in Mexiko, jetzt kamen sie mir unwirklich vor. Es war wie in einem der Träume, in denen ich mich durch Gitterstäbe zwängte, Schlupflöcher fand, über Mauern kletterte und dann doch wieder in einem Gefängnistrakt landete.

Manchmal kamen Männer von der Kripo, um mich zu einer Aussage zu bewegen, aber ich setzte mich nie an einen Tisch mit ihnen. Schließlich gaben sie auf. Irgendwo wurden Beweise gesammelt, Indizien aneinandergereiht. Auf dem Flughafen hatte die Presse gestanden und in den Zeitungen waren unsere Bilder gewesen. Nun studierten Staatsanwälte die Akten und feilten an einer Prozeßstrategie. Ein Anwalt besuchte mich und sagte, daß Holger die Aussage verweigerte und behauptete, unschuldig zu sein.

»Gut«, sagte ich. »Es ist nicht verboten, in Mexiko Urlaub zu machen.«

Ich dachte an die Nächte im Café de la Opera, an die Märkte in den Städten, die Kirchen, auf deren goldenen Altären noch das Blut der Azteken gedampft hatte, die Ratten, deren Barthaare zitterten, meine Katze und Mercedes. Nach ein paar Monaten fing die Zelle an, gefährlich zu werden. Das Fenster war dreifach vergittert und davor befand sich ein Stahlnetz. Vor der Außenwand war ein weiteres Gitter angebracht, das bis zur Decke reichte, und hinter der Eisentür mit dem Spion befand sich eine zweite Tür aus Gitterstäben. Wenn Essen ausgeteilt wurde, standen zwei Aufseher davor und achteten darauf, daß die Kalfaktoren nicht mit mir redeten. Zum Hofgang legten sie mir Handschellen an.

Die Wände der Zellen waren ocker gestrichen und an manchen Stellen blätterte die Farbe ab. Der Fußboden war mit eigenartig braun gemusterten Platten ausgelegt und auf manchen glaubte ich Fratzen zu erkennen. Tisch und Sitzbank waren mit Scharnieren an der Wand befestigt. Bevor ich auf und ab lief, klappte ich sie hoch und arretierte sie mit Eisenriegeln. Das Bett stand auf eisernen Beinen und die Matratze zeigte die Ausbuchtung eines Unsichtbaren, an der Wand darüber hatte jemand ein Schneckenbett in den Kalk gerieben. Ich drückte meinen Daumen hinein.

Eines Nachts träumte ich davon, nur daß sich das Loch nicht mehr in der Zellenwand befand, sondern in der Fassade der Deutschen Bank in der Prinzregentenstraße. Es sah ganz flach und harmlos aus. Doch als ich meinen Finger hineinsteckte, ging es tiefer und tiefer. Schließlich verschwand meine ganze Hand darin, dann der Arm. Ich bekam Angst und versuchte ihn wieder herauszuziehen, aber es ging nicht mehr. Der Raum dahinter sog mich durch die Wand, er war dunkel und leer und auf dem Boden lagen Patronenhülsen. Ich lauschte, ob jemand da war, dann sah ich Hans-Georg Rammelmayr. Er saß vor dem Panzerschrank und auf seinen Knien lag die russische Maschinenpistole. Mit beiden Händen stopfte er sich die Därme in den Bauch und lachte.

Ich wachte auf, aber ein paar Sekunden lang hörte ich ihn immer noch. Das Nebellicht der Hofscheinwerfer warf ein Schattengitter über die Tür. Ich spürte Angst und dachte, paß auf, daß du nicht verrückt wirst, darauf warten sie nur.

Am Morgen ließ ich mir Papier und Bleistift bringen und begann die Zelle zu zeichnen, das Fenster mit den Gittern, den Tisch, die Tür mit dem Spion. Alles schien so einfach und klar, als gäbe es gar keine andere Wirklichkeit mehr. Eisen und Stein. Die Bodenplatten mit den Mustern: Stein. Das Schloß: Eisen. Das Bett – wenn man es hochklappte, zog es die Beine an. Der Mechanismus war simpel, aber sah es mit den langen Eisenbeinen nicht wie ein Vogel aus, den man an die Wand genietet hatte und der, wenn er abzuheben versuchte, dagegenklatschte? Ich zeichnete die Beine, die Matratze, die zusammengelegten Decken, doch am Kopfende fügte ich Flügel an. Ich dachte an den Zopilote, den ich vom Baum geschossen hatte, und an den Alten mit dem gelben Gesicht und der Pulceflasche. Was wäre geschehen, wenn ich nicht gefeuert hätte? Wäre ich trotzdem in den Lastwagen gerast? Wenn mich der Alte nicht angesteckt hätte, wäre ich dann hier?

Vá con Díos!

Hatte mir der Kerl die Pest an den Hals gewünscht, weil ich reich und nicht so alt war wie er?

Ich zeichnete den Zopilote, wie er mit gespreizten Flügeln auf mich zusprang. Auf einmal erinnerte ich mich wieder an den Vogel aus meiner Kindheit, wie er im Baum gesessen hatte, wenn es dunkel wurde. Hatte ich auf ihn geschossen?

Wenn ich mich konzentrierte, sah ich die Schattenhöhlen, die die einfallende Dunkelheit ins Laub der Platane grub. Plötzlich war er dagewesen. Manchmal hatte er mit dem Kopf geruckt. Der grüne Strich, der unter der Zimmerdecke verlief und das mit einer Gummiwalze aufgetragene Tapetenmuster abschloß, war wie ein magischer Kreis gewesen. Ich erinnerte mich an die Gardine, die Uhr im Zimmer von Fräulein Rosemarie und an das Klappern des Messers in der Milchkanne meiner Großmutter.

Ich begann wieder zu schreiben. Jede Erinnerung hatte neunzig Taschen, in deren jeder neunzig andere steckten. Die Steine, die bei Gewitter im Bach rumpelten, der Anlegesteg, die Stechlinge, die auseinanderspritzten, der See, über den meine Mutter den Schlitten zog, und der Knobelbecher, der auf dem Eis liegenblieb. Auch das rote Kinoplakat fiel mir wieder ein und die weiße Frau in der Molkerei.

Auf dem Papier konnte ich nochmal von vorne beginnen. Wenn ich alles aufschreibe, dachte ich, bin ich zum Schluß bei mir und verstehe alles. Auch wieso mein Leben so ist, wie es ist. Es würde lange dauern, aber ich hatte ja Zeit, Jahre, ein Jahrzehnt. Ich schrieb, bis das Licht ausging. Ich brauchte Papier, viel Papier, soviel Papier, wie ich bekommen konnte.

»Ich brauch Papier«, sagte ich.

Der Aufseher brachte mir einen Stoß. Es war grau, liniert und der Bleistift lief gut darauf.

»Wenn Sie mehr brauchen, sagen Sie's ruhig«

»Ich brauch viel mehr Papier.«

»Ich bring Ihnen noch einen Stoß«, erwiderte der Aufseher.

Sein Schädel war eckig und in der Uniform steckte ein ge drungener Oberkörper. Die grüne Krawatte drückte ihm die Kehle ab und die graue Hose warf Falten über den klobigen Schuhen.

Er brachte mir noch einen Stoß. Zum ersten Mal kam einer allein in meine Zelle. Er schloß die Tür auf, schaute nach links und rechts und redete so hastig, als hätte er Angst, überrascht zu werden.

»Ihr Freund hat zu fliehen versucht«, sagte er. »Er war schon aus der Zelle raus. Er hat einen Nachschlüssel gehabt. Vom Wachturm aus hat ihn einer mit dem Fernglas gesehen, wie er durch die Gänge geschlichen ist. Heute steht's in der Zeitung.«

Ich hörte auf zu schreiben und dachte an Holger. Er wird fliehen und das Geld holen. Er läßt sich was Neues einfallen und irgendwann gelingt ihm die Flucht. Ich kannte ihn. Dann stellte ich mir vor, wie ich leben könnte, wenn er mich nicht verraten hätte.

Der Aufseher drückte mir einen Zeitungsausschnitt in die Hand.

»Wenn Sie was brauchen ...«, sagte er wieder.

Ich sah Holgers Bild.

Er hatte zwei Schlüssel gehabt und mit einem davon wäre er in den Hof gekommen. Hätte der vom Wachturm nicht mit dem Fernglas auf die Uhr im Freizeittrakt schauen wollen, wäre Holger bis zur Mauer gekommen und mit einem verknoteten Laken darübergeklettert. Die Staatsanwaltschaft vermutete, daß er einen Aufseher bestochen hatte, ihn aus der Zelle zu lassen.

»Sie sollen verlegt werden«, flüsterte der Aufseher. »Dann können Sie mit den anderen zum Hofgang. Wenn Sie noch was brauchen ...«

»Papier«, sagte ich.

»Ich mein was anderes.«

»Was denn?« fragte ich.

»Eine Pistole«, antwortete er. »Mein Name ist Rudi. Ich war Geldtransporteur bei der Bundesbank.«

Am nächsten Tag wurde ich in eine Zelle ohne Käfig verlegt und durfte mit den anderen eine Stunde in den Hof. Ich traute Rudi lange nicht. Ich dachte, er will mich aushorchen, um vor Gericht als Zeuge gegen mich auszusagen.

»Ich hab Geld von der Bundesbank zu den Landeszentralbanken gebracht«, erzählte er. »Im Führerhaus saßen immer sechs Mann und hinten und vorn fuhr Polizei. Die sind speziell ausgebildet und bewaffnet bis an die Zähne. Der Transporter ist grau und so groß wie ein Möbelwagen.«

Seine Sätze stieß er hervor, dabei kniff er die Augen zusammen und beobachtete, wie ich reagierte.

»Ich weiß, wie die Transporte laufen«, sagte er. »Ich hab die Fahrzeiten notiert und kenn die Lücken. Ihr habt nur einen kleinen geschnappt.«

Ich nickte nicht. Ich sagte nicht ja. Sie haben keine Beweise, dachte ich, und versuchen so an mich ranzukommen.

»Wieso arbeitest du jetzt hier?« fragte ich.

»Die Bundesbank hat mich entlassen.«

»Eine Pistole hilft mir nicht weiter.«

Ich traute ihm nicht, aber ein wenig hoffte ich, daß er mir helfen würde. Ich gab ihm meine Uhr und er verkaufte sie einem Juwelier für zweitausend Mark. Das Geld schob er mir mit der Gerichtspost zu.

»Sie haben gemerkt, daß ich was plante«, sagte er. »Deshalb haben sie mich rausgeworfen.«

»Ich brauch einen Nachschlüssel«, sagte ich. »Und Hilfe von außen.«

»Du brauchst einen für den Nachtverschluß. Die Schlösser werden um zehn Uhr umgestellt. Wenn ich Nachtdienst hab, kann ich Abdrücke nehmen.«

»Willst du das Ding mit dem Transporter drehen?« fragte ich.

»Allein kann ich's nicht, aber da ist fünfzigmal mehr drin als bei euch«, sagte er.

»Das ist viel Geld«, sagte ich, »aber du weißt ja, daß wir's nicht gewesen sind.«

»Schon klar«, sagte er.

»Der ist eigenartig«, sagte Brian. »Ich beobachte ihn seit Monaten. Er hat auch versucht, mit anderen Kontakt zu kriegen, und mit seinen Kollegen gibt er sich nicht ab.«

Ich ging täglich mit Brian im Hof. Er war über fünfzig, ein Riese mit rotem Gesicht, Hängebacken und Dampfkostwampe. Obwohl er schon zwei Jahre in Butzbach saß, konnte er noch immer kein Deutsch. Er stammte aus Liverpool und hatte lange in London gelebt. Manchmal erzählte er von seinen Freunden, mit denen er in den Sechzigern auf den Landstraßen als Cops verkleidet Lastwagen gestoppt und ausgeräumt hatte. Mit der Schorre hatte er die Läden und Pubs im Eastend beliefert. Er hatte in Brixton und auf der Isle of Wight gesessen, Bruce Reynolds gekannt und war mit den Kray-Twins auf Tour gegangen. Daß ich der Metropolitan Police entkommen war, hatte er in der *Sun* gelesen. Ich mußte ihm die ganze Geschichte erzählen. Er freute sich darüber und wollte mir helfen.

»Jeff kann dir Papiere besorgen«, sagte er. »Das ist ein alter Freund von mir, der hat schon Biggs geholfen. Ihm gehört die Log Cabin in der Warwick Street.«

»Wenn ich hier rauskomm«, sagte ich, »hinterleg ich tausend Pfund für dich.«

»Du mußt abhauen, solang es neblig ist«, sagte er. »Ich würde es dort versuchen.«

Er zeigte mir eine Stelle, an der die Mauer unüberwindbar schien. Sie war aus Bruchstein, fünf oder sechs Meter hoch und obendrauf war Stacheldraht. Aber zugleich war es auch die vom Wachturm am weitesten entfernte Stelle ganz am Ende des Hofs.

Auf den Bänken davor saßen die Lebenslänglichen in blauen

Mänteln, blinzelten ins Licht und tauschten Illustrierte aus den sechziger Jahren mit Hochzeitsbildern von Farah Diba und Schah Reza Pahlevi aus. Der mit dem Heringsorden intonierte Weihnachtslieder. Die Aufseher grinsten und ahnten nicht, daß er an einem Schußrohr bastelte, mit dem er bald den Gefängnisdirektor abknallen würde. Er hieß Günther Hanisch, hatte zwei Polizisten erschossen, die großen Philosophen studiert und ein Kinderbuch geschrieben, das in mehrere Sprachen übersetzt worden war.

Ich traute Rudi selbst dann noch nicht, als er mir einen Schlüssel aus Aluminium brachte. Aber ich witterte Freiheit, dachte an London und Mexiko, an Mercedes, meine Katze und an die Inseln der Karibik. Ich grübelte über Fluchtmöglichkeiten. Rudi kann mir nachts die Zellentür öffnen, dann lauf ich zum Ende des Trakts und schließ die Außentür auf. Im Nebel halt ich mich dicht an der Mauer und schleiche zu der Stelle, die mir Brian gezeigt hat. Dort werf ich einen Strick hoch und kletter über die Mauer.

Ich feilte die Bügelbolzen des Betts ab und bog einen Anker daraus. Dann ließ ich mir Schnüre aus einer der Werkstätten besorgen, die ich zu einem Strick verflocht. Sobald ich in Freiheit wäre, würde ich das Geld ausgraben. Ich schlief nicht mehr, ich hatte in der Käfigzelle fünfzehn Kilo abgenommen und nun übte ich Liegestützen und Klimmzüge, erst zwanzig, dann dreißig und zuletzt zog ich fünfzigmal das Kinn über die Eisenstange im Hof. Ich überlegte, wo ich mich verstecken könnte und woher ich einen Ausweis bekäme, um nach London zu fliehen. Ich dachte an Gregor dabei.

Ich traute Rudi erst von jenem Tag an, als es zu spät war zu fliehen. Er rammte den Schlüssel ins Schloß, riß die Tür auf und warf eine Decke aufs Bett.

»Gib den Schlüssel her«, zischte er. »Sie kommen. Du wirst nach Frankfurt verlegt. Dein Freund hat wieder versucht abzuhauen.«

Dann schlug er die Tür zu und verriegelte sie. Eine Stunde später wurde ich in das Untersuchungsgefängnis nach Frankfurt verlegt. Dabei sah ich auf dem Weg zur Effektenkammer zwischen zwei Aufsehern Holger laufen, er trug einen weiß-blau karierten Sack über der Schulter und sah erledigt aus. Ich bekam noch mit, wie sie ihn zur Käfigzelle brachten, in der ich über ein halbes Jahr gesessen hatte.

In der Zeitung las ich von seinem erneuten Fluchtversuch. Vornedrauf war sein Bild und ein Foto des Gefängnisgebäudes. Ein roter Pfeil zeigte vom zehnten Stockwerk nach unten. Holger hatte das Gitter aus Spezialstahl durchgefeilt und war mit Seil und Haken an den Fensterblenden hinuntergeklettert. Als er auf die Mauer stieg, hatte ihn ein Gefangener bemerkt und die Nachtwache gerufen, und als er in die Freiheit springen wollte, hatten unter ihm schon die Aufseher gestanden.

Ich hatte Glück gehabt. Aber in Preungesheim lief ich wieder alleine im Hof. Meine Zelle lag im siebten Stock und die Gitterstäbe wurden täglich mit einem Hammer abgeklopft. Ein paar Wochen lang hatte ich gehofft, war in Gedanken zur Mauer geschlichen, hatte den Haken nach oben geworfen, das Grab ausgeräumt und mich in Freiheit gesehen. Jetzt stellte ich mir vor, wie Holger in der Käfigzelle saß, auf und ab ging und Rudi zu ihm sagte: »Wenn Sie was brauchen, sagen Sie's ruhig.«

Holger würde ihm nicht trauen. Aber Rudi würde wiederkommen.

»Wenn Sie was brauchen«, würde Rudi sagen, »eine Pistole vielleicht, ich war Geldtransporteur bei der Bundesbank.«

Ich fragte mich, ob sie auch Holger nach ein paar Monaten in eine andere Zelle verlegten. Und ob ihm Brian dann die Stelle zeigte, an der ich über die Mauer hatte klettern wollen. Ich war unruhig und las nicht mehr. Wenn ich zu schreiben begann, kam ich nur ein paar Zeilen weit. Der Anwalt brachte mir die Akten für den bevorstehenden Prozeß. Es waren zehn Ordner und die Liste der Zeugen war lang. Ich suchte nach Schwachstellen und sprach mit dem Anwalt die Verteidigung durch. Aber als ich spät im Herbst in einem Polizeiwagen zum Landgericht fuhr, machte ich mir keine Hoffnung, freigesprochen zu werden. Die Polizei hatte gut gearbeitet. Die Indizienkette war dicht und für die Presse stand fest, daß wir den Transport überfallen hatten.

Am Morgen des 11. November 1975, als der Prozeß begann, war ich aufgeregt. In der vorangegangenen Nacht hatte ich geträumt, daß ich fliehen würde. Ich war aus dem Gerichtssaal gerannt und über die Treppe auf ein Dach geflüchtet, von dem aus ein Drahtseil zum Nachbardach führte. Es gibt noch eine Gelegenheit, hatte ich gedacht, du mußt nur über das Seil balancieren. Als ich im Hof des Gerichtsgefängnisses aus dem Auto kletterte, die Granitstufen zur Eingangstür hochstieg, kam es mir vor, als wäre ich schon einmal hier gewesen. Dahinter befand sich der Wachraum für die Vorführbeamten. Auch der kam mir bekannt vor. Das Gebäude war alt und die Türen aus Eiche. Sie sperrten mich in einen Raum mit hohen vergitterten Fenstern, in dem ein Schreibtisch stand. Ich verfolgte genau, was geschah. Der Vorführbeamte schloß mein rechtes Handgelenk mit einer Handschelle an seiner Linken fest. Es dauerte ein wenig, bis der Schlüssel griff. Der Mann mußte kurz vor der Pensionierung stehen. Sein Gesicht war gutmütig und bevor wir losgingen, zwirbelte er die Spitzen seines Schnauzbarts hoch.

»Geht's so?« fragte er und lockerte die Fessel ein wenig, damit sie mir nicht ins Handgelenk schnitt. »Ich glaub«, sagte er, »das wird endlich mal ein spannender Prozeß.«

Die Verbindungstür zwischen Gerichtsgefängnis und Landgericht war aus Eisen, der Flur dahinter verwinkelt. Er führte an mehreren Zimmertüren vorbei und dann ein paar Stufen hoch. Dort war er von unten nicht einsehbar.

»Die Presse wartet schon«, sagte der Alte.

»Ich weiß gar nicht mehr, wie oft ich in der Zeitung war«, sagte ich. »Sind's viele Journalisten?«

»Natürlich«, antwortete er, »das ist doch ein gefundenes Fressen für die.«

Vor der Tür zum Verhandlungssaal im dritten Stock lauerten sie und richteten die Kameras auf uns. Neben der Treppe waren Absperrgitter errichtet und davor standen Polizisten. Der Saal war groß, die Fenster hoch und die Bänke mit Zuschauern besetzt. In der vordersten Reihe spreizten zwei Polizisten mit Maschinenpistolen die Beine und fühlten sich wichtig. Es waren Zwillinge und beide hatten dasselbe blöde Grinsen im Gesicht. Holger saß schon auf der Anklagebank. Er war blaß, sein Gesicht noch schmaler geworden, aber er sah nicht mehr erledigt aus.

Ich schaute, ob sich unter den Zuschauern auch Rudi befand, aber ich sah ihn nicht.

Ich berichtete, wie ich Holger begegnet war und daß wir uns nicht gestellt hatten, weil wir in keinem Untersuchungsgefängnis sitzen wollten, um auf einen Prozeß zu warten, in dessen Vorfeld wir bereits als Täter galten. Holger verweigerte die Aussage, damit wir uns nicht in Widersprüche verwickelten.

»Das Gericht ist unvoreingenommen«, sagte der Vorsitzende. »Richter und Schöffen werden die Zeugen hören und sich unabhängig von der Presse ihr Urteil bilden.«

»Ich versuche zur Klärung beizutragen«, sagte ich, »das hätte ich schon längst tun sollen. Ehrlich währt am längsten.«

Der Staatsanwalt grinste, die Zuschauer lachten, nur mein Vorführbeamter grinste nicht. Er zog einen Notizblock aus der Jackentasche und begann, sich Notizen zu machen.

Er führte mich an fast allen Prozeßtagen in den Saal. Manchmal kam er schon eine halbe Stunde vor Verhandlungsbeginn in die Wartezelle. Ich mochte ihn. Er sammelte Stoff für einen Kriminalroman.

Zuhause hatte er eine Hasenzucht, präparierte Pfoten und da er mich leiden konnte, schenkte er mir eine.

»Das mit der Ehrlichkeit war gut«, sagte er. »Das hab ich mir aufgeschrieben. Am besten sind die Prozesse, in denen man nicht weiß, ob die Beweise reichen. Paß auf den Staatsanwalt auf und zeig ihm die Pfote nicht. Der hat sich schon mal über mich beschwert.«

Er legte die Handfesseln auf das Handwaschbecken, setzte sich auf die Toilettenschüssel und erzählte mir von einem Mordprozeß. Er lag lange zurück, zehn oder zwanzig Jahre, er erinnerte sich nicht mehr genau. Eine Frau hatte ihren Mann aus Eifersucht umgebracht, oder weil er sein Leben zu hoch versichert hatte. Der Prozeß war kompliziert gewesen und hatte so lange gedauert, daß mich der Alte zehn Minuten zu spät in den Gerichtssaal brachte. Der Richter war verärgert und rügte ihn. Vor ihm lagen die Akten und Plastiktüten mit Jacken und Hosen, von denen einige Fasern auf den Sitzen der gestohlenen Autos gehaftet hatten. Ein Gutachter sollte darüber einen Vortrag halten. Auch er hatte warten müssen, nun stand der Alte da und bekam vor Aufregung die Handschellen nicht auf.

»Es hat länger gedauert«, stotterte er.

»Wir warten seit einer Viertelstunde«, pfiff ihn der Vorsitzende an. »Ich werde mich über Sie beschweren.«

»Ich hab aufs Klo gemußt«, sagte ich.

»Sie hatten lange genug Mittagspause«, sagte der Richter.

»Ich scheiß immer erst um zwei«, sagte ich.

Endlich brachte der Alte das Schlüsselchen in den Schlitz und nahm mir die Handschellen ab. Von da an führte er mich immer zehn Minuten zu früh in den Saal.

Ich sah Rudi erst wieder, als das neue Jahr begann. Er saß in der letzten Zuschauerreihe, hatte eine dicke Jacke an und eine Fellmütze auf dem Kopf, denn es war kalt geworden. Er nickte mir zu. Holger schaute desinteressiert an ihm vorbei, doch mir fiel auf, daß er sich nach vorne beugte, der Beweisaufnahme aufmerksamer als vorher folgte und sich Notizen machte. Rudi aber saß da, als wäre er in einen Schraubstock gespannt. Den Kopf hatte er zwischen die Schultern gezogen und den Kragen hochgeschlagen. Holger sah kein einziges Mal zu ihm hin, während eine Zeugin schwor, mich beobachtet zu haben, wie ich in einer Straße in einen Porsche stieg, der dort nie gestanden hatte. Sie war alt, ihr Gesicht war gelb und es war nicht das erste Mal, daß sie als Zeugin vor Gericht erschien. Aber es war schwierig, ihre Aussage zu zerpflücken.

Sie deutete auf mich und sagte: »Das ist er, ich hab ihn gesehen. Ich wollte gerade zur Strahlentherapie.«

Ich wünschte, daß sie der Teufel holte.

»Sind Sie sicher?« fragte der Richter.

»Jawohl«, sagte sie und blinzelte mich durch die Brille an.

»Welche Brillenstärke haben Sie?« fragte mein Verteidiger.

»Ich seh gut«, sagte sie.

»Das beantwortet meine Frage nicht.«

»Die Zeugin ist krank, Herr Rechtsanwalt Riemann«, warf der Vorsitzende ein.

»Ich weiß«, sagte er, »aber sie sieht auch schlecht.«

Als mich der Alte zum Gerichtsgefängnis zurückbrachte, sah ich Rudi wieder. Er stand am Ende des Flurs, wo die Stufen nach unten führten. Es war schon spät und der Gang war leer. Er schaute aus dem Fenster, doch es gab außer Schneeflocken und Dunkelheit nichts zu sehen. Der Alte wurde unsicher, denn auf einmal ging er schneller als sonst. Hier war der Gang nicht mehr einzusehen. Ich hatte schon lange bemerkt, daß dies eine Stelle war, wo mich ein Zweiter befreien könnte, jetzt war mir klar, daß auch Holger sie bemerkt haben mußte.

»Du bräuchtest einen Entlastungszeugen«, sagte der Alte, »sonst geht die Sache nach hinten los.«

»Vielleicht hilft die Hasenpfote«, erwiderte ich.

»Ein Alibi wäre besser«, meinte er. »Das Weib ist ein zähes Luder. Ich kenn sie von früher.«

»Unsere Zeugen kommen noch.«

»Am besten«, sagte er, »sind die, die am Schluß den Prozeß über den Haufen werfen.«

»Die werden sich noch wundern«, sagte ich.

»Da bin ich gespannt«, sagte er und gab mir eine Tüte Weihnachtskekse, die seine Frau gebacken hatte.

Ich träumte, daß ich fliehen würde. Es kam mir ganz wirklich vor. Aber als ich aufwachte, wußte ich nicht, ob ich von einer Mauer gesprungen war oder über ein Drahtseil gelaufen. Nur die Stadt sah ich vor mir, in der die Flucht geendet hatte, eine neblige Straße und eine häßliche Kirche, vor der Menschen in einer Sprache redeten, die ich nicht kannte.

Dann rollte auf dem Gang der Wagen mit dem Frühstück von Zelle zu Zelle. Der Aufseher reichte mir eine Kanne Kaffee und sagte: »Sie haben Gerichtstermin.« Ich zog Jeans an, Schuhe, Wildlederjacke und steckte die Tempotaschentücher ein, in die ich mein Geld gefaltet hatte. Auch die Brille, die ich beim Hofgang gefunden hatte, nahm ich mit an diesem Morgen des 4. Februar 1976, außerdem einen Rasierhobel. Ich hatte geträumt, daß ich fliehen würde, und nun hoffte ich, daß es wirklich ginge.

Auf den Straßen lag Schnee. Als ich im Polizeiwagen zum Gerichtsgefängnis fuhr, ging die Sonne auf, kraftlos und blaß. An den Haltestellen stampften Leute und aus den Schaufenstern der Geschäfte stierten Kleiderpuppen. Sonst waren sie weit weg gewesen, Schemen aus einer anderen Welt, aber nun schienen sie mir wieder zum Greifen nah.

Der Alte sagte: »Ich bin neugierig, was heute kommt.«

Er führte mich durch die Gänge und die Treppe hoch in den dritten Stock. Im Gerichtssaal saßen nur wenige Zuschauer. Ich kannte ihre Gesichter schon. In der vordersten Reihe hockten wie immer die Polizisten mit den Maschinenpistolen. Rudi kam erst später in den Saal, wieder trug er die halblange Winterjacke und die Fellmütze mit den hochgeklappten Ohrenschützern. Holger sah nicht zu ihm hin. Der Prozeß würde noch lange dauern, Monate, ein Jahr vielleicht, aber er würde sicher mit unserer Verurteilung enden.

»Nach der Mittagspause wird die Verhandlung in einen kleinen Saal verlegt«, sagte der Vorsitzende.

Ich bemerkte, wie Holger den Kopf zu Rudi drehte. Und als mich der Alte zur Mittagspause durch den Gang führte, stand Rudi wieder dort am Fenster und wartete. Nach der Mittagspause sah ich ihn nochmal. Er war der einzige vor der Tür des Saals, denn die Polizisten saßen noch in der Gerichtskantine. Der Saal lag im ersten Stock, war leer und für die Verhandlung gelüftet worden. Die Fenster standen noch offen und es roch nach Winterluft, Freiheit und Schnee.

»Dauert noch«, sagte der Alte.

Wir standen aneinandergefesselt vor dem Richtertisch in der Mitte des Raums. Da ich fror, zog ich die Schultern hoch und schaute zum Fenster. Wie immer in letzter Zeit hatte er mich zu früh gebracht. Nun wußte er nicht, was er machen sollte. Ich redete nicht und spürte, wie die Zeit für mich arbeitete, Sekunde für Sekunde. Ich schloß die Augen, dann sah ich auf die Handschellen und auf ihn und die Zeit dehnte sich zwei, drei Sekunden lang, bevor sie zerriß. Endlich fingerte er den Schlüssel aus der Tasche und schloß die Handschelle auf.

Er wußte, daß er nicht durfte, was er tat. Während ich langsam zur Anklagebank ging, blieb er stehen und als ich schräg an ihr vorbei zum Fenster lief, rührte er sich immer noch nicht. Vielleicht glaubte er, daß ich es schließen wollte. Erst als ich aufs Fensterbrett stieg, begriff er und rannte auf mich zu.

Es ging tief hinunter, tiefer als ich jemals gesprungen war. Das Pflaster des Bürgersteigs war grau und auf der Straße fuhren Autos vorbei. Zwanzig Meter entfernt ging eine Frau mit Handtasche. Ich zögerte, bis mich der Alte am Ärmel packte. Dann riß ich mich los und sprang. Ich schlug mit der rechten Seite auf, verlor für einige Sekunden das Bewußtsein und kam wieder zu mir, als sich die Frau über mich beugte und oben der Alte in die Trillerpfeife blies, die er immer an einer Kordel in der Brusttasche trug. Das Gesicht der Frau war so groß wie auf einer Kinoleinwand und der Alte beugte sich über die Fensterbrüstung. Das Pfeifchen in seinem Mund war schwarz. Er trillerte so lange, daß ich es noch hörte, als ich schon am Ende des Gerichtsgebäudes über die Straße rannte.

Der Weg war weit, zweihundert Meter vielleicht. Zuerst torkelte ich noch, dann trieb mich das Pfeifchen voran. Die Autos fuhren viel schneller als sonst und ich stand auf der Fahrbahn und hörte die Bremsen quietschen, doch ich kümmerte mich nicht darum. Ich keuchte und bekam keine Luft mehr. Als ich weiterging und die Hände in die Taschen der Wildlederjacke stecken wollte, merkte ich, daß der Mittelfinger der linken Hand aus dem Gelenk gesprungen war. Er stand im rechten Winkel ab und unter dem Nagel trat Blut hervor. Ich bog den Finger, bis er knackste und zurück in die Pfanne sprang. Die Fußgänger in den Nebenstraßen der Zeil beachteten mich nicht. Ich ging nur schneller als sie.

Eine Minute lang verlor ich die Orientierung. Obwohl ich die Straße kannte, wußte ich nicht, in welche Richtung ich mußte. Ich betrat einen Spielsalon, in dem sich Jugendliche über Automaten beugten, und schloß mich in der Toilette ein. Aus dem Spiegel sah mir ein gehetztes Tier entgegen. Mein Haar war kurz und auf der Oberlippe wuchs ein dunkel gefärbter Bart. Ich rasierte ihn mir von der Lippe. Meine Hände zitterten und unter dem Nagel des linken Mittelfingers quoll immer noch Blut hervor. Ich wickelte ein Papiertaschentuch darum und klebte mir ein Fitzelchen davon auf die Oberlippe, in die ich mich geschnitten hatte. Dann setzte ich die

Brille auf, doch die Gläser waren so stark, daß dahinter die Welt verschwamm.

Noch hatte ich Zeit, ein anderer zu werden. In der Ferne heulten die ersten Sirenen, doch jetzt wußte ich, in welche Richtung ich gehen mußte. Die Menschen bewegten sich langsam und manchmal rempelte ich Passanten an. Es scherte mich nicht, denn nun heulten die Sirenen von allen Seiten. Ich betrat das Kaufhaus Hertie und fuhr mit der Rolltreppe nach oben, aus Lautsprechern drang träge Musik. Im Restaurant klapperten Bestecke und die Serviererinnen liefen wie in Zeitlupe von Tisch zu Tisch. Ich muß mich verändern, dachte ich und fuhr hinunter in die Herrenabteilung. Dort kaufte ich einen Trenchcoat und eine Prinz-Heinrich-Mütze und am Eingang zum Kaufhaus einen Strauß gelber Blumen. Nun war ich ein anderer geworden.

Er trug eine Brille, einen Mantel, eine Mütze auf dem Kopf und Blumen in der Hand. Vielleicht war er auf dem Weg zu seiner Tante, die irgendwo am Bahnhof wohnte. Das Geschrei der Sirenen hatte so wenig mit ihm zu tun wie die Männer mit den weißen Armbinden, die ihm in einer Reihe entgegenkamen und die Passanten musterten. Er schlenderte in der Mitte der Einkaufsstraße, hatte eine Hand in der Tasche, in der anderen die Blumen und spähte in die Schaufenster nach einer Schachtel Pralinen. Er wunderte sich ein wenig, daß ein Mann mit einer weißen Armbinde in sein Gesicht und dann auf den Blumenstrauß starrte, aber schon wandte sich der Mann jemand anderem zu. Jetzt hatte er viel Zeit und ging langsamer als die übrigen Passanten, die Tante war bestimmt noch beim Kuchenbacken. Warum sollte er sich nicht vorher einen Film ansehen?

Der Film lief schon, als ich den Kinosaal betrat, auf der Leinwand schoß ein Gangster um sich, sprang in ein Auto und raste mit quietschenden Reifen davon. Polizisten feuerten ihm hinterher, aber sie hatten kein Glück. Das Auto überschlug sich, doch er kroch heraus, raste eine Treppe hoch und hechtete durch eine Glastür, daß die Scherben über die Bühne klirrten. Später fesselte er einer Frau Hände und Beine und trank einen doppelten Whisky. Es war ein Scheißfilm und ich wunderte mich, wie groß die Gesichter auf der Leinwand waren.

Ich wollte hinaus. Wenn sie kommen, dachte ich, sitz ich in der Falle. Aber ich zwang mich sitzenzubleiben, denn draußen war es gefährlicher als hier. Ich überlegte, was ich tun sollte. Allmählich ordneten sich meine Gedanken. Ich muß raus aus der Stadt, Rudi treffen und ihm sagen, er soll Holger ausrichten, ich hol ihn raus. Ich muß Zeit gewinnen. Nach der Vorstellung stieg ich in ein Taxi. Die Sirenen waren nun aus Sachsenhausen zu hören.

»Lugmeier ist aus dem Gerichtssaal geflohen«, sagte der Taxifahrer. »Vorhin haben sie über Funk die Beschreibung gebracht.«

»Wer ist Lugmeier?« fragte ich.

»Der hat einen Geldtransport überfallen«, sagte er und bog in die Kaiserstraße ein. Aber nun schrien die Sirenen vom Hauptbahnhof her.

»Ich hab was vergessen«, sagte ich, »können Sie mich zum Krankenhaus Nordwest bringen?«

»Wie Sie wollen«, sagte der Taxifahrer.

Es war schon dunkel, als ich vom Krankenhaus an einer Ziegelei vorbei nach Nordweststadt ging. Der Wind schnitt über die Felder und der Himmel war kalt. Immer noch hielt ich den Blumenstrauß in der Hand, nur die Brille hatte ich wieder abgenommen. Ein Polizeiwagen kam den Feldweg entlang auf mich zu und fuhr an mir vorbei. Die Polizisten beachteten mich kaum, denn ich war jemand, der mit einem Blumenstrauß nach Hause ging. Ich würde ihn bis Penzberg behalten und bei Gregor in eine Vase stellen. Vor einem Haus am Stadtrand las ich ein Schild, auf dem TAXI stand, und klingelte an der Tür.

»Mein Mann kommt erst in einer halben Stunde zurück«, sagte eine Frau. »Sie können hier warten. Wohin wollen Sie denn?«

»Nach Feuerbach«, sagte ich.

Ich setzte mich ins Wohnzimmer, behielt den Mantel an und die Mütze auf dem Kopf.

»Das ist weit«, sagte die Frau. »Ich mach Ihnen eine Tasse Kaffee.«

Während sie ihn in der Küche aufbrühte, wurde in der Tagesschau mein Foto gezeigt, doch als sie mit der Kanne hereinkam, erkannte sie mich nicht.

Endlich kam das Taxi und chauffierte mich zu meinem Ziel. Das Kaff war zwanzig Kilometer von Butzbach entfernt, wo ich im Gefängnis gesessen hatte. Die Straßen waren ausgestorben und die Fensterläden der Häuser geschlossen, es gab nicht einmal eine Gaststätte, aber schließlich kam mir eine Frau auf einem Fahrrad entgegen und sagte mir, wo Rudi M. wohnte. Seine Mutter öffnete, aber sie wußte nicht, wann er nach Hause kommen würde. Dann schloß sie die Tür, drehte den Schlüssel im Schloß und ich wartete, bis es von der Turmuhr Mitternacht schlug. Dann verließ ich das Dorf, in dem einer von Raubüberfällen und Millionen träumte und jeden Tag ins Gefängnis fuhr, um Türen zu schließen.

Zwei Stunden später wußte ich nicht mehr, in welche Richtung ich ging. Dreimal, viermal war ich auf der Landstraße abgebogen, aber nun stand ich wieder an derselben Kreuzung. Ich war zu müde, um weiterzugehen, suchte nach einem Unterschlupf und entdeckte eine Scheune, die unverschlossen war. Ein Berg von Decken, Kissen und Schlafsäcken lag darin. Ich wühlte mich ein und schlief, traumlos und schwer. Als ich aufwachte, war es später Vormittag. Auf einer Straße fuhr ein Traktor vorbei und von irgendwoher waren Stimmen zu hören. Ich stahl mich hinaus und nun wußte ich auch wieder, in welche Richtung ich mußte. Es waren nur ein paar Kilometer bis Butzbach, wo ich schließlich eine Fahrkarte nach Gießen kaufte, um von dort aus nach München zu kommen. Der Zug war voll und der Mann gegenüber hielt mir mein Bild entgegen. Es sprang mich von der Titelseite der Zeitung an. Ich legte den Blumenstrauß auf den Schoß, zog die Mütze in die

Stirn und sah durch die Brille verschwommen die Landschaft. Endlich blätterte der Fahrgast die Zeitung um.

Ich ließ die Brille auf die Nase rutschen und sah über den Rahmen hinweg auch andere Leute Zeitungen lesen. Ich achtete auf jeden Blick, jede Bewegung, doch niemand nahm Notiz von mir. Wie in der Landeszentralbank kam es mir vor, als hätte ich eine Tarnkappe übergestülpt. Nur hinter dem ironischen Lächeln einer Nonne spürte ich Gefahr. Sie saß in der Bahnhofsgaststätte von Gießen und aß Frikadellen und Kartoffelsalat. Immer wenn sie sich mit der Serviette die Lippen abtupfte, schaute sie mich an und lächelte, als durchschaute sie mich. Doch sie wirkte nicht aufgeregt und als sie bezahlte, nahm sie ein Bild von Franz von Assisi aus ihrem Portemonnaie, kam zu mir herüber und legte es auf den Tisch.

Mein Blick war scharf geworden. Wie ein Blinder den Wert der Münzen ertastet, erforschte ich die Gesichter. Während der Zug im Frankfurter Hauptbahnhof stand, entdeckte ich wieder die Jäger. Sie waren plötzlich neben mir, gleich hinter der Scheibe standen sie und beobachteten, wer in die Züge stieg. Einer spähte herein, doch er erkannte mich nicht.

Am Abend kam ich in München an und fuhr mit dem letzten Zug nach Penzberg weiter. Hundert Meter von Gregors Wohnung entfernt stand ein großer Transporter, ein Observationswagen der Polizei. Ich erkannte ihn an der rötlich schimmernden Heckscheibe. Ich ging am Haus vorbei und verschwand in der Dunkelheit. Gregor war nun der Einzige, dem ich vertraute, und in der kommenden Nacht wollte ich das Grab ausräumen. Durch Wiesen und Schrebergärten kehrte ich in einem Bogen zurück, zwängte mich durch ein Kellerfenster ins Haus, huschte die Treppe hoch und kratzte an der Tür der Wohnung. Er hatte schon geahnt, daß ich kommen würde, er war aufgeregt und schaltete das Licht nicht an.

»Unten stehen sie«, flüsterte er. »Ich hab das Kellerfenster für dich offen gelassen. Aber du mußt schnell wieder weg.«

Er hatte ein langes Nachthemd an und mit seinen Krücken stakste er wie ein Gespenst durch die Wohnung, briet Eier und kochte Kaffee. Es roch gut und fast war es, als hockte ich in der alten Lagerhütte. Die Gardinen waren zugezogen und über dem Tisch baumelte dunkel der Lampenschirm aus Hirschgeweih. Wir lauschten auf die Geräusche im Haus und als eine Autotür schlug, hielt ich den Atem an.

»Du mußt mir helfen, das Geld aus dem Grab zu holen«, sagte ich. »Ich geb dir zwanzigtausend dafür.«

»Wegen dir komm ich noch in den Knast«, erwiderte er.

»Willst du küssen das blanke Schwert?« fragte ich.

»Gib mir fünfundzwanzig«, sagte er.

»Ich geb dir dreißig«, sagte ich, »aber du mußt mir einen Ausweis besorgen und helfen, das Geld nach England zu schaffen.«

»Wie?« fragte er.

»Mit dem Auto.«

»So weit weg war ich seit Smolensk nicht.«

»Ich versteck mich in den Bergen«, erwiderte ich. »Wenn ich Papiere hab, besuch ich Biggs. Der soll mir helfen, Brasilianer zu werden.«

»Der hilft dir sicher«, erwiderte er.

In der folgenden Nacht holten wir die zwei Millionen und vergruben sie hinter der Bank im Stadtwald, auf der ich gesessen hatte, wenn ich nicht schlafen konnte. Die großen Scheine und ein paar der Banknotenziegel nahmen wir mit. Ich gab ihm, was ich versprochen hatte, den Rest vergrub ich neben dem Heustadel im Moor, wo ich mich ein paar Tage versteckte.

Wenn es dunkel wurde, kam er mit einem Rucksack über die Wiesen und brachte mir Essen, Zigaretten und Schnaps. Aus seinem Schlesiergesicht schauten Augen, die schnell schmal und mißtrauisch wurden. Aber sobald er hinter eine krumme Geschichte kam, lachte er und freute sich. Er mochte Diebe, Vagabunden und Räuber und wäre selbst gern einer geworden, doch war ihm klar, daß man mit einem Bein dabei liegenbleibt. Manchmal hatte er mir Geld gepumpt, wenn ich in den Taschen nur Löcher hatte. Aber nun hatte ich ihm 30 000 Mark gegeben.

»In den Bergen bist du sicher«, sagte er. »Paß auf, daß dir die Gemsen nicht das Futter stehlen.«

Er brachte mir Proviant und Ausrüstung, damit ich in die Berge konnte. Sie steckten in Wolken, der Schnee lag hoch und ich schuftete zwei Nächte lang. Auf dem Steilhang vor dem Rabenkopf sackte ich bis über die Hüften ein. Der Nebel war so dicht, daß ich nur zwei Schritt weit sah. Doch ich kannte den Weg, denn ich war die Pfade als Kind gegangen. Während ich unter der Glaswand ein Schneeloch aushob, das Zelt aufbaute und mit Fichtenästen tarnte, schneite es und eine Stunde später sah mein Versteck wie ein großer, weißer Ameisenhaufen aus. Vier Wochen hauste ich im Schnee. Um Nachrichten zu hören, stellte ich das Transistorradio an, doch jetzt, da das ganze Geld mir gehörte, war mir Holger gleichgültig geworden. Ich dachte an London, Jeff und die Log Cabin und daß ich neu beginnen würde, allein dieses Mal und mit einem Paß, in dem sich mein eigenes Bild befand. Die Nächte waren kalt und einmal stahlen mir Gemsen eine Pfanne mit Bohnen und Speck, die noch zwei Tage hätte reichen sollen. Es war still im Schnee, nur der Wind pfiff und manchmal krachten die Bäume. In der Dunkelheit zündete ich ein Feuer an und legte Steine hinein, die ich anschließend in eine Decke wickelte und in den Schlafsack steckte. Dann kroch ich hinein und trank Whisky. Gregor brachte mir jede Woche mit dem Proviant drei Flaschen ins Tal. Dann stieg ich am Wildbach entlang in die Jachenau hinunter.

»Hast du einen Ausweis beschafft?« fragte ich.

»Dauert noch. Nächste Woche krieg ich ihn«, sagte er.

Ich saß im Zelt und fühlte mich weit weg von allem. Aber auf einmal war mein Name wieder da, der laufende Prozeß, der Saal im Gericht. Ich hörte Nachrichten, der Sprecher behauptete, ich hätte soeben den Gerichtssaal gestürmt und Geiseln genommen. Es dauerte lange, bis ich begriff, dann wurde mir klar, daß Holger einen letzten Versuch unternommen hatte, doch noch rauszukommen. Es mußte Rudi gewesen sein.

Als ich ein paar Tage später mit Gregor nach England fuhr, las ich in der Zeitung, was geschehen war. Rudi war mit Kapuze und Pistole in den Gerichtssaal gestürmt, doch der Vorführbeamte hatte Holger in einen Nebenraum gezerrt und sich mit ihm eingeschlossen. Rudi hatte Holgers Freilassung, ein Flugzeug nach Kuba und sieben Millionen Dollar gefordert, aber da sie nicht darauf eingingen, wußte er nicht, was er machen sollte. Er hatte sich hinter Tischen und Bänken verbarrikadiert, aber schließlich hatte ihm einer in den Bauch geschossen.

»Der war verrückt«, sagte ich. »Der war total verrückt.«

»Besser«, meinte Gregor, »als im Gefängnis Türen schließen.«

zwölf

Gregor hatte das Geld unter den Rücksitzen des Autos versteckt und da er nur ein Bein hatte, kontrollierten sie ihn nicht. Als er mit dem DAF aus der Verladeklappe der Prinz Hamlet rollte, fühlte ich mich, als wäre ich durch einen endlosen Tunnel gehetzt und trotzdem am Ausgang angelangt. Am fernen Ende konnte ich noch die Gefängniszelle mit dem Gitterkäfig sehen, das Gesicht der Frau, die sich über mich gebeugt hatte, als ich auf dem Bürgersteig lag, mein Bild in der Zeitung, als ich von Butzbach nach Gießen fuhr und das Feuer im Schnee. Doch jetzt hatte ich englischen Boden unter den Füßen. Es roch nach Meer, auf dem Zollgebäude flatterte der Union Jack, über dem Hafen kreischten die Möwen und das Licht war so hell, als flimmerte silbern die Freiheit. Ich hab's geschafft, dachte ich, ich hab's wirklich geschafft. Dann ging ich Gregor entgegen.

»Ich hab's geschafft«, sagte ich. »Erst hab ich's nur geträumt.«

»Hier fahren sie alle auf der verkehrten Straßenseite, paß auf, daß du nicht unter die Räder kommst.«

Er packte mein Geld in die Tasche, schüttelte mir die Hand, rammte mir die Krücke ins Kreuz und sagte: »Hau endlich ab!« Ich nahm ein Taxi nach London. Als ich zurückblickte, sah ich ihn zum letzten Mal. Er hing in den Krücken, den Schädel hatte er zwischen die Schultern gezogen und aus der Ferne sah er wieder wie Long John Silver aus. Dann zog draußen die Landschaft vorbei, im Auto klimperte Klaviermusik und der Fahrer fragte: »Wohin wollen Sie, Sir?«

»Ins Hilton«, erwiderte ich.

Ich kaufte bei Harrod's Hemden, Schuhe und Anzüge. Im Hotel schaltete ich den Fernseher an, ließ mir eine Flasche alten Cognac aufs Zimmer bringen und am nächsten Tag lief ich in die Warwick Street. Die Bar sah aus wie das Innere einer Blockhütte, der Tresen war aus ungehobelten Brettern gezimmert und von der Decke baumelten Grubenlampen. Jeff trug ein Holzfällerhemd und wie ein Holzfäller sah er auch aus, breit und knochig. Sein Haar war rot und mit den Zähnen hätte er Kiesel zermalmen können.

»Wie geht's Brian?« fragte er.

»Wie's einem geht«, sagte ich, »wenn man im Knast sitzt.«

»Hätt sich was Besseres einfallen lassen sollen, so wie ich«, sagte er.

»Ich hab Geld für ihn«, sagte ich. »Er hat gesagt, ich soll's bei dir hinterlegen.«

»Haben sie dich entlassen?«

»Nein.«

Er setzte sich zu mir an den Tisch, legte die Arme auf die Platte und sah mich mit farblosen Augen an.

»Ich bin nicht mehr im Geschäft«, sagte er, »sonst machen sie mir die Kneipe dicht.«

»Ich brauch Papiere für Südamerika«, sagte ich. »Vielleicht geh ich wie Biggs nach Brasilien.«

»Du mußt einer ein Kind machen«, sagte er. »Dann liefern sie dich nicht aus. Aber ich kann dir nicht helfen.«

Ich legte ihm das Kuvert mit den tausend Pfund auf den Tisch.

»Brian wird's brauchen«, sagte ich. »Er hat mir geholfen.«

Er schwieg, trank das Glas aus, riß das Kuvert auf, zählte das Geld und wischte sich die Lippen ab. Dann telefonierte er. Als er sich wieder an den Tisch setzte, schrieb er mir eine Adresse in Knightsbridge auf.

Das Haus war nur einen Katzensprung von Kensington Gardens entfernt, die Haustür schwarz, Knauf und Klingelbrett aus Messing und nach oben führte eine breite Treppe mit einem roten Läufer. Die Wohnungstür stand offen, Basil hatte die Füße auf den Tisch gelegt und telefonierte. Er war schwarz, aber sein Gesicht wirkte europäisch. Ich studierte die Etiketten seiner Whiskyflaschen, es gab mindestens hundert davon.

»Du bist reich«, sagte ich.

Er lachte.

»Jeff hat angerufen«, sagte er. »Wird ein paar Wochen dauern. Wo wohnst du?«

»Im Hilton.«

Am Handgelenk trug er eine goldene Uhr, seine Füße steckten in Seidensocken und auf dem Glastisch lagen Prospekte eines Hotels auf den Bahamas. Im Fernsehen lief lautlos ein Tennismatch, während er weiter telefonierte.

»Your excellency«, sagte er mehrmals. »Er ist für einen guten Freund vom Kontinent.«

»Einen irischen?« fragte er mich. Ich nickte.

»Ten Grand. Drei sind für mich. Er ist registriert. Dann gibt's dich zweimal, brother. How do you like it? Hier im Haus ist eine Wohnung frei, die ist billiger als das Hilton.«

Es kam mir vor, als hätte kurz vor mir jemand anders London besucht und gesagt, da kommt bald einer, der Papiere braucht. Noch wartete ich auf den Paß, aber der Mann, der in die Wohnung mit den alten Möbeln, Teppichen und dem Sofa aus Büffelleder nach Ennismore Gardens zog, war fast schon ein anderer. Er rutschte das Treppengeländer hinunter, lief durch die kopfsteingepflasterten Mews zu Harrod's und frühstückte an der Champagnerbar. Er klopfte bei seinem schwarzen Nachbarn an die Tür und hörte zu, wie der von Geschäften sprach. Dann fuhren sie ins Morton's am Berkeley Square oder tranken in Pip's Winebar Dom Perignon.

Ich konnte tun, was ich wollte. Ich war frei. Ich kaufte noch ein paar Anzüge und wenn ich im Tramp's auf dem Spiegelboden im zerrissenen Licht tanzte, war es, als hätte ich Flügel an den Fersen.

Ich wartete vier Wochen lang. Dann hatte Basil einen Paß für mich. Nun war ich John Michael Waller aus Dublin und dreißig Jahre alt. Der Stempel auf meinem Bild war groß, rund und scharf geprägt.

Ich zahlte den Rest des Geldes, dann stießen wir mit Champagner an. Basil kam aus der Gosse, hatte Jura studiert, auf den Bahamas gelebt und mit Bob Guccione die Idee für *Penthouse* entwickelt.

»Ich hätte damals nicht aussteigen sollen«, sagte er. »Dann wäre ich heute so reich wie Bob.«

In Frankfurt hatte Basil einen Nachtclub gehabt, bevor er in London ein Casino eröffnete, dann hatten sie ihn wegen seiner Rauschgiftgeschäfte in den Knast gesteckt und das Casino geschlossen. Er war knapp bei Kasse, das merkte ich, aber in seiner Brieftasche steckten die Mitgliedskarten von Annabell's und Les Ambassadeurs, von Ladbroke's, Morton's und dem Sporting Club.

»Zufrieden, brother?« fragte er. »Wohin gehst du jetzt?«

»Ich weiß noch nicht.«

»Du brauchst ein Land«, sagte er.

Ich saß mit ihm im Morton's am Ende der langen Theke und der Pianospieler klimperte vor sich hin. Vor dem Annabell's stiegen Gäste aus Limousinen und verschwanden unter dem schwarzen Baldachin. Der Barkeeper mixte komplizierte Drinks. Hinter ihm sah ich mich im Spiegel und wunderte mich, daß ich in einer Bar in London war. Mit dem Glas in der einen und der Zigarette in der anderen Hand wirkte ich wie aus einem Film, in dem ein Schwarzer ein Geschäft vorschlägt und der Mann am Klavier die *Rhapsody in Blue* anstimmt.

»Es gibt eine Landspitze auf Abaco, Treasure Key. Die Deltac Gesellschaft will sie verkaufen.«

»Für wieviel?« fragte der Mann im Spiegel.

»30 Millionen Dollar«, sagte der Schwarze.

»So viel hab ich nicht«, sagte der Mann.

Der Schwarze zündete sich eine Zigarette an. Sein Feuerzeug war aus Gold wie die Uhr an seinem Handgelenk.

»Es gibt ein Hotel, Ferienhäuser, von denen einige Amerikanern gehören, Plantage und Golfplatz. Die Araber wollen ihr Geld anlegen. Ich kenne den Botschafter der Emirate und kann das Geschäft vermitteln.«

»Was hat das mit mir zu tun?« fragte der Mann.

»Ich muß Seine Exzellenz einladen«, sagte der Schwarze, »damit er die Landspitze ansehen kann.«

»Wieviel kostet das?«

»Die Flüge«, sagte der Schwarze, »und ein Haus am Strand für zwei Wochen. Wenn's klappt...«

»Und wenn nicht?«

»Du kannst vielleicht das Hotel übernehmen«, sagte der Schwarze. »Dann verschaff ich dir einen Bahamas-Paß. Ich hab Beziehungen dort.«

Ich wollte es mir überlegen. Später fuhren wir in die Cromwell Road und stiegen hinunter ins Fortyfive. Das Casino war klein, um die Roulettetische drängten sich Spieler und griffen sich über die Schultern, wenn sie Jetons plazierten. Im Salon war das Sirren und Klackern der Elfenbeinkugeln zu hören, wenn sie zu springen begannen. Die Ansagen des Croupiers klangen gedämpft und das Parfüm der Frauen erregte mich. Es war, als hätte sich das Glück einen vertrauten Ort gesucht.

Bevor ich zu spielen begann, hatte ich vor etwas Angst, das ich nicht benennen konnte, und wünschte mir, ich wäre nicht hier. Aber dann hockte sich Basil an einen Black-Jack-Tisch, setzte auf zwei Boxen je einen Zehn-Pfund-Jeton und hörte bei vierzehn zu kaufen auf. Sein Gesicht sah aus, als wäre es auf einen Rahmen gespannt. Ich hoffte, er würde gewinnen, doch der Croupier blätterte die Asse, Könige und Zehner hin und räumte die Boxen ab. Seine Hände arbeiteten so sicher und schnell, als wüßten sie, welche Karten kommen. Die Spieler mochten ihn nicht und unterdrückten ihre Wut. Wenn er die Jetons kassierte, starrten sie auf seine Hände, dann setzten sie wieder. Ich zählte das Geld, das Basil verlor, bis er den Tisch wechselte.

»Gegen seinen Lauf kommst du nicht an«, sagte er.

Ich studierte die Gesichter der Croupiers. Sie wirkten unbeteiligt und dennoch schien es, als hätten sie die Macht über die Zahlen und das Glück. Ich setzte jeweils zehn Pfund auf die Acht und die Elf. Als die Kugel sprang, dachte ich, meine Zahlen kommen ganz sicher nicht. Ich war der einzige, der auf sie gesetzt hatte. An den Tischenden waren Burgen aus Jetons aufgebaut. Die Kugel hüpfte mit letzter Kraft auf die Elf und von da an dachte ich, die Elf und die Acht. Ich ließ den Einsatz stehen und es kam wieder die Elf. Ich gewann dreimal auf der Elf, dann kam zweimal die Acht und ich zählte, wieviel ich gewonnen hatte.

In wenigen Minuten waren es fast zweitausend Pfund geworden und ich wollte weg und zugleich zurück an den Tisch.

»Du mußt höher spielen«, sagte Basil, »wenn deine Zahlen kommen.«

Ich sah, daß die Kugel schon wieder auf der Elf liegenblieb, kehrte zurück an den Tisch und spielte weiter mit Fünfzig-Pfund-Jetons. Aber nun kamen die Acht und die Elf nicht mehr. Ich hätte nicht aufstehen dürfen, sagte ich mir und verlor das Geld, das ich gewonnen hatte. Dann suchte ich nach anderen Zahlen, die Zehn, Dreizehn und Fünf, setzte aber auf die Sechsunddreißig und die Vier. Das Spiel hatte sich gegen mich gewendet. Ich hechelte den Zahlen nach und die Trommel fraß mir das Geld aus der Hand. Es ist egal, dachte ich, du bist reich, aber dennoch verzweifelte ich, als hätte sich alles gegen mich gewandt.

Du hast kein Glück, dachte ich, einfach kein Glück.

Doch dann kam wieder die Acht und ich setzte auf sie und die Elf. Plötzlich kam es mir vor, als wäre ich dem Spiel einen Schritt voraus. Ich gewann. Dann spielte ich mit Hundert-Pfund-Jetons und gewann weiter. Die anderen Spieler gingen mit und der Besitzer des Casinos trippelte auf und ab und ordnete Handwechsel an. Es änderte nichts. Um drei Uhr morgens hatte ich 15 000 Pfund gewonnen, zog den Mantel über, kehrte aber, als das Taxi kam, zurück an den Tisch und setzte hundert Pfund auf die Achtundzwanzig. Sie kam. Sie kam so mühelos, daß ich es nicht begreifen konnte und am liebsten geweint hätte.

»Du hast Glück«, sagte Basil.

»Ich komm mit auf die Bahamas«, sagte ich. »In New Providence gibt es ein Piratenmuseum.«

»Und zwei Casinos, brother«, sagte er, »eines in Nassau und das andere in Freeport, aber vielleicht solltest du besser nach Grönland fliegen.«

Die Botschaft der Vereinigten Arabischen Emirate lag neben der saudischen, nur ein paar hundert Meter von Ennismore Gardens entfernt. Basil kannte die Sicherheitsmänner vor den Türen und die vier Sekretärinnen, die im Vorraum für Saleh Hussein arbeiteten, der den Botschafter Mahdi Tschah vertrat. Es war, als rollten sich die Teppiche hinter mir von selbst zusammen, aber als mir Seine Exzellenz die Hand gab und er eine Sekretärin Kaffee und Konfekt bringen ließ, fühlte ich mich sicher im Raum mit dem Bild von König Said an der Wand. Vor ein paar Wochen, dachte ich, hab ich noch im Knast gesessen, jetzt bin ich John Michael Waller. Der zog die Hosenbeine hoch, probierte das arabische Konfekt und löffelte braunen Zucker in den Kaffee.

»Meine Frau hat den Kaffee aus dem Jemen mitgebracht«, sagte Seine Exzellenz und schaute, ob er John Michael Waller schmeckte, der einen grauen Anzug von Ted Lapidus trug, eine Krawatte von Cecil Gee und Gucci-Schuhe.

Er roch am Konfekt, probierte und fragte: »Was für ein Gewürz ist das, Eure Exzellenz?«

»Kardamom und Zimt«, sagte Seine Exzellenz. »Außerdem ein bißchen Mandelöl und geriebene Dattelkerne, aber nur eine Spur davon.«

John Michael Waller nippte nochmal am Kaffee und nickte anerkennend.

Seine Exzellenz ging schon auf die Siebzig zu, sein Haar war grau, aber neben dem Bild des bärtigen Königs hing auch eins von ihm in Offiziersuniform. Er war jung darauf und am Gürtel trug er einen Säbel und eine Pistolentasche. Seine Exzellenz war damit beschäftigt, Verträge zu unterzeichnen, aber er bemerkte meinen Blick, nahm die Uhr vom Handgelenk und zeigte mir die Widmung seines Königs.

John Michael Waller strich mit der Kuppe des Zeigefingers darüber. Ich bemerkte, daß Seine Exzellenz auf das Geschenk stolz war. Kurz darauf kam seine Frau ins Büro, sie war jung, ihre Füße tätowiert und ihr Englisch klang, als wäre sie in London geboren.

Wir dinierten in einem arabischen Lokal in der Kensington High Street, wo man wußte, daß Seine Exzellenz gerne Lager trank, speisten gebratene Täubchen und dabei begriff John Michael Waller, was er für eine Geschichte hatte. Vor nicht einmal zwei Jahren war aus mir in einem Vernehmungszimmer um die Ecke der Sohn des Polizeidirektors Lugmeier geworden. Nun saß ein Ire mit dem stellvertretenden Botschafter der Vereinigten Arabischen Emirate am Tisch, aß in Honig gebratene Tauben und hatte in Wien Literatur und Philosophie studiert, bevor er angefangen hatte, Kinderbücher zu schreiben.

»Kinderbücher?« fragte Nouach, die Frau Seiner Exzellenz.

»Mit vielen Bildern«, sagte John, »die aber ein anderer malt.«

»Gibt es englische Übersetzungen?« fragte Nouach.

»Noch nicht«, sagte John. »Ich habe immer bei meiner Mutter in Österreich gelebt.«

»Wo da?« fragte Nouach.

»In Bludenz«, sagte John.

»Bludenz kenne ich nicht«, sagte sie. »Aber ich bin in Wien gewesen.«

»Dort stammt meine Großmutter her«, sagte John. »Ich glaub, sie war eine Hexe.«

Seine Exzellenz lachte, nur Basil schaute verständnislos über den Rand seines Whiskyglases.

»Gibt es in Ihren Büchern auch Hexen?« fragte sie.

»Natürlich«, sagte John, »Hexen, Räuber und manchmal Piraten. Einmal gab es im Mittelmeer einen, der Aruch Rotbart hieß. Er stammte aus Arabien und hat viele Schiffe gekapert. Die Italiener haben ihn gefürchtet. Vielleicht schreib ich ein Buch über ihn.«

»Er ist ein bißchen verrückt«, sagte Basil. »Er fliegt mit auf die Bahamas, er will ins Piratenmuseum.«

»Das will ich auch sehen«, sagte Nouach.

»Wollen Sie Pirat werden?« fragte Seine Exzellenz.

»Ich hätte lieber ein Hotel«, lachte John.

»Red nicht so viel bullshit«, sagte Basil später.

»Aruch Rotbart gab's wirklich«, erwiderte ich. »Nur war er aus der Türkei.«

»Irgendwann weißt du selbst nicht mehr, was du sagst. Ich hab gedacht, du hast gekokst.«

Bald darauf rief ich in Andechs an und bestellte für Seine Exzellenz einen Kasten Bier.

Ein paar Wochen später saß ich mit ihm, Basil und Nouach im Flugzeug nach Miami. Sie mochten mich, denn sie schenkten mir einen Taschenrechner aus Gold mit Tasten aus Lapislazuli. Ich probierte, ob zwei und zwei wirklich vier ergaben. Die Halle des

Fountain Blue-Hotels und der offene Kamin waren so groß, daß die Menschen zu Zwergen wurden.

»Ich hab Felix informiert, daß wir kommen«, erwiderte Basil. »Er ist ein alter Freund von mir. Steig nicht vor Saleh aus dem Flugzeug.«

Doch als die Propellermaschine in Freeport landete, ließ Seine Exzellenz John Michael Waller den Vortritt. Er stieg die Gangway hinunter und betrat als Erster die Pirateninsel. Die Nachfahren der Bukaniere hatten einen roten Teppich über den Schotter gerollt und eine Blaskapelle intonierte die Landeshymne. John Michael Waller blieb am Ende der Treppe stehen und wartete, bis Seine Exzellenz und seine Frau aus dem Flugzeug stiegen. Dann ging er hinter ihnen her zu der Zollbaracke, über deren Tür das Bahamaswappen mit der Aufschrift prangte: EXPULSIS PIRATIS RESTITUA COMERCIA.

Ich blieb zwei Wochen in Treasure Key. Die Villa lag hinter Dünen hundert Meter vom Strand entfernt. Eine breithüftige Schwarze richtete das Frühstück auf der Terrasse und am Abend kamen Polizisten und paßten auf, daß niemand die Koffer stahl. Doch da es auf der Insel keine Diebe gab, schliefen sie meist oder tranken die Flaschen aus. Wenn ich zum Strand ging, spürte ich den Wind. Er kam über die See und roch, als gähnte ein Gott, zwischen dessen Zähnen Tang und die verfaulten Planken versunkener Schiffe hingen.

Während Basil mit Saleh Hussein zur Plantage und zum Golfplatz fuhr, segelte ich mit Nouach und Felix aufs Meer hinaus. Das Wasser war türkis und so klar, daß ich die Riesenrochen über dem Sandgrund schweben sah. Ich angelte und zog einen Barrakuda an Bord. Er kämpfte, als wäre er mit Starkstrom geladen. Es dauerte fast eine Stunde, bis er im Kasten mit der Glasplatte die Kraft verlor und verreckte. Auf Greenturtle Key aß ich Schildkrötensuppe, die so dick war wie das Gulasch meiner Großmutter.

Ich sagte: »Hier möchte ich bleiben.«

Nouach streckte ihre tätowierten Füße ins Wasser.

»Wieviel kostet das Hotel?« fragte sie.

»Zwei Millionen Dollar«, erwiderte ich.

»Wieviel kannst du investieren?«

»Eine halbe Million«, sagte ich.

»Das reicht doch«, sagte sie, »den Rest übernimmt eine Bank. Ich werde mit Saleh sprechen.«

»Die Zimmer sind belegt«, sagte ich, »und kosten 150 Dollar pro Nacht.«

»Saleh muß mit dem König reden«, meinte sie. »Morgen fliegen er und Basil zum Präsidenten nach Nassau. Er will auf dem Black Point ein Hotel errichten und unsere Leute auf die Bahamas holen. Dazu muß die Landebahn vergrößert werden.«

»Ich werde Arabisch lernen«, sagte ich.

»Sadach el cher«, sagte sie.

»Sadach el cher«, wiederholte ich.

»Es ist doch ganz einfach«, sagte sie.

Wir blieben über Nacht in Greenturtle Key. Ich saß lange an Deck, bevor ich hinunterging. Die Wellen klatschten gegen den Rumpf und zwischen Palmen flackerte der Schein eines Feuers. Manchmal waren Stimmen zu vernehmen und Lachen. Es roch nach See und ich glaubte die Bukaniere zu hören, wie sie ihre Feste feierten und die Beute teilten, bevor sie wieder Galeonen, Karacken und Naos jagten. Ich hatte immer hierher gewollt und eine Armada in die Karibik gesandt. Eines der Schiffe war angekommen. Es hatte eine lange Reise gemacht, die *Nuestra Señora de Covadonga* gekapert, nun saß ich selbst darauf. Ich kauf ein Hotel und eine Segeljacht und kreuze zwischen den Inseln, dachte ich, dann hol ich den Rest des Geldes. Ich spazierte mit Basil am Strand entlang, bis wir zum Black Point kamen. Der Felsen war mit Gestrüpp überwachsen und Basil maß mit langen Schritten die Fläche ab.

»Wenn die Verhandlungen klappen«, sagte er, »gründen wir in London eine Gesellschaft.«

Er hatte die Absicht, Chairman zu werden, und ich dachte, es war gut, daß ich ihm das Geld für die Reise gab, denn er wird mir helfen, das Hotel zu kaufen.

»Hast du die Zimmer gesehen?« fragte er.

Das Hotel war flach, aus Bruchstein gebaut und eine breite Treppe führte in den ersten Stock. Der Manager schloß die Zimmer auf. Sie waren groß, einfach möbliert und der Blick ging aufs Meer. Wir setzten uns ins Foyer und ich rechnete auf dem goldenen Taschenrechner aus, wie lange es dauern würde, bis es mir gehörte. Ein paar Tage später flogen wir nach New Providence. Während Basil und Seine Exzellenz mit dem Präsidenten sprachen, richtete ich bei Barclay's ein Konto ein und ging mit Nouach ins Piratenmuseum.

Ich zögerte lange, bevor ich nach Deutschland fuhr. In Frankfurt lief noch immer der Prozeß gegen mich und ich befürchtete, erkannt zu werden. Aber ich wollte nicht dauernd denken müssen, daß ich im Stadtwald noch Geld versteckt hatte und es holen mußte. Ich unterzeichnete einen Vorvertrag, durch den das Hotel in ein Paket eingebunden wurde, sodaß ich es zu guten Konditionen bekäme. Basil wollte, daß ich nochmal auf die Bahamas flog.

»In drei Tagen bin ich wieder hier«, sagte ich, mietete einen Rover und setzte von Harwich aus mit der Prinz Hamlet über. Ich hatte eine Mütze auf und eine Brille mit Fensterglas und kam mit dem irischen Paß unerkannt durch den Zoll. Dennoch fühlte ich mich unsicher, als ich von der Fähre rollte, und zögerte weiterzufahren. Mir graute vor Frankfurt. Ich sah das Gefängnis und den Gerichtssaal vor mir und dachte, ich könnte das Geld auch später holen. Am Hamburger Hauptbahnhof parkte ich den Wagen und ging zum Rathausplatz. Es war kühl, aber sonnig. Auf einer Bank hockten zwei Rentner und unterhielten sich. Ich setzte mich mit dem Rücken zu ihnen hinter sie und suchte in Zeitungen nach Prozeßberichten. In der *Frankfurter Rundschau* stand, daß die Verteidiger auf Freispruch plädierten, der Staatsanwalt fünfzehn Jahre für Holger und mich forderte und das Urteil in Kürze verkündet würde. Ich hatte einen ungünstigen Zeitpunkt gewählt, denn morgen wäre wieder mein Bild in den Zeitungen. Vielleicht hatten auch die Rentner die Nachricht gelesen, denn plötzlich verlangte einer die Todesstrafe für mich.

Ich legte die Zeitungen zusammen, stand auf, ging über den Platz und sah mein Foto auf einem Plakat an der Tür des Polizeireviers. Ein Aufseher hatte es in Butzbach für einen Ausweis gemacht. Das Haar war kurz und auf der Oberlippe trug ich den dunkel gefärbten Bart, den ich in der Toilette des Spielsalons abrasiert hatte. Auf Hinweise, die zu meiner Ergreifung führten, waren zehntausend Mark ausgesetzt.

Einen Moment stand ich erschrocken mir selbst gegenüber, dann verließ ein Polizist das Revier und ich wandte mich ab.

Ich muß hier weg, bevor es zu spät ist, dachte ich, und nach Harwich zurück.

In *Kochs Reisebüro* am Hauptbahnhof kaufte ich ein Ticket.

»John Michael Waller«, sagte ich und legte den Paß auf den Tresen. Aber hinter mir stand ein Gespenst mit dunklem Oberlippenbart. Es saß auch im Fond, als ich den Rover in den Bauch der Fähre steuerte. Dann stieg es hinter mir die Treppe hoch und schaute mir über die Schulter, während ich an der Reling stand. Erst als die Nacht aufzog und das Schiff durch die Nordsee stampfte, verschwand es wieder. Im Aufenthaltsraum setzte ich mich in die erste Reihe vor das Fernsehgerät. Die Tagesschau begann und die orangefarbenen Stuhlreihen waren mit Passagieren besetzt, doch das Bild auf dem Schirm verflimmerte schon. Manchmal löste sich das Gesicht des Sprechers in Wellen auf, aber seine Stimme war deutlich zu verstehen. Ich hörte, wie er meine Verurteilung meldete. Wegen des Überfalls in Frankfurt hatte ich zwölf Jahre bekommen. Auf einmal war auch das Gespenst wieder da. Ein, zwei Sekunden lang zeigte es sein Gesicht mit dem gefärbten Oberlippenbart, dann verzerrte es sich und verschwamm in blauem Geflimmer. Ich setzte die Brille auf und schaute mich um, Niemand beachtete mich. Die ersten Leute standen auf und verließen den Raum. Neben mir saß eine Frau, sie war schön, ihre Augen waren braun und das schwarze lange Haar an den Schläfen gekräuselt. Auf der Oberlippe wuchs feiner Flaum und ihr Gesicht war klar und zart wie ein Scherenschnitt aus einem Märchenbuch. Ein dunkles Kleid trug sie und ihr Parfüm roch voll und schwer.

»Wohnen Sie auch in London?« fragte ich.

»Ja«, erwiderte sie und sah mich an. »Ich studiere am Queen Elizabeth College und wohne mit einer Freundin in Holland Park.«

»Was studieren Sie denn?«

»Ernährungswissenschaften. Bald fliege ich mit meiner Familie nach Rio zurück. Sie wohnen in Hampstead, mein Vater ist Direktor der Banco do Brasil.«

»Kann ich Sie nach London mitnehmen?« fragte ich. »Ich wohne in Knightsbridge.«

Sie hieß Monica, sprach mehrere Sprachen und hatte, bevor sie nach London gezogen war, an der Sorbonne studiert. Sie hatte viele lateinamerikanische Bücher gelesen, auch Juan Rulfo, meinen Lieblingsautor. Wir unterhielten uns, bis es gegen Morgen ging.

»Mein Vater war Ire«, sagte ich, »aber ich bin in Österreich aufgewachsen. Bald kauf ich ein Hotel auf den Bahamas. Die Inseln sind schön und man kann mit der Yacht von einer zur anderen segeln. Früher haben Piraten dort gelebt, aber als die Könige sie nicht mehr brauchten, wurden sie aufgehängt. Ich bin mit Seiner Exzellenz Saleh Hussein befreundet, die Vereinigten Arabischen Emirate wollen dort Land kaufen.«

»In London haben die Araber das Dorchester Hotel gekauft, das hat zehntausend Pfund gekostet.«

»Zehn Millionen«, verbesserte ich sie.

»Oder zehn Millionen«, sagte sie. »Ich kenne mich nicht aus mit Geld.«

Ich setzte sie in Holland Park ab, fuhr nach Knightsbridge und dachte die ganze Nacht an sie. Das Gespenst war auf der Nordsee geblieben. Anderntags rief ich bei ihr an und freute mich, daß sie mich sehen wollte. Ich holte sie vom College ab und ging mit ihr essen. Danach zeigte sie mir in ihrer Studentenbude, wie sie mit einer Pinzette Wurst in Fasern zerlegte und auf Glasplättchen unter einem Mikroskop studierte. Sie redete sachlich und ihr Gesicht war so aufmerksam, als lauschte sie einem Villa Lobos-Konzert.

»Wie alt bist du?« fragte ich.

»Dreiundzwanzig.«

»Warum hast du so dicke Socken an?«

»In England ist es kalt. Ich trag sie sogar im Bett. Ich hab noch nie mit einem Mann geschlafen.«

Ich küßte sie. Ihre Brüste waren klein und fest und unter dem Nabel hatte sie einen Leberfleck. Als ich in sie drang, schloß sie die Augen und biß die Zähne zusammen.

»Es hat ein bißchen weh getan«, sagte sie später und zog ihre Socken aus.

Ich wäre gerne bei ihr in London geblieben und schob den Flug nach Nassau vor mir her. Sie lud mich zu ihrer Familie nach Hampstead ein. Ihre Schwestern und ihre Mutter freuten sich, bald wieder nach Santa Teresa zurückzukehren. Ich sagte, ich sei Journalist, und erzählte von Abaco und dem Hotel, das ich kaufen wollte.

»Besuchen Sie uns in Rio«, sagte ihr Vater.

»Ja«, sagte auch ihre Mutter, »kommen Sie.«

»Gerne«, entgegnete ich. »Sie können mich auch auf den Bahamas besuchen. Bald liegt eine Jacht im Hafen.

Ich blieb in London, bis Monica mit ihrer Familie nach Brasilien flog. Dann kaufte ich ein Ticket und reservierte einen Flug nach Nassau, doch als ich schließlich in Freeport landete, war das Gespenst wieder da. Kaum hatte ich die Zollbaracke betreten, sah ich die Deutschen, vielleicht waren sie gerade mit einer Propellermaschine gelandet. Felix unterhielt sich mit ihnen und als wir zum Auto gingen, sagte er, sie kämen aus Frankfurt. Ich fragte ihn nicht, wohin sie wollten, und dachte, sie würden in Freeport bleiben oder nach Nassau fliegen.

Felix hatte für mich ein Zimmer reserviert und im Hotel stieg er vor mir die Treppe hoch. Er trug Anzug und Krawatte, als wäre er auch hier der Commercial Assistant, der er in London war. Wahrscheinlich hatte ihm Basil Geld versprochen, denn er hatte beim ersten Besuch den roten Teppich ausrollen lassen, die Yacht gemietet, mit der wir nach Greenturtle Key gesegelt waren, das Haus am Strand besorgt und die zwei Polizisten bestellt, die unsere Koffer bewachten. Saleh hatte ihn nicht gemocht, denn Felix hatte ständig wie ein Bullterrier auf der Terrasse gesessen. Klein und düster sah er aus, als zöge er Unglück an.

»Ich warte unten auf dich«, sagte er.

Ich duschte. Als ich die Treppe hinunterging, hörte ich wieder die Stimmen der Deutschen. Ich blieb stehen und wollte ins Zimmer zurück, aber da winkte mir Felix schon. Er hatte nie gelacht, doch nun, da er mit den Deutschen zusammensteckte, lachte er. Zwei Paare um die Vierzig waren es, ihre Koffer und Taschen stapelten sich vor der Rezeption und Felix hielt einen Prospekt über Treasure Key in der Hand. Ich mochte ihn nicht und einen Moment haßte ich ihn, wie man Unglück haßt, das man nicht fassen kann.

»Sie sprechen Deutsch?« fragte mich die eine.

Ihr Gesicht war rot, unter den Achseln hatte sie Flecken aus Schweiß und um den Hals trug sie eine Korallenkette. Ihr Mann hielt die FAZ in der Hand.

»Ich hab in München studiert«, erwiderte ich.

»Man könnte meinen, daß Sie aus Bayern sind.«

»He wants to buy the hotel«, sagte Felix.

»Vielleicht«, sagte ich. »Ich seh mir erst alles an. Jetzt will ich zum Strand.«

»Alles in deutscher Hand«, sagte die FAZ.

»See you later«, sagte ich.

Ich spürte, daß sie mir nachsahen, als ich das Hotel verließ, doch ich wandte mich nicht um. Felix lief neben mir und als ich hinausschwamm, blieb er in Anzug und Krawatte zurück und ich wünschte mir, ich wäre in London geblieben. Ich sah das Hotel hinter den Dünen und glaubte zu hören, was sie redeten.

Wie alt mag er sein?

Noch keine dreißig!

Irgendwo hab ich ihn schon mal gesehen.

In München vielleicht.

Ich wollte auf dem Zimmer bleiben und sagen: Mir ist der Flug nicht bekommen. Oder das Essen oder der Whisky in London. Ich wollte warten, bis sie das Hotel verließen, einen Haken schlagen, ins nächste Flugzeug steigen und das Gespenst in Abaco lassen.

Ich hab sein Foto in der Zeitung gesehen, hörte ich die Korallenkette.

Ich blieb auf dem Zimmer, horchte auf die Geräusche und hörte die Deutschen, wie sie die Treppe hinunterstiegen, und auf einmal kam mir die Insel wie ein Gefängnis vor.

»Vergiß deine Badehose nicht!« rief die Korallenkette.

Ich atmete auf. Wahrscheinlich denken sie nicht mehr an mich, sagte ich mir. Schließlich hatte ich unbehelligt ein halbes Jahr in Frankfurt gelebt und im Zug gesessen, als mir andere mein Bild entgegenstreckten. Du machst dich verrückt, sagte ich mir. Du bist John Michael Waller aus Dublin und hast einen gültigen Paß, Geburtsurkunde und Führerschein. Du hast in Innsbruck Literatur studiert. Haben Sie schon die neue Übersetzung von *Ulysses* gelesen? Ich habe Wollschläger in Dublin beim Recherchieren geholfen. Mein Vater ist Ire, aber aufgewachsen bin ich in Österreich.

Ich trank einen Whisky, setzte die Sonnenbrille auf und zog einen Leinenanzug an. Es war Abend und ein wenig kühler geworden. Felix wartete an der Rezeption auf mich.

»Der Managing Director von Deltac hat nach dir gefragt«, sagte er.

Der Direktor stand auf dem Rasen vor einem Bungalow, hielt ein Glas in der Hand und unterhielt sich mit einer Gruppe Amerikaner. Auf einem Grill brutzelte Barbecue und an einer Bar wurden Cocktails gereicht. In den Bäumen hingen Lampions und in den Rasen hatte man Fackeln gesteckt. Ich dachte, du hättest einen Smoking anziehen sollen, John Michael Waller, sonst siehst du noch wie ein Amerikaner aus. Ich studierte die Getränkebatterie und ließ mir einen *Tailor's* geben.

»In London ist es kalt«, sagte ich.

»In Michigan hat's geschneit«, erwiderte eine Frau. »Wir kommen jedes Jahr hierher.«

»Vor ein paar Monaten hab ich einen Barrakuda gefangen«, sagte ich. »Er war so groß!«

»Oh«, sagte sie, »aren't they dangerous?«

Auf einmal war das Gespenst wieder da. Die Deutschen standen vor dem Bungalow und sahen zu mir her. Ich wandte mich ab, ging zum Barbecue-Grill und da kam Felix auf mich zu. Er ging schneller als sonst und ich spürte, daß er Unglück brachte.

»Die sagen, daß du gesucht wirst und Deutscher bist. Sie wollten nach Deutschland telefonieren, aber die Telefonistin hat die Verbindung blockiert.«

»Wer sind die?« fragte ich.

Vom Bungalow starrten die Deutschen zu uns rüber und neben der Einfahrt waren zwei Schwarze aufgetaucht, die kurzärmelige Hemden trugen. Felix sprach mit ihnen, dann kamen sie auf mich zu.

»Geh mit ihnen zum Hotel«, sagte er.

Sie hielten sich neben mir und schwiegen. Sie waren groß und unter den Hemden zeichneten sich ihre Muskeln ab. Dann stiegen sie hinter mir die Treppe hoch und sahen meine Papiere an.

»Man hält Sie für einen Deutschen, Mr. Waller«, sagte der eine.

»Felix hat's mir schon gesagt«, entgegnete ich.

»Wir wollen keinen Skandal«, sagte der andere. »Wann reisen Sie wieder ab, Mr. Waller?«

»Morgen«, sagte ich, »ich muß nach London zurück.«

»Wir geben Ihnen den Paß am Flughafen wieder«, sagte der andere.

»As you like«, sagte ich.

Ich schlief nicht in dieser letzten Nacht im Hotel. Ich wartete, wie ich in Elba nach dem Anruf aus München auf die Fähre gewartet hatte. Doch als ich zum Flughafen kam, lag dort der Paß für mich. In Nassau standen zwei Schwarze, die mich im Auge behielten und die Halle erst verließen, nachdem ich den Schalter passiert hatte. Sie wollten mich los sein. Sie hielten mir eine Masche offen, durch die ich schlüpfen konnte, doch ich freute mich nicht. Ich wollte nur weg von der Insel, aber wußte nicht wohin. Ich hatte kurz vor dem Ziel gestanden, fast ein Hotel besessen und Monica bereits an meiner Seite gesehen. War ich nicht John Michael Waller gewesen, der mit Seiner Exzellenz über einen roten Teppich schritt? Nun saß mir wieder das Gespenst im Genick.

Es regnete und war kalt in London. Schon bevor ich nach Knightsbridge kam, wollte ich wieder weg aus der Stadt, fuhr zum Flughafen zurück und nahm eine Maschine nach Istanbul. Ich begann Haken zu schlagen. Ich lief durch die Stambuler Straßen, doch plötzlich kehrte ich zum Hotel zurück, nahm ein Taxi zum Flughafen und stieg in ein Flugzeug nach Kabul. Fünf Tage später flog ich nach London.

»Du solltest eine Weile untertauchen», sagte Basil.

»Ich brauch neue Papiere«, sagte ich.

»Ich denke, die Waller-Papiere sind gut.«

»Wer weiß?«

Ich nahm einen Zug nach Edinburgh, aber mit dem nächsten kehrte ich wieder um.

Ich sagte mir, ich sollte nach Rio gehen, dort wäre ich sicher. Schließlich hatte auch Biggs das Gespenst abgehängt. Und in

Santa Teresa lebte Monica. Auf einmal hatte ich Sehnsucht nach ihr und rief sie in Rio an.

»Hast du das Hotel gekauft?« fragte sie.

»Noch nicht«, antwortete ich.

»Hat's nicht geklappt?«

»Vielleicht komm ich nach Rio«, sagte ich.

»Wo bist du jetzt?«

»In Nassau«, log ich.

Ihr Schweigen entlarvte mich, einen Augenblick lang wollte ich ihr sagen, wer ich wirklich war, doch ich tat es nicht. Erst als ich zur brasilianischen Botschaft fuhr, auf das Visum wartete und im Flugzeug saß, nahm ich mir vor, ihr die Wahrheit zu sagen.

Ich bin nicht der, den du kennst. Ich heiße nicht John Michael Waller. Ich bin ein Gespenst mit dunkel gefärbtem Oberlippenbart. Ich werde gesucht und wenn sie mich schnappen, sitze ich fünfzehn Jahre im Knast. Doch in Rio wußte ich schon nicht mehr, was ich hatte sagen wollen.

Ich wartete im Hotelzimmer, schaute auf den Jachthafen, auf den Morro da Urca und hob den Hörer nicht ab. Ich lief durch die Avenida Atlantica an der Copacabana entlang, durch die Rua des Laranjeiras zum Guanabra-Palast. Ich stieg die steilen und dreckigen Wege in den Favelas hoch, wo es zwischen Wellblech- und Bretterhütten vor räudigen Hunden und Kindern wimmelte. Je länger ich mich in Rio aufhielt, desto größer wurde meine Angst, nach Santa Teresa zu fahren. Ich wollte Biggs besuchen, aber ich wußte nicht, was ich ihn fragen sollte. Sollte ich Monica glauben lassen, daß ich John Michael Waller war? Sie ist so nah, dachte ich und sah das Haus, den Garten mit der blauen Mauer und dem Mangobaum, von dem sie mir erzählt hatte. Aber dann stand ich vor dem Spiegel und schaute John Michael Waller an. Er sah ein wenig heruntergekommen aus, unrasiert, lädiert und angesoffen. Er steckte die Hand in die Tasche, setzte die Sonnenbrille auf und sagte: »Ich hab einen so großen Barrakuda gefangen, Miss Michigan!« Dann lachte er falsch, zog sein Jackett an und fuhr mit dem Aufzug hinunter zur Rezeption.

»Ich bin John Michael Waller«, sagte er, »Journalist aus Irland. Ich möchte Ronald Biggs interviewen.«

Der Mann hinterm Tresen blätterte im Gästebuch und sagte: »Mr. Biggs wohnt hier nicht.«

»Ich weiß«, sagte John Michael Waller. »Er ist Posträuber aus England und hat ein Restaurant in der Stadt.«

»Aha«, sagte der Mann, ging zu den Taxis und sprach mit den Fahrern.

John Michael Waller stieg in einen der Wagen und fuhr durch die Stadt, bis er vor einem Restaurant hielt, das auch ein Nachtclub war. Im Garten daneben hing Wäsche. Es sah nicht nach Millionen aus, eher als hätte ein Italiener sein Erspartes angelegt und gehofft, daß irgendwann Gäste kämen. Die Tür war verschlossen, aber als der Taxifahrer klopfte, öffnete eine Frau und ich stieg aus und folgte ihr.

Ich traf Ronald Biggs mit Rasierschaum im Gesicht an. Er kam aus einer Tür, verschwand und tauchte mit einem Handtuch in der einen und einer Uhr in der anderen Hand wieder auf.

»Sie sind Journalist?« fragte er.

»Nein«, erwiderte ich.

»Pro Minute zehn Pfund. Eine ist schon vorbei.«

»Ich komm aus London«, sagte ich. »Ich kenn einen Freund von dir. Er hat die Log Cabin in der Warwick Street.«

Biggs trug ein buntes Hemd, eine dicke Goldkette um den Hals und seine Koteletten reichten fast bis zum Kinn. Er sah aus wie ein Autoschlosser, der gerne *Playboy* liest.

»Jeff«, sagte ich.

Er antwortete nicht.

»Er hat gesagt, ich soll dich besuchen.«

Er glaubte kein Wort, wischte sich mit dem Handrücken die Nase ab, setzte sich hin und schaute mich an.

»Ich bin nicht aus Irland«, sagte ich.

»Das hör ich«, gab er zurück.

»Jeff hat mir geholfen«, sagte ich.

»Ich kenn keinen Jeff.«

»Sie suchen mich«, sagte ich. »Ich hab in Deutschland zwei Dinger gedreht.«

»Was willst du?« fragte er.

»Vielleicht hierbleiben«, sagte ich.

»Da kommst du zu mir?«

»Ich hab eine Freundin in Rio.«

Er schnallte seine Uhr ums Handgelenk und stand auf.

»Geh woandershin«, sagte er.

»Wohin?« fragte ich.

»Piss off!« sagte er. »Who do you think I am?«

»An arsehole«, sagte ich und stand auf.

Als ich rausging, fühlte ich mich selbst wie eins. Ich hatte einen Paß, 100 000 Mark in der Tasche, versteckte mich im Hotel, schüttete mich mit Whisky voll und rannte vor einem Gespenst davon. Ich flog einer Frau hinterher, deren Vater Bankdirektor war und die den Unterschied zwischen zehntausend und zehn Millionen Pfund nicht kannte. Ich konnte tun, was ich wollte, essen gehen, mich mit Whisky, Cognac oder Dom Perignon betrinken, zum Hörer greifen, eine Hure bestellen, mich in den Polsterstuhl fläzen und mir einen blasen lassen. Ich konnte in das nächste Flugzeug steigen, nach Recife fliegen, nach Bahia oder in Mexiko Mercedes besuchen, nach meiner Katze sehen und herausfinden, ob sie sich noch erinnerte, daß sie mir vor langer Zeit zum Abschied in den Zeh gebissen hatte. Ich war noch nie so frei gewesen und hockte wie ein Sack auf dem Bett und lief als falscher Journalist einem Arsch hinterher, der kein Geld mehr hatte. Ich trank die Flasche aus, flog am anderen Tag nach Quito und fuhr, weil es kalt war in den Anden, weiter mit dem Bus nach Guayaquil.

Doch das Geld schmolz schnell in den Bars, Restaurants und im

Casino des Atahualpa-Hotels. Über der Stadt stauten sich Wolken und in den Gassen und Straßen brütete faulig die Äquatorhitze. Im lehmgelben Wasser des Daúle trieben Bäume zum Meer und am anderen Ufer des Stroms waren die Sümpfe, in denen einst Pizarro den Kaziken die Kehlen durchschnitten hatte. Guayaquil war eine Stadt der Huren und Diebe, der Bettler und Reichen und am Ufer des Stroms lag der *Bucanero* mit Schaufelrädern und wartete darauf, daß ich zu den Galapagos fuhr.

Aber ich blieb in der Stadt. Die Hitze und der Geruch des Stroms machten mich trunken. Ich wohnte im Humboldt Hotel, doch wenn es Abend wurde, ging ich ins Atahualpa-Casino. Zuerst setzte ich immer auf die Acht und die Elf. Doch wenn sie nicht kamen, suchte ich auf anderen Zahlen nach dem Geheimnis. Am Anfang gewann ich, doch dann verlor ich lange. Ich hätte das Geld ebensogut in den Daúle werfen können. Manchmal spuckte ich den livrierten Zwergen auf die rasierten Köpfe, wie es die anderen Spieler taten, doch die Flüche, die sie mir nachschickten, halfen nicht. Sie steckten fünf Sucres ein und wischten sich die Spucke vom Kopf, während ich die Mißgeburten zu hassen begann. Kaum ging ich an ihnen vorbei, streckten sie mir wieder ihre riesigen Schädel hin.

Ein Schlagersänger verkuppelte mich mit seiner Mutter. Sie war dick, älter als ich und er nannte sie Gorda. In der Decke über dem Bett war ein Loch, als wäre eine Bombe ins Zimmer geschlagen. Im Fernsehen liefen Seifenopern und eine Negrita wollte wissen, von welchem Stern ich kam. Auf dem Weg zum Hotel überrollte ich einen Hund. Er jaulte, als er sich mit gebrochenem Rückgrat über die Straße schleppte, und ich stieg aus und schlug ihn mit einer Stange tot. Es dauerte lange, bis er krepierte. Dabei heulten alle Hunde der Stadt.

Am nächsten Tag verlor ich den Rest meines Geldes und nahm ein Flugzeug nach London. Dort spielte ich drei Monate lang, aber das Glück versteckte sich. Es half nicht, daß ich dachte, die Acht und die Elf kommen nicht, ganz sicher nicht. Dreizehn, Achtundzwanzig, Sechsunddreißig, Siebzehn. Die Kugel sprang auf Zero oder wartete, bis ich den Tisch verließ, um dann auf Zahlen liegenzubleiben, auf die ich lange gewartet hatte. Manchmal gewann ich wieder. Doch sobald ich die Einsätze erhöhte, verlor ich erneut. Es war, als wüßte das Glück, daß ich nicht John Michael Waller war. Es fraß mir das Geld aus den Händen, während ich verzweifelte.

Ich kehrte nicht mehr nach Ennismore Gardens zurück, sondern mietete mich in einem billigen Hotel in Lexham Gardens ein. Von den Möbeln blätterte der Lack und im goldgerahmten Spiegel sah ich aus, als hätte ich schon Altersflecken. Ich wollte nicht in London bleiben, aber das Casino hielt mich fest. Ich fuhr zur Bank, holte Geld aus dem Safe, stopfte es in die Jackentaschen und fuhr wieder in die Cromwell Road.

Manchmal kam Basil ins Fortyfive.

»Du solltest das Casino wechseln«, sagte er.

Aber hier hatte ich meine Glückssträhne gehabt. Hier waren meine Zahlen gekommen und es war ganz leicht gewesen, erst die Acht und die Elf und zuletzt die Achtundzwanzig.

»Ich wollte schon gehen«, sagte ich, »weißt du noch? Dann bin ich zum Tisch zurück und hab auf die Achtundzwanzig gesetzt. Vor ein paar Tagen war es fast wieder soweit, aber in meinem Kopf ist irgendwas kaputtgegangen.«

Ich erinnerte mich, wie ich aus den Bergen ins Jachenautal gestiegen war, um Proviant zu holen. Plötzlich hatte ich Gefahr gespürt und gewußt, daß um den nächsten Felsen eine Frau mit einem Esel biegen würde. Und da war sie tatsächlich gekommen.

»Du solltest weggehen, brother«, sagte Basil. »Geh nach Grönland, geh nach Island, geh irgendwohin, wo's keine Casinos gibt.«

Ein paar Tage später kam er mit Nouach ins Fortyfive. Ich glaube, sie wußte schon, daß ich nicht John Michael Waller war, denn sie erwähnte die Bahamas und das Hotel mit keinem Wort. Sie spielte meine Zahlen nach, doch weil ich verlor, stand sie auf und ging an die Bar.

»Du wolltest ein Buch über Aruch Rotbart schreiben«, sagte sie. »Warum tust du's nicht?«

»Mach ich noch«, sagte ich.

»Verschieb's nicht auf später. Wieviel Geld hast du verloren?«

»Ich weiß es nicht«, sagte ich.

»Laß uns essen gehen«, schlug sie vor. »Saleh ist krank und ich trinke Wein mit euch.«

Am andern Tag zählte ich nach, wieviel ich verloren hatte. Es war fast eine Million. Ich steckte den Rest in die Tasche und flog nach Reykjavik.

dreizehn

Ich wollte endlich zu schreiben beginnen, mietete eine Wohnung auf dem Dufnahólar, dem Taubenhügel, im Westen der Stadt, mit Blick auf die See und das Städtchen Akranes auf der anderen Seite der Bucht. Einen großen Schreibtisch kaufte ich und eine Schreibmaschine, dann setzte ich mich hin, spannte Papier ein und suchte mit zwei Fingern auf der Tastatur. Ich schrieb: Ich bin in Island gelandet. Weiter fiel mir nichts ein. Das weiße Papier kam mir uneinnehmbar vor. Sobald ich einen Satz begann, dachte ich, ich kann ihn auch anders schreiben. Und wie mußte der nächste und der übernächste lauten? Und wie geht die Geschichte zu Ende? Einmal hatte ich eine ganze Nacht lang in einer Geschichte gelebt, die Sätze waren von selbst gekommen, über Palermo und die Ratte, die auf meiner Brust gesessen hatte, über den Polen, der in Rom mit dem Geld verschwunden war. Der dicke Kalfaktor hatte darunter notiert: »Stilistisch sicherer, als ich zu hoffen wagte.« Jetzt wußte ich keine Geschichte mehr. Das Wörtchen *ich* war ein Quietschlaut mit einem Fauchen dahinter, es klang, als würde mir etwas in der Kehle stecken.

Auf die Stadt ging Regen nieder. Seit meiner Ankunft regnete es. Über die Start- und Landebahnen von Keflavík hatten Böen gefegt. Die Lavafelder waren schwarz gewesen und die Berge braun und kahl. Vor der Bushaltestelle hatte ein Taxi gestanden, dessen Fahrer kein Englisch verstand. Die Stadt Reykjavik war klein, in den Straßen waberte Nebel und die Menschen redeten in einer Sprache, die ich nicht verstand. Das Wasser aus den Hähnen des Esja-Hotels war warm und schmeckte nach Schwefel. Es gab keine Kneipen und die Menschen trugen Wein und Schnaps in schwarzen Tüten nach Haus. Hier werde ich schreiben, hatte ich gedacht, aber nun schaute ich auf Lagerhallen und die See, von der her der Wind den Regen warf.

Ich kaufte einen VW-Käfer, Fernglas, Schlafsack und Wanderschuhe. Dann fuhr ich an den schwarzen Stränden die Küste entlang. Die Wiesen und Fjells waren braun und verwaschen. Irgendwo bog eine Schotterstraße ins Innere der Insel ab. Die Landschaft war öde und leer und ich holperte an einem weißen einsamen Haus vorbei, das Halldór Laxness gehörte. Später las ich in seiner *Islandglocke* von der Allmannagjaschlucht, in der der Zinsbauer Jón Hreggvidsson aus Rein gehenkt werden sollte.

Die Erde von Thingvellir war aufgeplatzt und zu beiden Seiten der Schlucht stiegen die Felsen hoch. Es hatte zu schneien begonnen und aus den Wänden schrien die Raben. Ich folgte einem Pfad zu einem Wasserfall, der in den Stein ein Loch gewaschen hatte, dann kehrte ich zu einer Felsnadel zurück. Hier war ein Ort, um das Geld zu verstecken, das ich nicht wechseln oder auf eine Bank bringen wollte. Ich suchte nach einer Höhle und kletterte die Wände hoch. Dann entdeckte ich eine, die schwer zu finden war und so tief und eng, daß ich mich hineinzwängen mußte. Ich kehrte nach Reykjavik zurück, kaufte einen Plastikbehälter, packte das Geld rein und versteckte ihn in der Höhle. Ich schichtete Gestein darüber und legte einen ausgebleichten Widderschädel davor.

Ich wollte in Island bleiben. Niemand vermutete mich hier. Ich nahm mir vor, auf Gletscher zu steigen und die ganze Insel zu erkunden. Wenn ich mich abseits halte, dachte ich, kommen auch die Geschichten wieder. Dann werde ich unerkannt wie B. Traven Bücher schreiben.

Ich fuhr immer weiter in den Norden. Die Fischerdörfer sahen aus, als wären sie an den Strand gewürfelt. Die Straße war schneeverweht. Ich hatte einen Spaten dabei und als das Auto steckenblieb, schaufelte ich es wieder frei. Ich fuhr bis Isafférdur, übernachtete in Schutzhütten, stieg auf Bergkämme und folgte den

Steinmalen. Die Fjorde waren verschneit, das Meer grau und in den Klippen nisteten Möwen. Die Felsen waren weiß vom Kot und ans Ufer hatte die See Kisten, Flaschen und den Kadaver eines Seehunds gespült. In die Buchten streckten sich Gletscherzungen, im Hafen von Akurery lag ein graues russisches Schiff und aus den Wolken fiel Schnee. Was wollte ich hier? In den Klippen begann ich nach den filigranen Schädeln der Möwen zu suchen. Die Nächte waren zu einem hellen Dämmern geworden und ich übernachtete im Schlafsack und ließ mich mit Whisky vollaufen. Schließlich fuhr ich nach Reykjavik zurück, aber als ich ankam, wußte ich noch immer nicht, was ich schreiben sollte. Auf dem Tisch wartete die Schreibmaschine und auf dem eingespannten Blatt stand: Ich bin in Island gelandet.

Ich traf einen Mann, der Englisch sprach. Über sein Gesicht hatte sich ein Netz wirrer Falten gelegt, zwischen denen blau die Augen schwammen. Vor zwanzig Jahren hatte es ihn nach Island verschlagen, aber er verstand die Sprache noch immer nicht. Er haßte die Insel und verkaufte an den Haustüren Springseile mit Knochengriffen. Ich schenkte ihm Schnaps ein und hörte zu, wie er vom Krieg in Korea erzählte. Dann gab ich ihm Geld, damit er die Treppe putzte, einkaufte und mit dem Käfer zur Tankstelle fuhr. Der Tod war ein paar Mal an ihm vorbeigeschrammt und nun hüpfte er als alter Narr über Seile und lachte dabei.

Es hörte auf zu regnen und in der Nacht ging die Sonne nur noch für eine Stunde unter. Es war Ende Juni. Ich gab ihm den Wohnungsschlüssel, damit er das Orangenbäumchen gießen konnte, packte Proviant und Schlafsack in den Wagen und fuhr zum Vatnajökull. Unter dem Gletscher strömten Bäche hervor. Ich folgte ihnen in Höhlen, die bizarre grüne Kathedralen waren, und stieg über Spalten und Schründe die Zunge hoch. Das Eis war grau und zerrissen. Hier gab es nicht einmal mehr das Gekreisch der Möwen. Ich lief zwei, drei Stunden lang, bis um mich nur noch Eis und das Pfeifen des Windes waren. Es kam mir vor, als wäre ich noch nie so weit weg gewesen. Der Wind nahm zu, es fing an zu schneien und ich wußte nicht mehr, in welche Richtung ich lief. Während ich in einer Spalte hockte und darauf wartete, daß das Wetter besser würde und der Sturm nachließ, nahm ich mir vor, wieder wegzugehen. Als es ruhiger wurde, fand ich zum Auto zurück, fuhr in die Stadt, packte eine Tasche und flog mit dem nächsten Flugzeug nach London und weiter nach Quito. Ich wollte wieder nach Guayaquil. Ich wollte Gorda heiraten und als Juan Miguel Waller eine Bar eröffnen, die dann Bucanero hieße. Vielleicht aber, dachte ich, kauf ich ein Schiff und bringe Touristen zu den Galapagos oder zur Isla de Cocos, wo Benito Bonitos Schatz vergraben liegt. Ich wollte am Daúle leben, zwischen Reichen und Huren, Dieben und Bettlern. Irgendwann kämen die Geschichten wieder und ich würde ein Blatt einspannen und schreiben. Während ich im Flugzeug saß, malte ich mir ein neues Leben aus. Zuerst wollte ich den Schlagersänger suchen.

Ich fand Eduardo in einem Billardsalon und erklärte ihm, daß ich Ecuadorianer werden wollte.

»Ich kann deine Mutter heiraten«, sagte ich. »Was hältst du davon? Ich geb ihr 500 Dollar und dir meine Kamera!«

Wir fuhren zur Wohnung mit dem Loch in der Decke und sagten es ihr. Sie zog ihr schönstes Kleid an. Dann kauften wir Bier, kochten Suppe und Fisch und verlobten uns. Eduardo sang Schlager und träumte davon, in New York berühmt zu werden. Seine Mutter wollte einen Kühlschrank kaufen und für Negrita Schuhe und Kleid. Ich gab ihr das Geld im voraus, dann schlief ich mit ihr. Es war heiß in der Nacht und roch nach den Sümpfen auf der anderen Seite des Stroms. Manchmal jaulten Hunde und als ich ins Auto stieg, um nach Quito zu fahren, lauerten sie auf der anderen Straßenseite.

Ich wollte noch einmal nach Island fliegen und das Geld aus der Allmannagja-Schlucht holen, um mit der *Prinz Hamlet* nach Deutschland zu fahren. Dort würde ich das restliche Geld ausgraben, in einen Koffer packen und von Frankreich oder Holland aus wieder nach Quito fliegen.

Ich landete in Luxemburg und spürte, daß der Zöllner gefährlich war. Er blätterte in meinem Paß und sah sich jeden Stempel genau an. Dann durchwühlte er meine Tasche. Ich spürte während des ganzen Flugs die Gefahr und glaubte, es käme daher, daß ich zum letzten Mal in Europa war. Es lief alles wie sonst. Die Stewardessen, die Essen und Getränke brachten, die Passagiere in den Sitzen, das Surren der Düsen, die Durchsage des Piloten: »Ladies and gentlemen, in dreißig Minuten landen wir in Keflavík.«

Über dem Flugfeld ging wieder Regen nieder und die Lavafelder waren schwarz vor Nässe. Die Landschaft sah aus wie auf einem fremden Planeten in einem Buch von Stanislaw Lem. Ich fuhr zur Allmannagja-Schlucht und aus den Wänden schrien wieder die Raben. In der Höhle fand ich den Widderschädel und unterm Gestein den Plastikbehälter. In der Wohnung schnitt ich ihn mit einem Messer auf und packte das Geld in die Tasche. Vielleicht beobachtete mich der Amerikaner dabei. Vielleicht roch er das Geld schon lange und hoffte auf eine letzte Chance, um nicht bis ans Lebensende Springseile mit Knochengriffen verkaufen und fremde Treppen putzen zu müssen.

»Ich geh weg von hier«, sagte ich. »Ich schenk dir den Schreibtisch, die Schreibmaschine und den Orangenbaum.«

Er ging neben mir her. Auf seinem Kopf saß eine Cordmütze und im Gesicht mit dem Faltennetz schwammen diese wäßrigen Augen. Die Runzeln sahen wie Haarrisse aus. Irgendwann würde das Gesicht in Scherben zerspringen.

»Wohin gehst du?« fragte er.

»Nach England.«

»Morgen früh fliegt ein Fluglehrer mit seiner Piper nach Schottland«, sagte er. »Vielleicht nimmt er dich mit.«

Ich fuhr zum Flughafen und traf ihn dort. Am Himmel dämmerte es, es war abends um acht und mir war, als müßte ich die

Insel schnell verlassen. Vor einem Hangar stand die Piper und der Fluglehrer war bereit, mich für ein paar Kronen mit nach Schottland zu nehmen.

»Wir fliegen um fünf«, sagte er.

In einer Baracke wurde Geburtstag gefeiert und die Isländer tranken zu gedörrtem Fisch Wein aus Kaffeetassen. Ich setzte mich dazu und versuchte zu verstehen, was sie redeten, aber dann gab ich es auf und sah auf das Flugfeld hinaus. Der Amerikaner stand neben dem Hangar und bestaunte die Maschine und als der Fluglehrer zur Tankstation fuhr, stieg er mit ein. Es dauerte lange, bis die Piper wieder zum Hangar rollte, und nun saß der Fluglehrer allein in der Kabine. Plötzlich wußte ich, wo der Amerikaner war. Ich hörte wieder, wie er gesagt hatte, ich schau mir nur die Piper an, und daß die Stimme gelogen hatte. Ich dachte an den Schlüssel in seiner Tasche und an das Geld, das noch in der Wohnung war. Als ich ankam, war er schon da gewesen. Er hatte 180 000 Mark eingesteckt, eine halbe Flasche Cognac getrunken und war offenbar mit einem Taxi weggefahren. An der nächsten Ecke erzählte jemand, er hätte mit großen Geldscheinen gewedelt und der Taxifahrer daraufhin die Polizei verständigt.

Sie suchten ihn schon, als ich mit dem Käfer durch die menschenleeren Straßen fuhr, vorbei an der häßlichen Kirche aus Beton. Über dem Hafen dämmerte die graue Julinacht, aus der dünn der Regen fiel, während ich an das Geld und die Piper dachte, die aufgetankt vor dem Hangar stand. Ich überlegte, wo er stecken konnte, und mir fielen die Mietskasernen im Osten ein. Dort wohnte ein Saufkumpan von ihm. Die Häuser waren heruntergekommen. Als ich langsam vorbeifuhr, sah ich, wie er aus einer Tür kam und zur Straße wankte. Ich stieg aus und rief ihn und da blieb er stehen, griff in die Tasche und streckte mir Geldscheine hin. Sein Gesicht war aufgeweicht, als hätte er in einer Pfütze geschlafen. Die Streifenwagen kamen aus zwei Richtungen. Es waren drei oder vier. Sie suchten ihn, als hätte er eine Bank überfallen. Als ich über die

Straße rannte, wußte ich, daß ich nicht wegkommen konnte, ich trat noch einem Polizisten in den Bauch, doch dann fiel die Meute über mich her, warf mich auf den Boden und einer fesselte mich. Der Asphalt war kalt und naß, über mir flimmerten Peitschenlampen und der Amerikaner lachte wieder und streckte mir eine Hand mit Banknoten hin.

Ich wußte, daß mein Weg zu Ende war, als ich die Zelle betrat. In der Polizeistation hatten sie meine Fingerabdrücke genommen. In ein paar Stunden oder Tagen würde aus Paris die Nachricht kommen, daß ich nicht John Michael Waller war. Ein Aufseher brachte mir Tee, Brot und gedörrten Fisch. Die Zelle war weiß, das Fenster aus Glasbausteinen, auf dem Betonbett lag eine grüne Matratze und an der Decke brannte eine Neonröhre.

Sie brannte Tag und Nacht, obwohl es zu meinem 28. Geburtstag in Island keine Nacht gab. Die Fassungen waren aus gelbem Plastik und wenn ich die Glasbausteine betrachtete, sah es aus, als würde mich ein Schwein anglotzen. Die Zelle war leer und ich überlegte, was ich machen sollte. Ich würde lange im Gefängnis sitzen. Die Zukunft kam mir wie diese Zelle vor. Ich muß endlich zu schreiben beginnen. Schließlich bin ich deshalb nach Island gekommen. Ich klopfte an die Tür und als der Aufseher kam, sagte ich, John Michael Waller sei nicht mein richtiger Name. Er sah mich neugierig an. Er war groß, auf dem Kopf saß eine Uniformmütze und in der Hand hielt er den Zellenschlüssel.

»Ich heiße Ludwig Lugmeier«, sagte ich. »Ich brauche Bleistift und Papier.«

Er brachte mir einen Stift und Papier. Es war grün, rauh und so groß wie der Vatnajökull.

Epilog

Als ich am 28. April 1989 nach zwölf Jahren entlassen wurde, trug ich in der einen Hand eine Tasche und unter dem Arm einen Pappkarton mit Tagebüchern, Aufzeichnungen, Porträts, Gedichten und Geschichten. Die Jahre im Gefängnis waren nicht leer gewesen. Hinter den Mauern mit den Wachtürmen, in den vergitterten Trakten und den Zellenwänden stecken jene Geschichten, mit deren moralisierendem Abklatsch die Menschen Abend für Abend gefüttert werden.

Ein paar Jahre lang hatte ich versucht, über mich selbst zu schreiben. Doch schließlich hatte ich aufgegeben und mich an die Geschichten der anderen gehalten. Da war Georg gewesen, der seit 35 Jahren Pantoffeln nähte und nicht wußte, in welchem Jahrzehnt wir lebten, Franz, der sich in Zeitlupe bewegte, der *Scheich*, der nur wie ein Vögelchen aß, aber so fett war, daß er kaum noch durch die Zellentür paßte, der verrückte SS-Mann, in dessen 170 Prozeßakten Buchfinken nisteten. Wenn sie um sechs Uhr morgens aus den Zellen kamen, tauschten sie auf der Brücke zwischen den Umlaufgängen ihre Träume aus. Dann stellte ich mich neben sie und schrieb auf, was ich im Kopf behielt. Ein Jahr lang lief ich mit einem Freund im Hof, er hatte die deutsche Botschaft in Stockholm überfallen und war zu lebenslänglich verurteilt worden. Wir studierten auf Postkarten die Bilder von Toulouse-Lautrec, Hieronymus Bosch und anderer Maler. Seine Deutungen der Bilder wurden immer eigenartiger. Manchmal sah er in der Kleidung eingearbeitete Gesichter. Später verschwand er in der Psychiatrie, wie viele andere auch, die nicht wußten, wie sie sich gegen die Mauern stellen konnten.

Hier konnte ich bis in alle Ewigkeit in Geschichten wühlen. Da war Dieter mit dem steinernen Gesicht, aus dessen Maul es eines Tages zu rülpsen begann. Es hörte erst auf, als er von seiner Zeit als Legionär in Dschibuti erzählte. Und da war Rolf, der Schleyer entführt hatte, und der andere Dieter. Zuerst hatte er als Zauberer sein Geld verdient, später mit bloßen Händen Haifische gefangen, bis er Oetker entführte, seinen größten Hai, und 21 Millionen Mark erpreßte. Herbert wuchs ein Horn aus der Stirn, als Kind hatte er im KZ gesessen und als Legionär in Indochina gekämpft. Meine eigene Geschichte wurde unwichtig daneben.

Ein Jahr lang lief ich allein im Hof. Während ich meine Runden drehte, merkte ich mir die weggeworfenen Zündhölzer, Wursthäute und Bonbonpapiere, um danach alles aufzuschreiben. Die Betonzelle mit dem Fenster aus Panzerglas hieß Schwalbennest und war in die Ecke des Trakts gebaut, aber unter den zwei Eisentüren hindurch besuchten mich Pharaoameisen. Eine ihrer Arbeiterkarawanen stieg hinter der Toilettenschüssel zum Wasserhahn hoch, um sich an Tropfen aufzutanken, während die andere aus der gegenüberliegenden Ecke Ata-Brösel abtransportierte. Ich fand immer mehr heraus über sie. Schließlich begann ich die entomologischen Werke von Jean Henry Fabre und Ernst Jünger zu studieren.

Eines Nachts erschien mir im Traum ein Gesicht. Der Mann hatte nur ein Bein und stand neben einer abgebrannten Hütte an einem Fluß. Mit einem Nachen wollte er mich ans andere Ufer bringen. Das Gesicht war so wirklich, daß ich die Geschichte dahinter freilegen wollte. Ich begann über ihn zu schreiben und als ich entlassen wurde, befand sich im Karton das Manuskript eines halbfertigen Romans, an dem ich in einem entlegenen Haus an der holländischen Grenze weiterschrieb. 1992 war aus dem Gesicht ein Buch geworden. Danach suchte ich Orte auf, an denen ich gewesen war.

Am Ende der Rampe des Großmarkts in der Leopoldstraße, wo ich auf den Geldtransport gewartet hatte, kam es mir vor, als hätte dort ein anderer gestanden. Die Wohnung in der Calle Rio Tiber in

Mexiko-Stadt stand leer, der Hausmeister zeigte sie mir und fragte, ob ich einziehen wolle. »Nein«, sagte ich. Im Zeitungsarchiv von *Excelsior* entdeckte ich den Bericht über meine Verhaftung. Ihm zufolge war ich Anführer einer Anarchistengruppe in der Baja California gewesen. Das Papier war vergilbt und brüchig geworden. Im Haken in Hamburg lagen keine Elbkähne mehr. Nur die Frittenbude am Ende des Kais gab es noch und das verbogene Geländer und die Eisensprossen, an denen ich zu Marianne auf den Elbkahn gestiegen war. Das Versteck in den Bergen fand ich nicht mehr und die Blockhütte auf dem Bahndamm hatte man abgerissen. Der gläserne Turm der Dresdner Bank war ans andere Ende der Neckarstraße gewandert. Dort stand er jedenfalls, als ich nach Frankfurt kam. Zurückgeblieben war nur ein Gebäudesockel. Es kam mir vor, als liefe ich meinem Schatten hinterher.

Einen Tag bevor ich fünfzig wurde, besorgte ich mir Opium und fuhr von Berlin nach Kochel. Es war Mittag, als ich ankam. Das Kesselberghaus stand leer, die Fenster parterre waren mit Preßspanplatten vernagelt und die Scheiben in den Stockwerken darüber eingeschlagen. Die Gemeinde Kochel hatte das Haus gekauft, und da es unter Denkmalschutz stand, wartete man wahrscheinlich darauf, daß es von selbst verfiel. Die Scheune, in der die Kutsche gestanden hatte, hatte man abgerissen und der Brunnentrog für die Pferde war ausgetrocknet.

Ich ließ das Auto stehen und ging zu Fuß nach Altjoch.

Wo die Baracken gestanden hatten, wuchs Gras, die Brombeergestrüppe waren gerodet und von der Müllkippe nur eine Mulde geblieben. Lediglich die Turbinen des Walchenseekraftwerks dröhnten wie früher. Als ich die Straße zurück nach Kesselberg ging, verschwand die Sonne hinter dem Herzogstand. Auf einmal war auch die Kälte wieder da. Auf dem Weg zum See entdeckte ich die in die Linden eingewachsenen Porzellanköpfe der Isolatoren und von der Bootsanlegestelle ragten noch ein paar morsche Dalben aus dem Wasser. Ich breitete eine Decke aus.

Es war Hochsommer, der 30. Juli 1999. Es roch nach Heu und Lindenblüten und vom Zeltplatz her war Musik zu hören. Das Haus zwischen den Kastanienbäumen kam mir unwirklich vor. Es war, als könnte ich gleich auf den Balkon des Schlafzimmers treten und herunterschauen zum See und zu mir. Eine halbe Stunde vor Mitternacht steckte ich mir eine Opiumkugel hinter die Unterlippe. Dann ging ich zum Kesselberghaus.

Eine Preßspanplatte vor einem der Fenster neben dem Seiteneingang war eingeschlagen. Ich zwängte mich durch das Loch und fand im Lichtkegel der Taschenlampe den großen, gemauerten Herd mit der umlaufenden Kupferstange. An den Wänden des Flurs befanden sich blaue Fliesen. Er sah herrschaftlicher aus, als ich ihn in Erinnerung hatte. Eine breite Holztreppe mit weißem Geländer führte nach oben. Einmal hatte ich mich darüber gebeugt, dann hatte mich ein Sog erfaßt und darübergestülpt. Eine Weile hatte ich mich noch festgehalten, aber da ich gewußt hatte, daß der Sog stärker war, losgelassen. Hinter dem Aufprall auf den Dielen war das dunkle Nichts der Bewußtlosigkeit gewesen.

Der Gang im zweiten Stock war eng und lang und an den Türen waren noch die schwarzen, schiefen Eisenklinken. Das Ausgußbecken am Ende des Flurs hatte man aus der Wand gebrochen und die Elektrokabel aus dem Verputz gerissen, doch neben der Tür zum Klo war noch der schwarze Bakelitschalter, den ich lange nicht hatte erreichen können. Das Fenster der Wohnküche stand offen und zwischen den Wänden hing ein alter und feuchter Geruch.

Ich setzte mich an die Stelle, wo ich in der ersten Stunde des 31. Juli vor fünfzig Jahren zur Welt gekommen war. Eine Handbreit unter der Decke verlief noch der Strich, der das mit einer Gummirolle aufgetragene Tapetenmuster abschloß. Die Nacht vor fünfzig Jahren war heiß gewesen. Dann war über dem See ein Gewitter niedergegangen. Das hatte mein Vater in das hellblaue Buch mit den rosafarbenen Babies notiert. Jetzt war die Nacht ruhig und vor der gläsernen Flügeltür rauschte das Laub der Platanen.

Wie breit die Dielen des Bodens waren! Das hatte ich ganz vergessen gehabt. Dazwischen befanden sich Ritzen und eine der Dielen hatte ein Astlochauge. Ich stellte meinen Fuß darauf. Der Schuh war aus Leder und die Schnürsenkel waren ungleichmäßig gebunden. Die linke Schleife war größer als die rechte und das eine Ende länger als das andere. Doch wenn ich sie zurechtzurrte, würde vielleicht die Welt aus dem Gleichgewicht geraten. Ich zog die Schleife auf, doch vergaß ich sie wieder zu binden, denn ich erinnerte mich an eine gläserne Murmel, die in einer der Ritzen steckte. Meine Großmutter hatte versucht, sie mit ihrem Messer herauszuangeln. Es hatte nicht geklappt. Sie hatte mit dem Absatz gegen die Diele getreten. Und auf dem Balkon hatte meine Mutter gestanden und gesagt: »Klopf nicht so! Drüben am Ufer stochern Fischer mit Stangen im Schilf und suchen nach Toten.«

Das Opium hatte zu wirken begonnen. Ich war schon weit weg gewesen und hatte vergessen, weshalb ich gekommen war. Doch als ich auf die Uhr sah, war erst eine Minute vergangen. Nun blieben die Zeiger stehen. Hinter der Dunkelheit der Nacht drang aus den Wänden des Hauses eine andere Dunkelheit und dehnte sich. Die Vergangenheit war nicht tot, sie war nicht einmal vergangen. Sie waren alle noch da. Unenkel, der mir sein Auge hinhielt, Frau Hase in dem Zimmer in der Mitte des Flurs, Fräulein Rosemarie, aus deren Wanduhr zu jeder vollen Stunde ein Schornsteinfeger kam, die Zislovs, die sich zu fünft zwei Bücklinge teilten, und meine Großmutter, die ein weißer Hund gebissen hatte. Im Hof spielten die Kinder, zwar hörte ich sie nicht, doch spürte ich ihre Anwesenheit. Bald würde in einer Laubhöhle der Vogel sitzen. Das Licht der Taschenlampe schnitt ein Loch aus der Wand, durch das die Schatten drangen. Ich knipste sie aus.

Am anderen Morgen fuhr ich nach München und besuchte Dimitri. Er war nach dreiundzwanzig Jahren entlassen worden und lebte nun mit seinem Freund in einem Appartement. Die Regale standen voller Bücher. Er hatte ein Buch geschrieben über den

Überfall auf die Deutsche Bank in der Prinzregentenstraße, über seine Zeit im Gefängnis, seine Liebe zu einem Schwarzen und einen Aufstand, der ihm schließlich die Freiheit brachte. Wir redeten über die Geschichten von Männern, von denen etliche schon tot waren, die meisten in Gefängnissen saßen und ein paar es zu Reichtum gebracht hatten.

Karo gehörte zu denen, die meist im Gefängnis saßen. Wenn er entlassen wurde, besuchte er Dimitri und redete von Spielsystemen, mit denen er im Roulette gewinnen wollte. Sie erforderten hohe Einsätze. Manchmal funktionierten sie. Dann hatte er Geld in der Tasche, aber über kurz oder lang verlor er es wieder und mußte von vorn beginnen. Er war immer noch so zäh und verbissen wie früher.

Irgendwann in den achtziger Jahren war er in einer Stadt in Norddeutschland Holger begegnet. Er hatte im Gefängnis Jura studiert. Nach zehn Jahren war er entlassen worden, hatte geheiratet, eine Familie gegründet und sich als Unternehmensberater selbständig gemacht. Das verbliebene Geld hatte ich der Dresdner Bank zurückgegeben. Seine Beteiligung am Überfall in der Prinzregentenstraße hatte er gestanden, doch ein Verfahren war nicht mehr eröffnet worden, da eine Verurteilung auf sein Strafmaß keinen Einfluß gehabt hätte. Da er mich aufgefordert hatte, das restliche Geld herauszugeben, bekam er fünf Jahre seiner Strafe auf Bewährung erlassen. Wir hatten uns nichts mehr zu sagen.

Von Monica hatte ich ein halbes Jahr nach meiner Verhaftung einen Brief aus La Paz erhalten, in dem sie vom großen Himmel Südamerikas schrieb. Sie hatte in Rio von meiner Verhaftung gelesen. Irgendwann war sie in die Schweiz gegangen, wo sie heute als Naturwissenschaftlerin arbeitet.

Gregor war gestorben und Frau Pauli, der ich noch einmal begegnete, eine Greisin geworden. Man sah ihr an, wie schön sie gewesen war. Inzwischen ist auch sie tot.

Basil S. war auf die Bahamas gezogen, wo er heute Chairman

einer Fluggesellschaft ist. Während der Arbeit an diesem Buch habe ich ihn angerufen. Ich möchte ihn gerne wiedersehen und wir haben ausgemacht, uns in Nassau zu treffen. Er ist inzwischen siebzig und noch immer ein guter Golf- und Tennisspieler.

Um das Geld hat es mir nie leid getan, obwohl ich es in der Zwischenzeit manchmal hätte brauchen können. Die Waffen aber hätte ich gerne noch. Die russische PPSH mit dem Holzgriff und dem Bananenmagazin, die Walther 7.65, die ich in der Schmutzwäsche vergessen hatte, und die andere, mit der ich auf den Zopilote schoß. Auch die englische Sten mit dem querstehenden Magazin hätte ich gerne wieder, die 375 Magnum und die P38 mit dem geriffelten Griff. Natürlich wären sie längst vom Rost zerfressen, aber damals waren die scharfgezogenen Seelen der Läufe makellos.

Danksagung

Bei der Arbeit an diesem Buch haben mir Freundinnen und Freunde geholfen. Sie hörten zu, wenn ich Auszüge vorlas, fragten, erhoben Einwände, lobten und kritisierten. Ganz herzlich will ich mich bei der Übersetzerin und Journalistin Conny Lösch bedanken, die ein Tonband auf den Tisch stellte und mich so lange mit Fragen löcherte, bis ich zu erzählen und schreiben begann. Sie begleitete mich durch die Geschichte, lektorierte den Text und stellte immer zur rechten Zeit eine Flasche kühlen Pinot Grigio hin. Die Arbeit mit Dir, Conny, hat verdammt Spaß gemacht!

Dank auch Dir, Michael Schulte! Mit dem Schriftsteller und Liebhaber abwegiger Geschichten habe ich nächtelang die Vergangenheit umgegraben. Den Titel des Features, das er über mich schrieb, habe ich für dieses Buches übernommen.

Bedanken will ich mich ebenfalls bei Ramona Perner für ihre kritische Aufmerksamkeit, bei Steffanie Pawelzig, die den Text einem »Gefühlslektorat« unterzog, bei der Opernsängerin Diana Dressler, bei meiner Agentin Aenne Glienke und bei meinem alten Freund Dimitri Todorov.

Last but not least möchte ich auch Andreas Schäfler im Verlag danken für seine Textbegleitung, die dezente Kritik und das Endlektorat.